The Role of University Education for Global Civil Society

地球市民社会と大学教育の生かし方

上智大学社会正義研究所・国際基督教大学社会科学研究所［編］

現代人文社

地球市民社会と
大学教育の生かし方

地球市民社会と大学教育の生かし方
目次

開会の辞
若い世代へのメッセージ

武市 英雄
社会正義研究所長

このシンポジウムは国際基督教大学社会科学研究所と上智大学社会正義研究所が共に企画してきまして、今年で二一回目を迎えます。

二一世紀の最初の年で二一回と語呂合わせのように二一という数字が重なっております。二一世紀の最初の年もあと一ヵ月足らずで終わろうとしていますが、何か二一という数には感慨深いものがあります。人間でしたら、成人式を終えて一年です。両大学の国際シンポジウムも今では恒例行事となりまして、学内外に貴重な発言をして参りました。特に今年は二一世紀の最初の年ですので、全地球的な、私たちが今日抱えている大きなテーマを掲げております。

今回のテーマは「地球市民社会を目指す大学教育の使命」です。二一世紀を担っていく若い世代の方々に、私たち大人が多くのメッセージを残していかなくてはならないと思いますが、特に大学教育の場において、二一世紀の少なくとも前半部分を担っていく若者たちに我々大学人がどのようにコミットしていくべきか、という大きなテーマです。このような意義ある会議にご参加くださいました皆様方、それから特に、激務と言っていい程にお忙しい中で時間を割いて下さって、国内外各地からご参加いただきました基調講演の諸先生方、また討論者の方々に心からお礼申し上げます。

＊

この二〇世紀は戦争の世紀だったと言われています。大きな世界的な戦争が二つあった他に、地域的なものを入れますと数え切れないくらいの争いが起きてまいりました。国境、文化を越えさまざまにいがみあった二〇世紀でした。何とかこれがなくなって欲しいと思いましたが、二一世紀に入った途端に9・11事件のような大きな出来事が起きてしまいました。この他、南北格差、貧困の問題、開発に伴う人権の問題、また富める国の大量消費の問題、それに伴う環境破壊、なかなか環境問題も解決いたしません。また、科学・医療の技術が発達して、今までできなかった実験や治療が進んできたのはたいへんよいことだと思いますが、一方では遺伝子操作、クローン、ヒトゲノムなどバイオ・エシックスの問題が出てきております。

日本やアジアだけでなく、グローバルな、全地球的なテーマをどのように私たちは取り組んでいったらいいのか。政府や世界的な機関や、マスメディアだけではなく、私たちは市民一人一人が連帯の意識を持って関わっていかなければ、決して解決しないのではないかと思います。国境を越え、世代を越え、このような問題について真剣にコミュニケーションを図っていくということが非常に大切だと思います。一見グローバルな問題というのは自分に関係ない、遠い、縁のないものだと思われがちですが、足元にある、ローカルな問題に結びついているということに私たちはハッと気づく時があります。環境問題をひとつ取りあげてみても、買い物袋や包装の問題など、グローバルであると同時にローカルな問題です。
こうした問題に対し大学という機関は、地球市民社会の人々と連帯しながら社会全体に発言していかなければいけないと思います。国境を越えて、地球市民の意識の連帯を持ち、自分自身が市民から学び取っていく謙虚さを忘れることなく、そして勇気を持って発言していきたいものです。

*

今日一二月八日、アメリカは七日になりますが、日米開戦の日（一九四一年）です。あのパール・ハーバーの日は、今の時間ですと町全体が非常に沸いていた状態でした。今日はこの辺りは、国旗が飾ってあったり警察官の人たちがおります。皇太子夫妻のご長女愛子さまが誕生した病院から退院することを迎えようとする人びとが集まっているのです。同じ町が沸いていても、一九四一年の頃は戦争勃発で沸いていたのですが、今日は穏やかな日差しの下で別のことで沸いている町、違った風景が一二月八日に見られます。私たちはそういった戦い、対立をできるだけ避けて平和な世界を目指していきたいと思います。大学がその発信のひとつのカギになっていきたいと思いますが、皆様のご協力をお願いいたします。どの先生から一方的に教えをたれて頂く、ということではなくてお互いに学び合っていく場として議事を進めていきたいと望んでいます。

あいさつ

ウィリアム・カリー　上智大学学長

ご来賓の皆様、参加者の皆様、上智大学社会正義研究所、国際基督教大学社会科学研究所共催「第二一回国際シンポジウム　地球市民社会をめざす大学教育の使命」に参加いただきまして、たいへんありがとうございます。

本日、上智大学がこの重要なシンポジウムのホスト役を務めることができ、またこの重要で時宜にかなったテーマに関する対話に貢献できることができてたいへん喜ばしく思います。九月一一日の同時多発テロ悲劇から、世界は教育が全レベルで一層必要だと気づくようになりました。また世界が地球市民社会を築くことが重要であり、そのことが平和と正義のために重要だと気づくようになりました。この教育哲学は、国際基督教大学と上智大学、つまりこの共催の大学の源となるものです。これは、ヨハネ・パウロ二世の、『エックスコルデ・エクレージエイ』（Ex Corde Ecclesiae）に表されています。ここで重要とされているのは、あらゆる人々への正義の実現、自然の保護、平和と政治的安定の追求、世界の資源の公平な分配、国家的、国際的にも人類の幸福に資する新経済体制と政治体制の創出、こういったことのための教育ということです。

本日、目を見張るようなさまざまなゲストがいらしています。さまざまな国籍、専門分野を持った人たちです。作家、大学教授、科学者、経済学者、哲学者、さまざまな方たちです。これが示していることは、協力というものが実現可能ということです。分野を超えて、一層の理解を地球市民社会に広めていくということが、大学、市民の間で可能だということです。

心より、スピーカーとゲストの皆様に、感謝の念をお伝えしたいと思います。多忙の中、そして遠方からお越しいただき、たいへんありがとうございます。私が心から願ってやまないことは、これから日本が、関心ある学者や国民の集合場所となり、世界中の地球市民社会をめざす大学教育の使命に関して話す場所になってほしいということです。

また、上智大学も、日本の中で、こういった対話の潤滑油になりたいと考えています。今回の講演、プレゼンテーションは二日間行われますが、それが価値あり実り多いものになることを希望しています。そしてこのシンポジウムの成果が、真の地球市民社会における教育の向上と社会正義の促進になることを願ってやみません。どうもありがとうございました。

◆基調講演

地球市民社会をめざす大学教育

「平和憲法」をもつ日本と地球市民の連帯……小田　実
グローバル・ヴィレッジ（地球村）における正義
……フランシスコ・ネメンゾ
世界の正義と平和の促進……ベナード・ムノノ
最先端科学技術と生命倫理……青木　清

「平和憲法」をもつ日本と地球市民の連帯

小田　実　作家

太平洋戦争で、日米両国はそれぞれの「正義」をかかげて殺し合いをした。最後には広島・長崎の原爆で終わる。こういうことを繰り返していたら世界はおしまいだという意識から平和憲法はできた。

太平洋戦争がはじまった年

今日一二月八日は、いろいろ考えてしまう日です。一九四一年の一二月八日には、私は国民学校三年生でした。

その国民学校三年のときに、太平洋戦争が始まりました。あのころの言い方では、大東亞戦争です。あんな大きい国と戦争して勝つのかと、子ども心にもたいへん不安だったことを覚えています。あの時、パール・ハーバーに一撃を与えたと言って日本の知識人が転向した。日本の有名な知識人や作家など全部が、「大東亜戦争万歳」と言っていましたが、私も同じだった。

私は、パール・ハーバー攻撃が起こったということを友達に聞かされて、仰天したのですが、大勝利らしいと言われて、それで胸がスカッとした。同時に奇妙に安心しました。しかし、家に帰ってパール・ハーバーの大勝利のことを私の父に言った。そうしたら父は、即座に「日本は負ける」と言った。私は水をかけられた気がしました。うちの父親は、大正リベラリズムの時代の教育を大学のときに受けた。それで目が覚めたのですけれども。この記憶が、私がものを考えるとき、いつも私の原点となりました。常識的に考えたら、非常識なことをしてはいけないということを父が教えたのです。有名人は皆うかれていて、日本万歳と言っていた。しかし、父は常識人でしたから、常識で考えた。そうすると、「戦争で負ける」と言える。

どの時代どの国、社会にあっても、子どもというのは一番大衆的な、核心の部分にいます。子どもの意見というのは、その社会の雰囲気を一番、正直に出します。学者なんかよりも、子どもです。子どもはばかではありません。ものすごくいろいろなことを知っています。

軍事知識もあの頃の子どもは持っています。私はナチ・ドイツの戦闘機のことなどよく知っていた。メッサーシュミットがどうとか、ああとかを私はやたらと知っていた。それに比べ日本のような遅れた国がいったい勝つのかと不安でした。それをパール・ハーバー攻撃が吹きとばした。ニュース映画で航空母艦が走るのを見たとき、あんな近代的航空母艦を日本がもっているのかと喜びました。飛行機が上がるでしょう、すると、足が引っ込んだ。「足、引っ込んだ」と感激しました。それまで私がニュース映画で見た日本の飛行機は全部足を出しっぱなしで飛んでいたのでね。このときはじめて最新式の飛行機が飛んでゆくの見た。ナチ・ドイツのものと同じくらい日本の最新式の飛行機が飛ぶ。これは嬉しかったし、安心した。子どももそれぐらいの知識は持っていたのです。その上での、パール・ハーバーの話ですが、家に帰ったら父に「日本は負けるぞ」と言われた。

正気で狂っていた

当時の人々が、神がかり的に狂っていたというのは大いに間違いです。逆に言うと、狂っていないと言っている今の方が問題です。今また狂ってくるかもしれないですが。みんな戦争中のことを書いてあるものを見ると、あの頃は禊していたと出ています。しかし、禊なんかしていたら、風邪を引くからやめるというぐあいに、やっていなかった。ことに昭和一六年にいたって、国民学校に変わると、教科書も変わった。それまでのものと比べると、はるかに近代的な教科書ですね。そして音楽教育も盛んになる。今までのこんな古臭いやり方をやったらいかんと、変えていく。その中に私たちはいた。だから、あの戦争は神がかりだとか、日本人が狂っていたということは大いに間違いです。正気でやっていた。こういうことを私たちは今のうちに考えておかねばならないです。ただ正気で狂っていたと。私は、今のアメリカを見ると、正気で狂っていると思います。日本もあのころ、正気で狂っていたと。

戦争の二つの目的

とにかく戦争を始めた。その目的は二つあった。そう私はとらえていた。

子どもは、一番核心をついたものを覚えます。それは何かというと、一つは大東亜共栄圏の確立です。今まで、西洋がアジアを支配し、めちゃくちゃにしてきた。これはけしからん、と。当時は、大東亜共栄圏というのは荒唐無稽なものではありませんでした。非常に正当な論です。今までアジアやアフリカは全部、西洋諸国に植民地にされている。インドからベトナムまで、全部植民地ではないですか。子どももみんなそれを知っていました。知っていた上で、日本はこれを解放するのだと言われた。これは正しい理屈です。解放は私たちがやらなければいけない。日本は先進国だから、アジアの中で日本は立たないといけない。これも事実です。「かわいそうなインド人を救え」「かわいそうなベトナム人を救え」とかいう論理です。私が、最初に買った本はフィリピンについての本でした。フィリピンのことを悪く書いていなかった。このすばらしいフィリピンをアメリカの支配から救えというようなことが書いてあった。それ自体は正当なのです。

アメリカについて、エドガー・スノーは、中国に租界を持っている限りは、日本は論難できない。まずアメリカは租界を解放しろと主張していました。そうしたら、初めて道義的に、アメリカは日本をやっつけることができる、と言った。日本と西洋とどっちが租界の歴史が長いのかと言ったら、西洋の方が長い。だから、アジアの解放、大東亜共栄圏はそれ自体は正当なのです。しかし、日本自体のインチキがそこに出てくる。大東亜共栄圏と言いながら、朝鮮と台湾の領有を続けるし、租界はもち続けるのだから、とにかく植民地支配を続けた。これはインチキに決まっています。どっちにしても。一つ穴のムジナみたいなものでしょう。日本はそこをごまかしていた。朝鮮と台湾は日本のもので、これは昔からそうだと、ごまかしていた。私も子ども心に変やなぁと思いましたけれども、ごまかされていたのですね。自由とか民主を振り回しても、植民地を持っているのだから。しかし当時は、大東亜共栄圏というものが我々子どもに対してアピールした。もちろん、これは子どもとして信じた大東亜政策のひとつです。

それから、もう一つは、天皇陛下のために死ねということでした。しかし、これは、結果で、目的ではありません。戦争末期に追い詰められてから、神風特攻隊になってくる。最初から、「みんな死ぬんだ、死ね」なんて言われたら、戦争なんかしないですよ。結局、輝かしい目的というのは、大東亜共栄圏の確立です。西欧の帝国主義をやっつけろと帝国主義という言葉は言わなかったけれども、西欧の支配をやっつけろということでした。これは事実です。しかし、我々の力が足りないから、パール・ハーバー攻撃みたいに急襲する。これは日本が昔からやってきたことです。日露戦争も日清戦争もみんな急襲しています。そして、いくさをやっているうちに、日本の国力が足りない。足らないから結局負ける。あげくのはて、ついには神風特攻隊が出て来るのです。最後は神風特攻隊で死ねっていうことになるのですね。その時も、天皇陛下のために死ねというのは後からつけた理屈ですね。

私は鹿児島県知覧にある神風特攻隊の博物館で遺言をたくさん読んだことがあります。そのなかには天皇陛下万歳というのはちょっとしかありません。特攻隊員は一七歳から二〇歳、三〇歳で、みんなインテリです。パイロットになるには教育を受けないとできないでしょう。即物的に、「あ、今日は、おれは生きている、サクラがきれいだ」という調子で書いているのとか、「お父さん、お母さん、さようなら」という悲しいのもある。それから未来を考えているのがある。未来はこうあってはいけないと。それから出撃するのだったら、完全な飛行機で出撃させてくれというのもあります。みんな、めちゃくちゃな飛行機に乗ったのですね。何のためにこんなことするのかと。何でおれは死なないといけないのか、その疑問はみんなの根底にあった。

みんな気が狂っていると言うのでなくてね、正気でやったとまず見るべきです。正気でやって、そして全体が狂っている。これは大事だと思うのです。そういう時にやっぱり正気なところがあるのだということを考えますとね。

9・11事件と平和憲法

私は九月一一日に起こった、今でいう「同時多発テロ」について、その直後に「日本の市民として考える」と題した一文を書きました。

私が書いたことは他の人のとは違っていました。他の人のはアメリカの立場に立ってみたり、第三世界の立場に立っています。全く私のは違う。あの自爆攻撃は日本がやったことと同じなのです。これを忘れてはいけない。市民ではなくて、「日本の」市民として考える。これは非常に大事です。アジアの西洋支配がけしからん、それを我々は打破して新しい世界を作るのだというのが大東亜共栄圏でした。それにはインチキがあるとさっき申し上げた。しかし、正当なものも持っています。同じように、イスラムのテロリストたちのほうも、彼らのよこしまな西洋の支配は続いているという主張はたしかに正当性をもっています。彼らは、あれは聖戦だと言っていった。私たち日本人も大東亜戦争を聖戦だと言っていましたし、そう信じていました。この聖戦にはむかう敵は全部悪逆無茶苦茶な奴やとして、鬼畜米英という言葉まで使った。最後にいくさは行き詰まった、しょうがない、我々力がないから神風特攻隊だということになった。私はそこまで根本的に、今突き詰めて考える必要があると思う。私たちはそんなふうにして戦争をやった。やった上で、私たちに正義があろうとなかろうと、あんなことしたらおしまいだ、もう戦争の繰り返しはやめようじゃないかと考え、戦争を根本的に否定する「平和憲法」をもった。我々は正義を振りかざした。しかし、アメリカも正義を振りかざした。それで戦争をやってのけた。こっちは虐殺もしたが、先方は原爆まで落した。そしたらこれなんや、と言えるでしょうね、我々も。しかし、私たちがそう言うと、アメリカ側は言うでしょうね、「お前らが戦争を始めたのだ」と。その通りです。今度は日本に責任が返ってくる。私たちは、それぞれに責任を追及すべき時に来ていると思う。

この一二月八日にあたって、考えるべきことのひとつはこのことですが、もうひとつ大事なことは、聖戦の戦争であろうとなかろうと、戦争は最後は殺戮の試合になったことです。この事実に基づいて、戦争をいかなる理由によってもやらないと考えたのが、平和憲法です。

私はよく言うのですが、平和憲法は誰が書いたかというと、日米両国の市民が書いた。日米両国は、それぞれの正義をかかげて殺し合いをした。最後には広島・長崎の原爆で終わる。私は生まれも育ちも大阪ですが、アメリカは八月一四日に空襲した。それで大阪城公園は壊滅した。私はあの近くに住んでいた。一トン爆弾を落した瞬間にアメリカはビラをまいた。そこには「戦争は終わりました」と書いてあった。アフガニスタンで空爆しながら食糧をまいたことと同じことです。「戦争が終わりました」と言いながら、なぜ爆撃するのか。それを乗り越えるためにはどうすればいいのか。日米両国が死闘を演じ、最後は原爆を落した。こういうのを繰り返したらダメだ、という意識をマッカーサーはもっていたと思う。だから、すばらしいものを出そうではないか、新しい世界を創ろうではないかと非常に高邁なことを考えたと思うのです。

二〇世紀というのは殺戮の世紀でした。強制収容所もつくれば、ユダヤ人殺しもやった。人権なんていうへちまもない。戦後、やっとことさ国連が世界人権宣言を創りました。国際人権規約も創った。これは見事なことです。しかし、平和の問題については誰もしていないでしょう。みんな軍隊をかかえて戦争したいやつらばかりだから、それぞれに言い分がある。それで、世界平和宣言は出せない。ただひとつわが国の平和憲法が世界平和宣言に当たると思うのです。憲法の前文を読んでみてください。日本はめちゃくちゃな戦争をしたことによって、殺し、焼き、奪う、ということを人々に強いたわけです。で、今度は殺され、焼かれ、奪われる歴史を強いられた。こんなこと繰り返してはいけないというのが平和憲法ですが、これは世界平和宣言です。

それから、もう一つ、同時多発テロについて私が書いたことは、日本の市民として考えてほしいことなのです。市民というのはあそこで殺された市民ですよ。ペンタゴンに縛られない軍事的な人もいたかもしれないけれども、だいたい死んだのは市民ですよ。ニューヨークの真中で殺された三〇〇〇人は市民です。阪神淡路大震災で死んだ数というのも六〇〇〇人です。市民とは殺される存在であるということを考える必要があります。国籍の如何にかかわらず殺された。そこからものごとを考えるべきです。

さっきから私は日本は過去を反省して、世界平和宣言にあたる平和憲法を作ったと申し上げた。この憲法は日本の憲法ではなくて、これは世界の市民の憲法です。世界の市民のためにもこの憲法第九条があると考えるべきです。この意味で、日本の市民として考えるということは非常に大事なのです。世の中の論調は、同時多発テロから報復戦争にいたる過程の中で議論はアフガニスタンがおかしいであるとかアメリカがおかしいであるとか、そのような話ばかりです。それに対して日本はこういう暴力的行為を自分はもうしない、あなたもしないと考えて、平和憲法を作ったわけです。別の立場に立って考えるべきです。こういう認識が今少ないと思います。

小泉純一郎氏が靖国神社に行って、特攻隊の人の気持ちを思ったというのですが、同時多発テロもまた特攻隊です。ある原理に基づいて、行ったわけですから、彼はそのことに同情しなければならないでしょう。それから彼はA級戦犯の存在にもかかわらず参拝しました。A級戦犯も本当はニューヨークにつっこみたかったわけで、小泉首相も「A級戦犯も喜んでいる」と言わなければならないはずです。大東亜戦争を肯定するならば、同時多発テロも肯定しなければならないでしょう。論理が矛盾しています。私たちは小泉首相とはちがった認識、世界観をもって行動していかなければならない。

戦争体験から生まれた平和主義

日本政府は、アフガニスタンのタリバン政権を倒すアメリカの戦争に協力するために、自衛隊をペルシャ湾に派遣しています。この自衛隊の派兵にかかわって、歴史を紐解けば、重要な事件は二つあります。一つは義和団事件（一八九八～一九〇一年）の鎮圧です。その当時はイギリスを中心として世界が構成されていました。アメリカはまだ発展の途中でしたので、その時はまだイギリスの方が力がありました。

義和団の乱の鎮圧で、日の丸を見せろとイギリスに言われました。中国が西洋支配があまりにひどいと言うことで、怒って義和団が暴動を起こしました。義和団があちらこちらを破壊すると、イギリスは国際的に動員します。イギリスが旗を振り、そして日本はイギリスに来なさい言われて、日本もこれは得だと思って来たわけです。しかし、日本は一番冷や飯を食べさせられたわけです。その上、中国に対する関係の中に禍根を残しました。その次はシベリア出兵です。これこそ何の役にも立ちませんでした。ソビエトの一〇月革命の後、革命つぶしのために各国の出兵が行われた。中心にたったのはこれもまたイギリスです。そして、日本はくっついてきました。そして、日本が最後まで残る。このシベリア出兵は何にもならず、まったくおろかなことでした。

自衛隊の後方支援といっても、向こうにしてみれば後方も何もない。どういうことなのでしょう。自衛隊がくっついていって、もっと本格的に戦争が始まったら、自衛隊はどうするのでしょうか、逃げるのでしょうか。それをしたら余計やられるでしょう。日本の軍隊は一体何なのかと。戦争始まったら、逃げていく軍隊は軍隊とは違う。そうしたら、自衛隊は何なのでしょうか。民間の支援なら民間がやればいいのです。軍隊が出るなら、それの当然戦争参加を予想してのことです。では、いったい自衛隊は何のために派兵されるのか。私たちはこういうかたちで国際的な貢献をしない違う道を行く。それは、平和憲法――その原理としてある平和主義に基づくものです。

言っておきたいのは、この平和憲法には何百万人という人の血が憲法には入っていることです。中国人がたくさん殺され、日本人も殺され、アメリカ人も殺され、アジアの人々も殺されました。その上で、私たちはこのような体験を繰り返してはならないというのが、私たちの平和憲法の基本原理です。宗教的理由によって平和主義になったのではありません。クエーカーだからというわけではないのです。我々日本人全体がそういう体験を持った。その体験に基づいて、原理、思想を組み立てた。それが平和憲法です。体験に基づく原理、そして、原理を具体化すること。これが大事です。憲法を見て御覧なさい。憲法の前文は体験を思想化したものです。前文は非常に大事です。体験から出て来た思想が平和主義です。これは前文によく出ている。その原理を具体化したものが憲法第九条です。憲法第九条だけとりあげてあれこれ言ってもダメです。前文の原理に基づいて主張しないとおかしいことになる。平和主義の原理があって我々は平和憲法を持った、持っている。そして、そういう平和主義を具体化したものが憲法第九条です。

自衛隊を派遣して彼らと一緒に報復戦争をやるのではなくて、アメリカを本当に助けるのだったら、違う形で助けろ、と言いたい。例えば今、イスラエルとパレスチナがドンパチやってるでしょう。なんで和平交渉のために日本は行かないのか。それを昔から提案しているのです。日本っていう経済大国が現れてですね、もうそんなドンパチやめなさいと。小泉首相が出てほしいですね、そこに。世界中がびっくり仰天するでしょう。考えてみたらイスラエルとパレスチナとどっちともうまい付き合いをしているのは日本です。今の平和プロセスは破壊されつつあるけど、平和プロセスを遂行したのはどこだと思いますか。ノルウェーです。日本人はすぐ国連、国連と言うが、国連じゃない。ノルウェーってあまり関係ない国が出て行ってこういう平和プロセスを作った。それを忘れちゃいけない。イスラエルとパレスチナの間では一番いい関係を持っているのは日本です。何で日本が出かけて行かなかったか。今からでも遅くない。そんなドンパチやる所に自衛隊の後方支援をするよりは、違うかたちで日本は貢献するべきです。こんなことをやっていたら世界はおしまいになってしまう。報復戦争というかたちで、二一世紀も「やったらやり返せ」という調子でやっています。これからは違う原理で、こういうことを止めたらどうだということを具体的にやらなければならない。

私は三年前ＮＡＴＯのユーゴスラビア空爆が始まった時に、ちょうどギリシアにいたのです。ちょうどギリシア五〇〇年でアテネで講演したのですが、アテネについたらＮＡＴＯの空爆が始まった。ギリシアは全土をあげて反戦しました。ギリシア人は自己主張の強い国ですが、珍しくその時ばかりは挙国一致で、右翼も左翼も一緒なのです。これはバルカン半島みたいな民族紛争が多発しているところに、ギリシア自身の体験から、武力介入したらおしまいであると主張して、反戦に固まった、ギリシア全土をあげて反対した。ギリシアはＥＵの一員であり、ＮＡＴＯの一員なのです。そのとき私はこう言われました。「日本はどうしているんだ。日本は平和憲法もっているでしょう？」と。日本は平和憲法を役立たせなかった。私はコソヴォやセルヴィアを支持しているわけではないが、違うかたちでダメだと言わなければならない。ギリシアは小さい国ですが一つの原理を持っている。それに比べて日本は何もないじゃないかと思う。

そういうものをきちんと考える時に来ているのではないかということを最後に申し上げたい。

グローバル・ヴィレッジ（地球村）における正義

フランシスコ・ネメンゾ　フィリピン大学学長

資本主義的なグローバライゼーションが進行している。これは、富めるものはより富み、貧しいものはより貧しくする。人権を守り、地球村の中で正義を進めるために大学教育の中で何ができるのか。

グローバライゼーションがもたらしたもの

批評家が言っていることの中にはいくつか真実があります。グローバライゼーションは帝国主義の新しい用語であるということです。古い帝国主義と同様にグローバライゼーションの推進は、原料調達先の開放としての海外市場の開放、そして新たな投資先を見つけるということです。しかし、その方法は、変化し、陰険で油断ならないものとなっております。このイデオロギーは新自由主義で、地球規模での自由放任主義と言うことができるでしょう。これは国として物事を考えているということです。地球経済に苦境をもたらすものだと私は考えております。

昨年のノーベル経済学賞受賞者で世界銀行の上級副総裁兼チーフエコノミストであるジョセフ・E・スティグリッツによると、新自由主義というのは一九世紀中葉のアヘン戦争に似ていると言われています。自由貿易の名のもとに、イギリスは中国を侵略し、中国の大きな市場開放を企てました。これはIMF（国際通貨基金）が一九八〇年代よりやっていることです。ここでは武力は使われていませんが、債務救援措置を用いております。そして、政治的独立を達成した第三世界の国々の保護主義をなくそうとしています。つまり、自由貿易の原則をこういった国内経済に導入させていくことであり、最終的にはWTO（世界貿易機構）の主旨につながってきています。

冷戦の最中に新たに独立を手にした国々がアフリカやアジアに現れました。こういった国々は輸入管理、為替管理や民間部門への厳しい規制を敷き、そして公企業の促進を唱えました。このような保護主義政策は、先進国の銀行、商社を悩ますものであったわけです。というのも、ソ連によって帝国主義が制限されてきたためです。アジア、アフリカ、ラテンアメリカの国々はアメリカに公然と反抗してソ連と協調し、経済的軍事的援助を得ることができました。しかしそのソ連は一九八〇年代に内政危機が深刻化しました。したがって、以前のように資本主義国家に拮抗する力を持つことができなくなったのです。当時、第三世界の諸国は、（フィリピンは第三世界の国ですが）、汚職にまみれた国家元首が外国銀行から借款を受け、スイス銀行やバハマに投資をしました。ある種、非常識な投資をしたのです。IMFの協力を得たにもかかわらず、そのようなことをお金でしたのです。フィリピン構造調整というものもＩＭＦから強く要請され、保護主義、市場開放、外国からの輸入、経済規制緩和、そして民営化というものを行いました。民間の国際銀行はＩＭＦの財政的健全性の証明をもらわないかぎり、銀行は貸付けをしなかったため明らかなのはこういった構造調整を行ったことによって孤立化したということです。

ソ連の崩壊により新たな新自由主義への発展が可能になりました。地球規模の経済の概念が発展してきたことによりウルグアイ・ラウンドの最終決定が行われ、そしてＧＡＴＴ（貿易と関税に関する一般協定）が強制力のあるＷＴＯに変わったわけです。東南アジアの国々が新世界秩序というものを言及し始めました。私の国も熱心にこういったものに参加しようとしました。そして、短期的には成功を収めました。一九九四年、投資家は有価証券投資を行いましたが、それはフィリピンだけではありませんでした。ラモス大統領は、新自由主義によってフィリピンが新興工業国の仲間入りをすると大きな期待をもって考えていました。

しかし、アジアの経済危機が訪れたのです。タイで一九九七年に始まりました。それは近隣諸国にどんどん広がりました。投資家は投資するのと同じ速さで払い戻しを求めました。中途の計画が残り、地元産業は破綻し、雇用難が起こりました。フィリピンはタイほどの影響は受けませんでした。しかしそれでも自由主義や規制緩和に関し、疑念を抱くには十分でした。自由主義反対論がどんどん広がりました。フィリピン財務長官はグローバル化を提唱しておりました。彼は一九九六年から一九九八年のブームの立役者でした。しかし、一九九八年に国民はグローバライゼーションに信頼感を失っていましたから、選挙は最下位として終わったわけです。現在の私たちのアロヨ大統領は、上院議員当時ウルグアイ・ラウンドの協定批准に大きく関わりました。しかし、現在ではグローバライゼーションのマイナス的な面を強調しております。みなさんにお伝えしたいのは経済の統合、グローバル化ということですが、こういったものが発展途上国の経済を弱くするということです。投資家の気まぐれによって、その国の経済が壊れる可能性があるのです。国境を超え、多国籍企業との投資などが増えることにより、実際には自由な貿易が可能になりました。フィリピンにおいては外国企業が長年もの間、植民地時代より存在していました。本当に長い間、ジョンソン&ジョンソンなどの企業は存在していました。しかし、こうした企業は中国、タイ、ベトナム等の国に工場を移すようになりました。この大きな変化というのは国内経済や労働力に大きな影響を与えました。

東南アジアにおいて最も柔軟性のあった経済というのはシンガポールでした。というのも、本当に悪質なリーダーがいたからです。リップサービスで自由主義というものを提唱しました。実際にはたいへん厳しい、抜け目ない規制を経済に与えたわけです。WTOが設立され七年経ちました。現在、弱った加盟国は自由化に関する不平を述べております。新自由主義の考えとは逆に、産業的に弱い国々の商品を強い国が買わないという事態が起こっております。国内産業に助成金をなくしたため、工業企業が退化しています。農業者の保護をしています。しかし、それでも小さな国々は自分たちの国、経済、企業を守ろうと努力をしていますが、制裁を受けないように少しでも努力をすると、制裁を受けてしまうという恐怖に追われているのです。

資本主義的なグローバル化の不公正

こうした資本主義的なグローバル化がいかに不公正であるかを表している例がいくつかあります。特に二つの例をお話したいと思います。

ブラジルでは政府がエイズ治療薬の特許を無効化して、コピー薬を安く製造しようという決定をしました。その対応として、アメリカ政府はアメリカの製薬会社に代わって声を上げ、ＷＴＯに対し不服申し立てをしました。しかし一方で、ブッシュ政権は炭素菌の治療薬のシプロが大量に不足していることを認識したときには、この政府自らが先頭に立ってバイエル薬品会社というシプロのメーカーと協議し、より安いかたちでシプロの製造を認めるように迫ったのです。アメリカとカナダがシプロの特許を無効化しろと迫ってきたわけですから、バイエルとしてはこれに従うしかありませんでした。

このダブルスタンダード（二重の基準）が適用されている例はこの薬の例だけではありません。例えば移民についての問題でも問題は発生しております。移民労働者の流入が懸念材料になっており、入国管理の施策を強化しています。しかし自分たちの資本の移動については一〇〇％の移動の自由を求めているのです。スティグリッツが言うとおり、アジアの労働者はいわばお説教を聞かされているようなものです。そして痛みを分かち合うようにと言われている。ちょっと前には同じ人たちが彼らに対してお説教をし、グローバル化し、資本市場を開放すれば先例のない成長がもたらされると聞かされてきたばかりではなかったのか。イギリスの作家がこう言っています。「新しい世界秩序の中では資本というのは問題があったらすぐに逃げてしまう。でも、労働はそのように逃げてゆくわけにはいかない。その場所に留まるしかない」と。

また、貧しい国々は多くの貧困人口を抱えているわけですが、その問題に対応しようにもこの債務という重圧があってうまくいかないわけです。国連では二年前に債務国の救済策というのを大々的に打ち出しました。バチカンもジュビリー・キャンペーン（聖年―第三の千年期を指す）というかたちでこれを訴えましたが、結果として出てきたものは何だったのでしょう。発展途上国の債務の僅か三％だけが削減されたに過ぎないのです。

地球村の正義を求める

こうしたグローバル化と経済的自由化、情報技術というものがあげられていますが、情報技術に関して言えば、マクルーハンの言葉にもあるように、「世界を小さくし、そして地球市民社会を造るということが相手によって起こっている」。これ自体はいいことだと思いますし、受け止めたいと思います。しかし、この技術があるからといって、必ずしも自由貿易をグローバル・エコノミーの原則として受け入れるべきだとはならないでしょう。特に、この現状では貧富の格差が開いているので、それをそのまま盲目的に受け入れていいものでしょうか。e-mail、インターネット、あるいは衛星放送、今は様々な良いものがあります。銀行のATMの機械などにより人々の生活は便利になっています。例えグローバライゼーションに反対する勢力であっても、これらをなくしてもいいという人はいないと思います。こうしたものの価値を過小評価するものではありません。しかし、グローバル化に伴う痛みというものもグローバル化しているわけです。資本投資家たちがこのような技術を使って短期的に市場に資金を投入し、すぐに引き上げたりするということをします。同じ技術が情報を広め、各国に対して、どの企業がどういうことをやっているかということを伝える役割も果たしています。情報に基づいて様々な行動が起こっているわけです。

例えば、数年前チアパス州に住むインディオが蜂起しました。この時にメキシコ政府はこれを何とか鎮圧しようと強行な策に出ましたが、このインディオの人々や仲間はインターネットの活用ができていた。その結果、このチアパスのインディオの抑圧をやめ、交渉するようにという圧力がネットを通してかかったわけです。皮肉なことがここから読み取れます。このチアパス中のインディオというのはメキシコでも一番発展の遅れた地域に住んでいる人々です。その人たちがグローバル化に対抗するキャンペーンの象徴にまで祭り上げられたのです。そして、実はその人たちが非常にクリエイティヴなかたちで新しい情報技術を活用しているのです。こうした事態が起こっている中で、私は大学の中にいる人間としてできることを考えたいと思います。今、起こっている資本主義的なグローバライゼーションの流れをどのようにして止めるか、ないし止めることはできないまでも穏やかにできるのかということです。今の流れのままで行けば、富めるものはより富み、貧しいものはより貧しくなってしまいます。人権を守り、地球村の中で正義を進めるために大学教育の中で何ができるでしょうか。

残念ながら、今ある新自由主義的な流れ、グローバル・エコノミーの中に取り込まれてしまっているものを今すぐに逆転させることはできないと思います。しかしすでに、この流れは減速していると思います。そして地球規模での景気後退がありますが、これがさらに深刻化すれば、もしかしたら流れを止めることができるかもしれない。このときに是非、新しいかたちの構造改革を導入するべきではないでしょうか。世界的な規模での構造調整です。この構造調整により力の不均衡を是正し、新自由主義によってもたらされた不公正を何とか是正することができないか考えたいと思います。こうした動きというのは残念ながら資本主義国や多国籍企業から起こってくるものなのではありません。むしろグローバル化が進む中での反資本主義的な流れからくるのかもしれません。そして各国にこうした勢力がありまして、ＩＴを使ってお互いの連携を計ろうとしています。

今回のシンポジウムで"global civil society"（地球市民社会）という言葉が使われています。その狙うところが何なのかはわかりませんが、グローバライゼーションというのは"global village"（地球村）に向かっている動きで、これは技術の進展に根ざすものですが、これを逆行させることはできないかもしれません。でも、新自由主義的なグローバライゼーションというのは、破壊できないようなものではないと思います。例えばＩＭＦ・世銀を創設したブレトン・ウッズ体制（一九四六年）ですが、この時にケインズが出した青写真というものを思い浮かべて欲しいと思います。これは結局、アメリカによって骨抜きにされてしまったわけです。これをもう一度考えてみようではありませんか。あるいは国際的な社会主義、スターリン主義という見方ではなく、もう一度見てみたいと思います。あるいは新しいモデル、ただ単にアダム・スミスやカール・マルクス、ケインズの現代化のモデルではなく、新しいモデルを考えるべきかもしれません。これこそが地球市民社会の中にあって、大学の知的層に求められている課題かもしれません。

世界の正義と平和の促進

ベナード・ムノノ　バチカン・正義と平和評議会

世界の正義と平和を促進するためには、途上国と先進国との格差を縮め、抑圧的な消費主義から解放されなければならない。グローバライゼーションにおける宗教的な要素がこれからますます重要になってくる。

世界の正義と平和――倫理的な観点から――

世界の人々は正義と連帯のために闘ってきたと言われていますが、聖書に照らして申し上げますと、預言者エレミヤが言ったつぎのことを思い起しましょう。

「私は戦争で死んだ死体を見る。そして町へ行くと飢餓に飢えている。平和を求めているのに何も起こっていない。癒しを求めているにもかかわらず、助けを求めているにもかかわらず、悲しみが眼に漂っている。正義と平和を求めているときに、世界には戦争しかないではないか。正義と平和を求めていると言えるのだろうか」。

常に戦争というものはたいへんな悲劇を市民に投げるものです。そして、私たちは決してただ座って、腕を組んで、火事が起こったら傍観しているのではいけないのです。手を差し伸べなければならないということを申し上げたいと思います。

国際債務、貧困との闘いやさまざまな紛争の解決というさまざまな挑戦に私たちはさらされています。まさにこの正義と平和のために宗教が担うべき役割があると思います。私はここでは技術的な問題に関しては専門家にお任せするとして、倫理的な観点から世界の正義と平和を申し上げたいと思います。

また、特にアフリカ大陸の現実に照らしあわせて正義と平和についてお話ししたいと思います。

一九七一年世界代表司教会議での「世界の正義」

世界のカトリック司教が集まってそのときどきのトピックに関して話し合う世界代表司教会議（シノドス）がありますが、その一九七一年の世界代表司教会議で「世界の正義」というものが取り上げられました。この時の文書を是非とも私は紹介したいと思います。そして、その後、現実は何であるか考えてみたいと思います。

その文書では、つぎの点が強調されました。

世界には、人間を抑圧し、自由を抑制する構造的不正が存在している。そのことに対する非難と普遍的な連帯を実現させる努力が必要であり、強力であるように思われる。しかし、同時に分裂的な力（軍備競争、経済的不正、社会的決定への参加権の欠如）も強力に働いているという現代のパラドックスに直面している。

現代の不正には、移民や避難民、政治的な抑圧を受けた者、拷問、政治犯など投獄されている人たち、またコミュニケーションの手段を奪われた人たち、農村の地域の人たち、迫害、遺棄された人たち、高齢者、孤児、見捨てられた子どもたちなどさまざまな問題があります。一九九四年アフリカ、アジア、オセアニア、各地域において社会調査が行われ、そこで確認されたことは世界のこのような悲惨な状況がいまだ続いているということです。そして、文書が締めくくっていることは、いかに重大な不正というものが実際に行われ、人間の尊厳を脅かしているということであります。

私は正義を実現し、世界を改革するための連帯の重要性を強調したいと思います。女性や子どもたちが最悪な犠牲者・避難民となっています。文化や人種、カースト、そして経済状況や思考の違いゆえにさまざまな人々がこのような差別の標的になっています。現在の危機に対処するのあたって、連帯を深めることが強調されています。そして世界中の宗教がいっしょになって世界の不正を取り除く必要があります。この危機においてはまさに連帯というものがなくてはなりません。これが一番大切なわれわれの目的となります。

途上国の開発の権利・自由

今日の直面している困難は、世界を二つの地域に分けるというようなかたちで現れています。東と西というように分けております。そしてグローバライゼーションという一つの流れがその中にあります。科学というものが世界のさまざまな進化の中でネガティブな側面も投げかけています。ここで必要なことはグローバライゼーションは、最貧国との連帯が必要であるということです。グローバライゼーションをそういった意味で進めるこが重要です。連帯感を深めるためのグローバライゼーション、そのために基盤を作るということであります。また連帯の基盤を作る、評価するということにおいては差を越えるということと自由というものを尊重するという原則に基づかなければなりません。

アフリカ大陸においては特に優先順位が置かれているところは、開発、国際債務の負担の軽減、和解という問題であります。連帯ということに関してこの文書で締めくくっていることは、いかに正義を促進するかという点で特に開発の権利を重視することによって行われるべきだと述べています。途上国に開発の権利・自由というものが享受されなければ、決して植民地化の時代から脱却したことにはならないわけであります。新植民地主義の台頭という事態に見舞われるだけです。世界経済の大きな経済力が増加している地域があるなかで途上国の開発や進歩に対する権利が必要であります。このような基本的な開発への願望は尊重されなければなりません。教会は正義を教会の中で実践すべきです。正義をまのあたりにし、何人も正義について声をあげたい、発言したい者に対してはその発言する機会を与える、といった正義をもたらす必要があります。同時に正義の実践ということと正義の教育が重要です。そして教会や宗教の差を越えること、国際コミュニティーにおいての協力、協働、連携がいかに重要であるかは強調してもしすぎることはありません。それは正義の促進のためには不可欠であります。

参加の権利と選択の自由

申し上げたように、グローバライゼーションの中で新しい関係が生まれてきております。政治的なメカニズムも変化してきております。国際的でグローバルな市民社会においては、経済的、そして社会的な連帯感をもち、共通の目的を推進する必要があります。そのために社会基盤を整備しなければなりません。そして、貧困層の人々が必ず参加する機会が与えられなければなりません。ここで貧しい人々も国々も重要な決定を下す場において、彼らの生活に一番大きな影響を与えるさまざまな決定において必ずや参加する機会が与えられるべきです。そのような決断の場というものが限られた参加者のみ、つまり政治的な経済的な権力をもったもの、あるいは特別な利害団体のみが決定を下すということがあってはなりません。ここで効果的な実践を行うためには貧しい人々が決定を下す。平等に参加する機会などが与えられるべきです。経済というものは道徳よりも優位を与えられてはならない。

文化や道徳を考慮した上でその経済政策の決定を下すべきだと思います。先進国の考え方が発展途上にある国にそのまま強制されるということがあってはいけません。これは文化的な要因や宗教などのさまざまな要因が影響されるからです。

たとえばアフリカ大陸においては先祖を崇拝するということ、自然との関係、環境、過去との関係をすべて考慮すべきです。そして成長、開発への切望、そして未来に対しての展望に関してアフリカ大陸特有の要素を考慮にいれなくてはなりません。アフリカ大陸においては神聖なる個人の正常な成長を慈しむという面が重要です。一部の国際組織によっていろいろな方策が出されていますが、そもそもアフリカで生命を受ける有様と人口政策とが合わないということがあります。社会的正義の名のもとで避妊薬やコンドームなどを広めることによって今モラルの低下がおこっています。そして、結婚生活における誠実性に悪影響がおこっているわけです。

実に恐ろしい状況が起こっています。たとえば、各国の政府が出生率を抑えようという政策は、これまでの文化的・宗教的背景を無視したかたちで行われていますし、またそれはその真の開発・発展の性格にも反することでもあります。こうしたキャンペーンがなぜ起こったかといいますと、結局、海外からの圧力、そして海外からの資金援助の条件になっているからです。この経済支援の条件になっているということ自体がそもそもの原因にあります。選択の自由、関係者の選択の自由がまったく尊重されていないという問題があります。そして海外からの経済的な圧力などに負けて、むりやり新しいかたちでの抑圧に人々が服従を強いられているのです。

エジプトのカイロで国連人口開発会議がありましたけれども、その前の日にアフリカでのシノドス（代表司教会議）が九四年に開かれました。「アフリカの家族を守り、今の状況を糾弾する」という声明でした。お金を背景に、各国が中絶を合法化し、モラル、倫理を考えないライフスタイル、そして家族といった神が与えたものに反する動きが行われている動きがあり、これに対する糾弾の声明が出されたわけです。結果として、妊娠中絶が自由化され、子どもが殺されているということになっているわけです。その決定が軽々しくなされているという状況になってしまいました。本当の人の発展・開発ということを考えるのであれば、それは文化的な価値観に根ざしたものでなければなりません。

人権の尊重

またもう一つ大切な点は人権を尊重するということです。人権というのは普遍的に与えられるもので、いかなるかたちでも侵されるべきではないものです。これは侵すことのできない神聖な、普遍的な権利であります。そして、これは最終的には人を造った神に帰っていくわけです。そして、人というものがそもそも繁栄できるということがあってこそ、その幸せな発展した社会があるのです。文化的、政治的な違いがあって、その中で人権を行使するというものを否定するものではありません。ただ、その前提条件として、世界人権宣言で謳っている、人権が尊重されるということが大前提にないといけないわけです。特に生存権や信教の自由というものを重視したいと思います。これは人権の核たるものだと思います。また参加する権利も大切だと思います。このためには、開発の権利、あるいは発展の権利、そして平和の権利が必要だと思います。これは譲りわたすことができない、しかも相互に依存している権利です。その開発、発展、そして平和への権利といったものを切ることはできないのです。

しかし、人権侵害は世界各地で見られます。場合によっては、非常にむごたらしい形でそれが見られます。アフリカでは特にその傾向が一部の地域において顕著に見られます。各国の憲法には人権がいろいろな形で謳われているのですが、それが実施されているとは限らないのです。そういった人権侵害を受けている被害者に対して手を差し伸べ、それがきちんと守られることを保障することが私たちの役目です。そのために国際的な連帯が必要です。とくに発展途上国が手を組み、人々の福祉に資するように、こうした権利の促進をしていくことが重要です。

国際債務と貧困に対する闘い

正義と平和というのは、さまざまな側面があります。
たとえば、国際債務の問題があります。人というのは、経済、繁栄、そしてモラルといったものと考え合わせて重視されなければならないのです。しかし、国際債務の累積により、結果として何百万という人々が、苦しい目にあわされている現実があります。発展途上国に援助という形で提供されているものが、一部の個人の手に渡ってしまい、違った目的に使われているということが現実にあるわけです。これを許すべきではありません。また、その債権国の市民も、実際に提供された資金がどのようなかたちで使われているか十分に考えるべきだと思います。無実の人々が不当な負担を強いられているわけです。しかもこの先多くの世代が、自分と関係のないところで発生した債務を支払い続けるという負担を強いられることになります。そして、援助国の方では自分たちの市民がそうした腐敗、悪という行為で罪を犯したときには厳罰で処するにもかかわらず、発展途上国の一部の人間がそういうことをしても、まったくの野放しになっている問題があるのです。

また、アフリカのマダガスカルで二〇〇〇年一〇月に開かれた会議では債務問題は正義の問題ではなく、モラルの問題だといいました。すなわち、借りたお金がどこに行っているか。今のシステムでは、借りた資本を、複利というシステムによって無限に返し続けなければならないという状況に強いられているという問題が指摘されました。そして、この悪影響は世界的に及んでいます。またＩＭＦの構造調整プログラムに組み込まれています。そして世界銀行もそのようなことを進めることにより、社会的に非常に大きな影響、悲惨な結果を出しています。たとえば教育制度が崩壊、マラリア、エイズ、喘息などの疫病の蔓延、そして乳幼児死亡率の高騰が発生してしまっています。しかし、ここで気をつけなければならない点があります。近年かなりの努力が見られます。この国際的な債務の問題を解決しようといろいろな動きがみられます。教皇ヨハネ・パウロ二世自身も声無き民を代表し、いろいろなことを訴えています。債務の帳消しということではないにせよ、一部の債務の棒引きを求めています。二〇〇〇年の大聖年においては、教皇ヨハネ・パウロ二世は、帳消しということに行かなくても、国際的な債務の大幅な減額ができれば、多くの国々の将来にとって大きな意味があるというように言いました。

また、この大聖年には、つぎの動きがありました。ドイツのケルンにおけるサミット（先進国首脳会議）やIMFの年次総会、世銀などの総会が一九九九年にありいろいろな決定がなされ、非常に期待が高まりました。結果として、期待にそうほどのものが出てこなかったにせよ、さまざまな債務の削減への道を開いたと言えると思います。またこのときになされた決断により、市民社会の参加が考慮されるようになりました。それは経済的なプログラムの策定時だけでなく、そのフォローアップのプロセスにおいても同様です。

特に、開発のための教育に、優先的に資金を配分するということも謳われました。しかし、そうした形で高まった期待というものが、現実に反映されるにはいろいろなプロセスと努力が必要です。援助国、債権国と債務国との関係が必要になります。自分たちの将来の運命を自分たちの手で決めることができる、そしてガバナンス（良き統治）がきちんと導入できるということを、債務国側は実証しなければなりません。そのための外からのサポートが必要です。

アフリカ開発のための新しいパートナーシップ

また、G8のサミットが今（二〇〇一）年イタリアのジェノバで開かれましたが、このとき多くの先進国は、アフリカ諸国が世界に果たせる役割をようやく認めました。アフリカ開発のために新しいパートナーシップといったものも打ち出されました。これは最近東京で行われたアフリカ開発のための東京で国際会議（TICAD=Tokyo International Conference on African Development）でも閣僚級で話し合われました。そこで外部の基盤強化をするために平和とガバナンスを訴えよう、そして人間に投資をする、人材開発、教育、医療といったものに力をいれ、貧困を削減し、経済的な目標を達成しようと打ち出したわけです。大聖年の終わりに教皇ヨハネ・パウロ二世は、すでに行われた努力を高く評価しました。そして最近、特に債権国の議会で、二国間の債務に関して、とくに最貧国、重債務国に対する債務の棒引きを認めて、それがまもなく実施されるということは喜ばしいことだと思います。しかし、この二国間の債務でなく、多国間の債務、たとえば国際的な金融機関あるいは援助機関によって提供されているものがより大きな問題となっています。そうした組織の加盟国に働きかけたいと思います。特に影響力をもっている国々がぜひここで立ち上がって、コンセンサス作りを率先して行い、多くの国々のこれからの進歩がかかっている大事な決断をぜひ早くしてほしいと思います。これは多くの人々の生活に直接かかわるものです。

この面では、カトリック教会としては、特に援助を受ける条件の緩和を訴えていきたいと思います。これには先進国の支援、理解が必要です。特にG8諸国は、すでに二国間の債務を削減するというコミットメントをしたわけです。それをぜひ早急に実施してほしいと思います。これを受けて、国際的援助機関によるものも同じことが行われることを期待します。これはODAについても同じことです。さらに、ガバナンスを向上し、市民社会の参加を経済プログラムの策定、そしてフォローアップに巻き込むということも早く進めたいことだと思います。また、現在の債務の削減額では残念ながら不十分です。こうした削減によって得られた余剰資金が、世界でもっとも苦しんでいる人々に届くのかどうかという問題もまだあります。このため、特に注目しなければならないのは、新しい形での貧困です。伝統的なものではなく、新しい貧困が発生しています。たとえば、庇護住居、基本的な医療などが受けられない人々、飢饉の被災者たち、そしてもっとも顧みられない人々、疫病にさらされている人々、さまざまな理由によって疎外されている人々、こうした人々に余剰資金が活用され届かなければならないのです。だからこそ、みんなが参加して、特に市民社会をサポートし、市民社会がこうした政策や施策の導入にかかわれるようにしなければならないのです。

アフリカにおける紛争の問題

この流れの中でもう一言申し上げたいのが、アフリカにおける紛争の問題、そしてその解決の問題です。アフリカは、さまざまな問題を抱える大陸と言われます。さまざまな紛争がアフリカ大陸において勃発しています。これは多面的な側面があり、中にはレイシズム（人種主義）、アパルトヘイト（人種隔離政策）といった人種差別もありますし、また奴隷のひとつの形態である女性の搾取など紛争の原因が多面的に存在しています。

国連事務総長が、アフリカの紛争の原因というものを報告書にまとめています。そのなかで言及されている原因を見つめてみると、経済的な利害に深く関わっているわけです。すなわち、武器の輸出を管理しない限り紛争は終息することはないのです。途上国は、決して武器を強制的に買わされてはいけない。買うか買わないかという選択の自由を与えられているわけです。武器の生産国が自由に武器を輸出できるということはあってはならないのです。武器を買う資金が十分にあれば国内的貧困を根絶できるわけです。このような武器の輸出で実際に購入された武器を子どもまで持つという子どもの兵士の増大という事態につながっているのです。そして、アフリカにおける教会においてはまさに民主化という過程において、さまざまなフォーラムに参加し、紛争解決に直接に参画することを推進しております。モザンビークにおいて二〇〇〇年は和解や紛争解決の声明を出しました。教会が調停役を担ったわけです。その結果、九二年の一〇月に、七年間の内戦後、やっと和解に達することができたのです。教会は非常に積極的な役割を持っているということです。ここで重要なのは紛争処理について和解をもたらす必要がある。やはり、過去に対する怒りや敵意を払拭していかなくてはいけないということです。

モザンビークの『和解のための平和』の文書の中には、社会正義の促進が恒久的な平和のために不可欠であるということが謳われています。

異文化間の対話と正義と平和のための宗教の役割

最後になりましたが、宗教の役割がいかに正義と平和の指針のために重要かということを強調したいと思います。

二〇〇一年に教皇ヨハネ・パウロ二世は、文化と文化との対話の重要性を言っております。そして、まさに文明と文明、文化と文化との真の出会いこそがグローバライゼーションにおいて不可欠であります。そして、憎しみを越え、宗教が分裂や憎しみの種となるのではなく、まったくその逆に真の平和の担い手として宗教を推奨することが重要であるということを強調したいと思います。その意味においてもこの国際シンポジウムが上智大学と国際基督教大学の二つの大学によって共催されたことを私はたいへん嬉しく思います。

グローバライゼーションの時代において宗教の違いを超えて、平和を推奨する必要があります。これは相手との差を受け入れることです。自分たちの文化というものが唯一の文化と考えるのではなく、まさに対話の糸口として自分の文化を発信し、積極的な大きな共通の価値観を生み出していくことが重要です。文化や宗教の違いを超えて、人類としての家族意識、地球家族ということを教育する必要があります。そのためには多様な宗教間の協力が正義と平和のために不可欠であります。また正義のことを話すものは説教するまえに正義を実践しなければなりません。それが宗教者に課せられた課題です。対話の場に宗教が参加して語り合うことが重要であります。これから、相互依存を多様な文化を超えて、推進されなくてはならないと思います。

第二バチカン会議では、神の御前では違いや差というものはありません。人類の文化として一つに統合される。アジア地域のシノドス（アジア代表司教会議）においても、この新しい連帯ということが提唱されております。これが全世界の直面している課題なのです。開発に深く関連した新しい連帯を生み出す必要があります。途上国と先進国との格差を縮め、非常に抑圧的な消費主義から解放されなければならないのです。グローバライゼーションにおいて文化的で宗教的な要素がこれからますます重要になってくるでしょう。これが新しい連帯のために必要な役割を担うべきであると私は確信しております。

最先端科学技術と生命倫理

青木　清
上智大学生命科学研究所

地球の上空はすべて全世界にいきわたっている。その中で、文明の利便性だけを考え大きな環境変化をもたらす操作を、自分たち自身で調節するときがきた。それが大きな意味での生命倫理である。

正しい知識と深い教養

私に与えられた課題は「最先端科学技術と生命倫理」ということであります。生命倫理というと、クローンやバイオテクノロジーを主体としたものがでてくるわけですが、この課題については、村上陽一郎先生とホアン・マシア先生のお二人の講演が予定されていますので、その点は省きまして、「地球市民」として考えることを話したいと思います。

一九九二年、リオデジャネイロで環境と開発に関する国連会議が開かれました。温暖化防止策や気候変動枠組条約、あるいは生物多様性条約など、人間の生存が怪しくなったと世界中でこの問題を論議しようということで始まったものです。先ほどの小田先生のお話でもありましたが、日本の果たす役割は大きかったのです。竹下元首相がこの会議に出席しておりまして、できるだけいろいろな面において日本は支援していきますという約束をしてきておりました。その後、約一〇年たちますが、一九九七年一二月京都でCOP3会議が開かれ、炭酸ガスをこの地球上からいかに減らすかという議論がありました。そこでいわゆる京都議定書が成立しました。それがもめにもめまして、アメリカはそれに参加しないという発言をしているわけですが、日本が議長国でありましたので、リーダーシップをもって、二〇〇二年にこの効力が発揮されることになりました。

このような問題、あるいは生命倫理という問題が生じておりますのは、二〇世紀後半の先進国を中心とする産業活動を支えてきた科学技術の進歩が問題をもたらしているからです。ここで私はみなさんには科学的な根拠に基づいて、このような問題にあたっていただきたいと期待します。そうでないと時として社会正義というような言葉がいいように使われまして、本当に社会正義とは何であるかということが見失われがちになります。一人一人が正しい知識と深い教養をもつことによって、そのようなことを防ぐことができるだろうと思います。一端をお話しすることで限られた時間内ですがみなさんに理解をもっていただけたらと思います。

社会正義促進のための大学の役割

二〇〇一年一一月末パリで国際カトリック大学連盟（International Federation of Catholic University）、われわれはＩＦＣＵとよんでおりますが、その調査研究部会（Research Committee）の会議がありました。この会議でカトリック大学世界連盟の大学が今後、何を主題としてやっていくかという課題が議論されました。

第一番目に出されたのが「社会正義」（Social Justice）の推進です。社会、教会、および各大学間で、それは宗教を越えてこの課題を実行することでした。そういう点で今日の会議は私にとっては、たいへん意味のあることです。つまり、国際基督教大学との連携において社会正義が議論されるということです。ここには「正義の促進」（Promoting Social Justice）と書いてあるのですが、つまり社会正義を促進するという目的のために人々が社会正義について理解、認識するということです。そのためには大学でどう教育をやっていかなければならないかということです。カトリック大学はそれを学生諸君に対して教育としてどうやっていかなければならないということを、われわれは論じました。今日のシンポジウムがまさにこれにあたるんだろうと思います。

環境と自然との違い

つぎに、環境問題についてお話したいと思います。これはみなさんが環境倫理や生命倫理を取り上げたときに、必ず「環境と自然」という言葉が出てきます。一般に環境と自然について定義しないままに、私たちが議論するときに、「環境」という言葉と「自然」という言葉を混乱して使っております。この二つの言葉が意味するところを科学的につめていくと、どっちがどっちか分からないところがあるわけですが、環境問題について話すときにはこういうものを自然と呼ぶ、こういうものを環境と呼ぶ、ということを理解しておくことが大事かと思います。

そこで環境と自然の言葉をどう使い分るかの少しいい例を示したいと思います。これはパピリオという蝶のお話ですが、私は生物学者ですので、こういうものを題材としてみなさんにお話したいと思います。

パピリオという蝶の生態

沖縄の八重山群島にシロオビアゲハという蝶がいて、雌雄とも尻尾のほうの羽に白く斑点がありまこの種はさるかけ蜜柑を食糧とするので時々困りますが、これがたいへん繁殖しています。蝶の収集家は喜んで集める蝶ですけれども、これと同じ近い種でベニモンアゲハというのがおります。羽

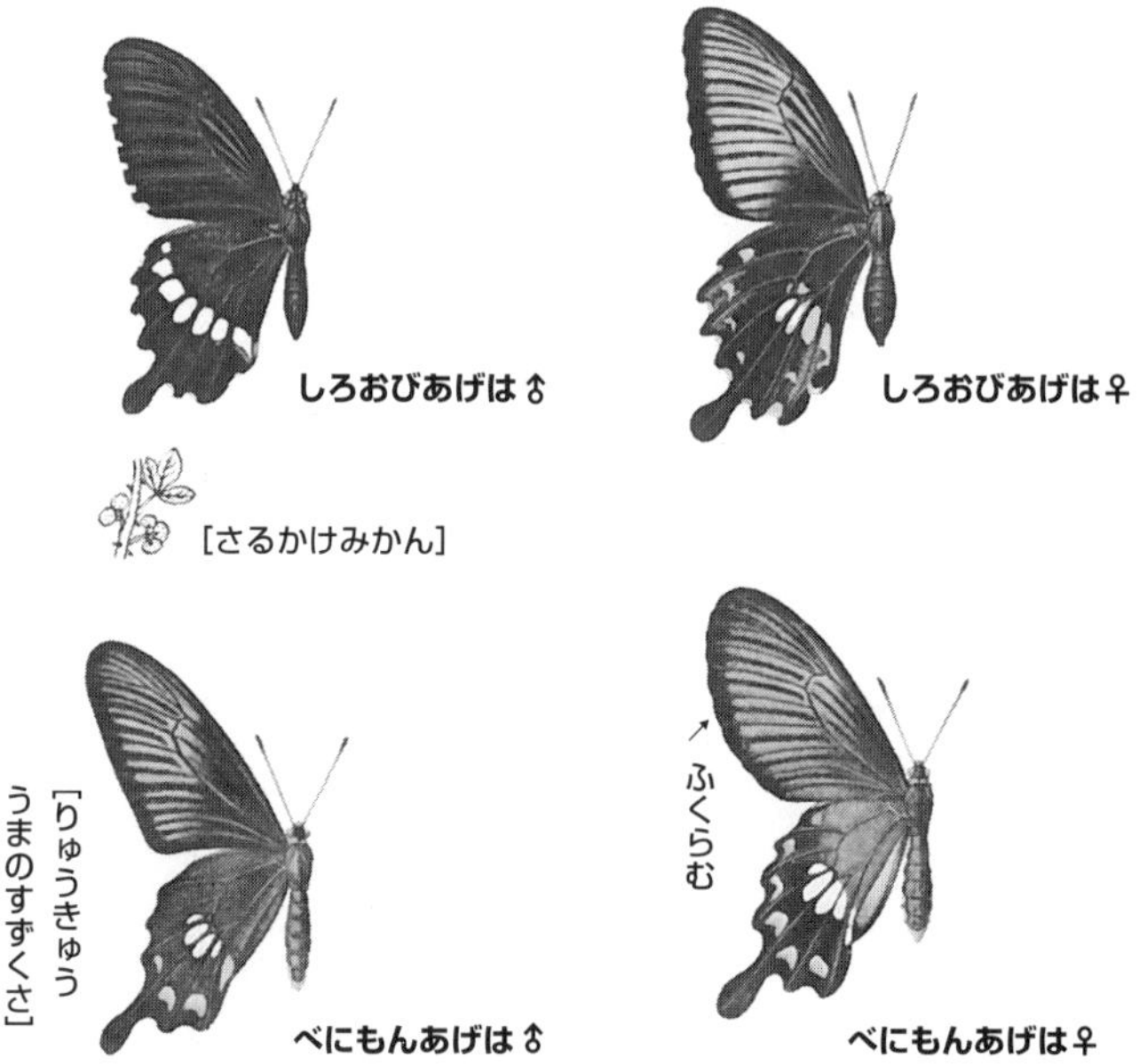

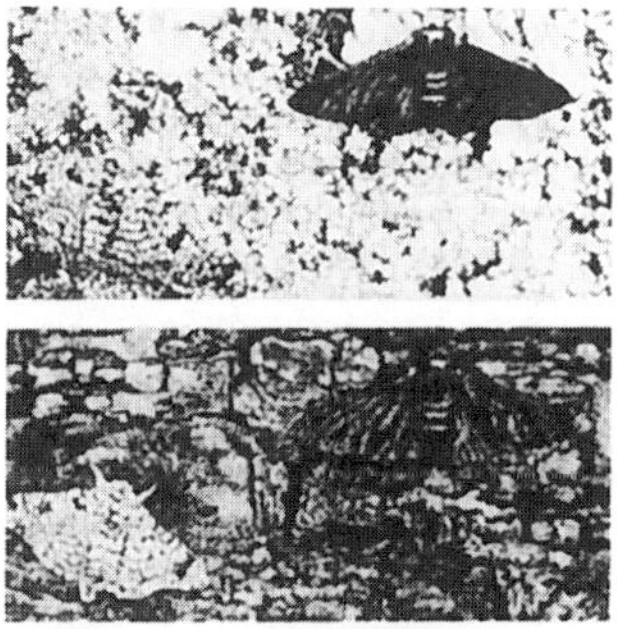

工業暗化。上：明るい基盤の上にとまった原型（左）と暗化型（右）。下：暗い基盤の上にとまった原型（左）と暗化型（右）（Kettelewellより）

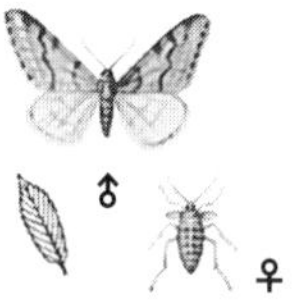

[こならくぬぎ]

しろふふゆえだしゃく

[　　] 内は，幼虫の食草（食樹）

の下に紅の斑があります。上は白くて、下が赤です。これらは以前はちゃんとすみわけていました。もともとはこのベニモンアゲハは台湾のほうに住んでいたのです。沖縄と台湾とできちんとすみわけておりました。一九六〇年代に、このベニモンアゲハが沖縄に移ってきました。そして沖縄に生息するようになったのです。実はこのベニモンアゲハは、毒々しい色をしており、毒性があります。琉球うまのすずくさを食べております。これにも毒があります。こういものを食べておりますから、この蝶を食べると毒にあたって死んでしまいます。したがって鳥はこれを食べないのです。羽に赤いものがあると知ると鳥は食べないのです。ところが、人間と同じく蜜柑などを食べる食そうをもったシロオビアゲハは、鳥にとって大好物なわけであります。この二種が生息するようになりました。どういうことが起こったかといいますと、シロオビアゲハはベニモンアゲハみたいな形状になることが始まったのです。シロオビアゲハの雌に紅いものが出てきたのです。白い斑点の模様が紅くなってしまったのです。決して彼らは毒草を食べているのではなくて、今までと変わらないで蜜柑の葉を食べているにもかかわらず、彼らは生存するために、鳥に食べられないよう一種の擬態して変化したわけです。たかが一〇年位で、生物はこういう変化をするのです。これによって鳥に食べられなくなりました。ところが、シロオビアゲハの雄は他の種、つまりベニモンアゲハと交尾することなく、自分と同じ仲間と交尾するということをいたします。このメカニズムはまったく分かりません。しかし、うまく二つが共存していくということ、そしてシロオビアゲハが異常に増えるようなことはない。こういう擬態はある一定量だけであって、それ以上になるとまたシロオビが出てきて鳥に食べられるようになってしまうということなのです。いかにも自然における摂理というか、自然の中でうまくやりくりしていること、私はこれが自然であると理解しております。人間による人為的な操作なく動物が生きること、自然の中で生きていくという操作が行われています。

蝶の黒化現象

他方、こういうこととは別な例があります。人間の操作によって起こったことであります。これはイギリスのマンチェスター近郊で起こった蛾の黒化現象であります。

普通は羽は木の幹と同じ明るい茶色をしています。これがマンチェスターの一九世紀後半でございますけれども、その頃石炭を使いましたので、マンチェスターの街は、日中でも薄暗くなってしまいました。そうしますと鳥に食べられないために彼らはその黒色に擬態して、その綺麗な茶色であった蛾が黒く変化したのです。これがたいへん有名な擬態で、人間が環境を変えたために蛾が変化した例です。ところが、今日マンチェスターは石炭をやめて、石油に変えました。そうしたら一気に環境は改善され、冬は黒くなくなってしまった木々が、元のような茶色の木になりました。なんとその蛾たちはそれに適用するかたちで、黒い蛾がいなくなってしまい、またもとの茶色の羽になったというのが一九六〇年代に報告されています。それでこれは何かというと、私はこれは環境を人間が変えて、その環境によって変化した生物の変化と捉えております。まさに私が言いたいのは自然というのは言うなればアゲハに起きたようなことを自然の現象と捉え、蛾のような人間の操作によって生じたような現象を環境によって起きた現象と捉えていいのではないでしょうか。蝶や蛾でしたら、私たちの生活には直接に影響はないわけであります。

生命倫理とは何か

ところが、この環境の変化の揺らぎが利便性を考えて、大きく変化していきますと、われわれの生存に影響を与えます。人間のこの地球は、生命が存在しているたった一つの星であります。そして、空気のある地球の上空というものはすべて全世界にいきわたっているわけであります。まさにグローバルなのであります。そういう中で、私たちの文化・文明の利便性だけを考えたことをしていると、それが拡大していくことで大きな環境の変化になるのです。大きな環境変化をもたらすような操作、私たちはこれを自分たちでセーブ、調節しないといけないのだということをここで言いたいわけです。それが私は大きな意味での生命倫理であると思っております。

次頁の地図は何を示しているかというと、実はA、B、Cとありまして、南米のアマゾン領域（A）、アフリカのコンゴ領域（B）、それと東南アジア地区（C）、これが熱帯雨林で私たちの生命を支えているところであります。というのは、ここの森林が地球上の炭酸ガスを浄化して酸素に変えるという大きな役割を持っているわけです。ところが今日、ここのところが文明や文化の発達によって、言うならば科学技術の進歩によって人々はこの熱帯雨林を伐採し、牧場化し、そして人口密度が増加しているのです。非常に危機状態にあるわけであります。しかし、アメリカをはじめ、日本、いわゆるG7と言われている国々がこういう開発に対して、それをやめろということが果たして言えるでしょう

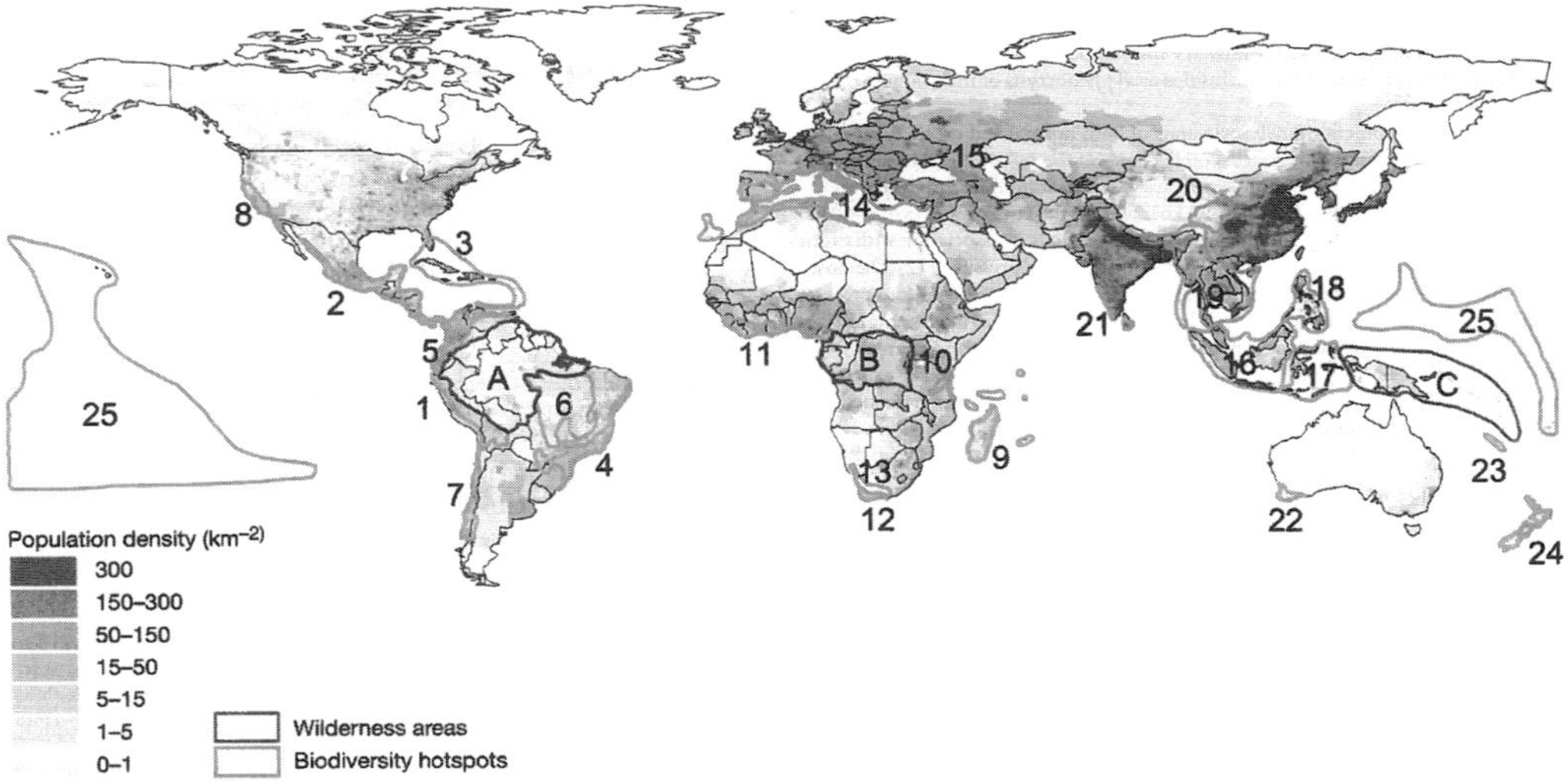

World population density (1995) and the 25 biodiversity hotspots (outlined in red, numbered), and three major tropical wilderness areas (outlined in green, lettered). Hotspots: (1) Tropical Andes; (2) Mesoamerica; (3) Caribbean; (4) Atlantic Forest Region; (5) Chocó-Darién-Western Ecuador; (6) Brazilian Cerrado; (7) Central Chile; (8) California Floristic Province; (9) Madagascar; (10) Eastern Arc Mountains and Coastal Forests of Tanzania and Kenya; (11) West African Forests; (12) Cape Floristic Region; (13) Succulent Karoo; (14) Mediterranean Basin; (15) Caucasus; (16) Sundaland; (17) Wallacea; (18) Philippines; (19) Indo-Burma; (20) Mountains of South-Central China; (21) Western Ghats and Sri Lanka; (22) Southwest Australia; (23) New Caledonia; (24) New Zealand; and (25) Polynesia and Micronesia. Major tropical wilderness areas: (A) Upper Amazonia and Guyana Shield; (B) Congo River Basin; and (C) New Guinea and Melanesian Islands.

か。これを救うためには何をしたらいいかというのが、私は、社会正義の大きな一つの課題だろうと思っているわけです。そのためには、私たちは今までのように自分たちの利便性（たとえば化石エネルギーを使って交通を便利にすること）だけを考えた生活形態ではいけないのだということです。このようなことを拡張していけば環境への大きな影響をもたらすのだということを認識しないといけないのです。したがって、環境保全、あるいは人間の生存を守るということ、これはつまり利便性の過剰や氾濫、こういうものを私たちが自らセーブしていくということをしないと、今後我々の生存そのものが怪しくなるのだということであります。つまりそういうことを、私はこれを環境ルネッサンスと呼んでいいんではないかと思います。つまり、人類共通の利便性だけを考えるのではなくて、私たちの必要限度最小限の利便性を考えていくことです。それは極めて我々人類にとって厳しいものであるという認識を持つことです。私たちはこの地球の環境ということを考えていかないといけません。そのための努力をまさに先進諸国はやらなくてはいけないんだということであります。

　したがって、私は環境とか自然、そういうものが我々にとってどういうものであるかを深く理解することによって、我々自身、そういう認識を持つことによって新しい環境の世界を作っていくことが大事ではないかと思っております。

　中途半端な話になりましたけど、要は私がみなさんに言いたかったことは、現在は、環境ルネッサンスの時代にあるのだということです。これは、我々が社会正義を持ってこの考えを深めることによって、道を開くことができるのではないかということを述べて今日の講演の終わりとしたいと思います。

分科会 1

文明の衝突、民族浄化、和解と平和教育のあり方

ＩＣＵ高校における平和・国際理解教育

桑ヶ谷森男　国際基督教大学高等学校校長

一般生徒と帰国生がそれぞれ学んできた文化をもう一回を見直して、世界の平和についての認識を深めていく場所でなければならない。お互いに刺激を受けて、両方が変わっていく場所である。

はじめに

最初に、平和・国際理解教育に対する学校の姿勢を生徒にどのように示しているかをお話し、次に学校の行事としてどのようなことが具体的に行われているか、それから生徒のボランティア活動、終りに授業の中でテーマと関連するものがどう取りあげられているか、例を挙げながら、私たちの学校の現状をお話したいと思います。

平和・国際理解教育に対する基本的考え方

世界人権宣言の原則にたつ

国際基督教大学（ＩＣＵ）は第二次世界大戦の反省の上に立って、日米両方のクリスチャンたちが二度と戦争をしないように世界平和に貢献する人物を育成することを目的として作ったと言われています。ＩＣＵ高等学校も建学の精神は大学と同じで、入学式の時には必ずその話をいたします。ＩＣＵに桜並木があります。原爆を落としたことに対するアメリカ人としての反省と、戦争を引き起こしたということに対する日本人としての反省を象徴する桜を植えようというマクリーン牧師の提案が実ったという話を、桜が咲く入学式にしております。

また、入学式では新入生の代表が立ちまして生徒宣誓を行います。その宣誓文には、世界人権宣言の原則に立ち、とあります。すべての新入生がオリエンテーションの時に、地歴公民科の教師から世界人権宣言について説明を聞き、宣誓書に署名します。生徒手帳にも世界人権宣言が載っていて、学校生活全体の中で、世界人権宣言の原則を学校側も貫かないといけない。もし貫かなければ生徒からも批判され、学校としての自己矛盾にもなるわけですね。

世界人権宣言によりますと、それぞれの宗教を尊重しなければいけないわけです。たとえば、ＡＦＳの留学生としてインドネシアからの生徒が来て、イスラム教の礼拝のときには、私たちは礼拝の時間と場所を与えることもしています。そういうことで、もし生徒の人権を侵したら、生徒はおそらく、自分たちに署名させている学校の原則を学校が守らないのはおかしいと言ってくるでしょう。そういうことで、世界人権宣言が私たちの学校ではひとつの重要な原則になっています。

入学審査に工夫

ＩＣＵ高等学校は特殊かも知れませんが、生徒の構成は、帰国生徒が三分の二で一般の生徒が三分の一という二対一の構成になっております。そして、海外から帰ってくる生徒の住んでいた地域の広がりは、現在全校生徒では四七ヵ国、香港などを別に数えているので正確に言えば四七地域です。帰国生徒の中では現地校の生徒が多いです。帰国生徒の定員が一六〇名とすると約一三〇名が現地校あるいはインターナショナルスクール出身で約三〇名が日本人学校出身です。そういう生徒の入学選考をする場合に、私たちの学校の姿勢や立場、思想が出てくると思います。

海外の現地校・インター校出身者は、書類審査により選考し、学力考査はいたしません。それは外国の学校で学んできたものは何か、どんなことをやってきたのかということを知るために中学の一年、二年、三年、すなわち高等学校に入る前の三年間の成績を出してもらいます。その成績を分析して本当に現地の学校またはインターナショナルスクールできちっと勉強したかどうか、その努力をしたかどうかということを追跡し、個人個人それぞれの学習歴を分析します。

多くの他の学校では帰国生といえども日本の学校で学んでおくべきものについて試験され、高校に入学したら特別の指導をしなくてもスムースに勉強できるような生徒を選別するために学力考査をやります。これは外国の学校で学んできた者に対しても、他の一般の国内で勉強してきた人と同じような試験を課して、学力を判定していると思うのですね。私たちの学校ではそれとは全く違って外国の学校で学んできたものは何かということを調べることに努めています。これはどういう考えかといいますと、文化というものは日本の文化だけが絶対的なものではなくて、相対的なものであると考えるからです。もちろん共通の文化もあります。数学や物理などの科学的なものは共通かもしれませんが、たとえば、歴史の考え方とか、どういう歴史を学んだかはイギリスで勉強してきた子ども、中南米から帰ってきた子ども、中国から帰ってきた子どもによってそれぞれ違います。そこで勉強したことは日本に帰ってきて用がなくなるものではなく、それはそれとして重要な文化を学んできたわけです。それについての価値の上・下はないはずです。身につけてきた言語にも価値の上・下はありません。それぞれの国で生徒がどのように主体的に学んできたかを、私たちは調べます。そして、学んでいない図の右側にある円の部分、日本の学校で学ぶはずのものを、これから学びとっていけばいいわけです。ですから、そういう点では知識がめがね型になるというか、片方の円を削っていってこちらの円を増やすのではなく両方の円が整っためがね型のような、そういう視点の持ち主になってもらいたいと思っています。

イランから帰ってきた生徒には、現地校の頃の成績もってきてもらいまして、成績資料として審査します。こういう言語については大使館などにお願いして翻訳してもらうことになります。また、イ

図１　帰国生徒が身につけた学力

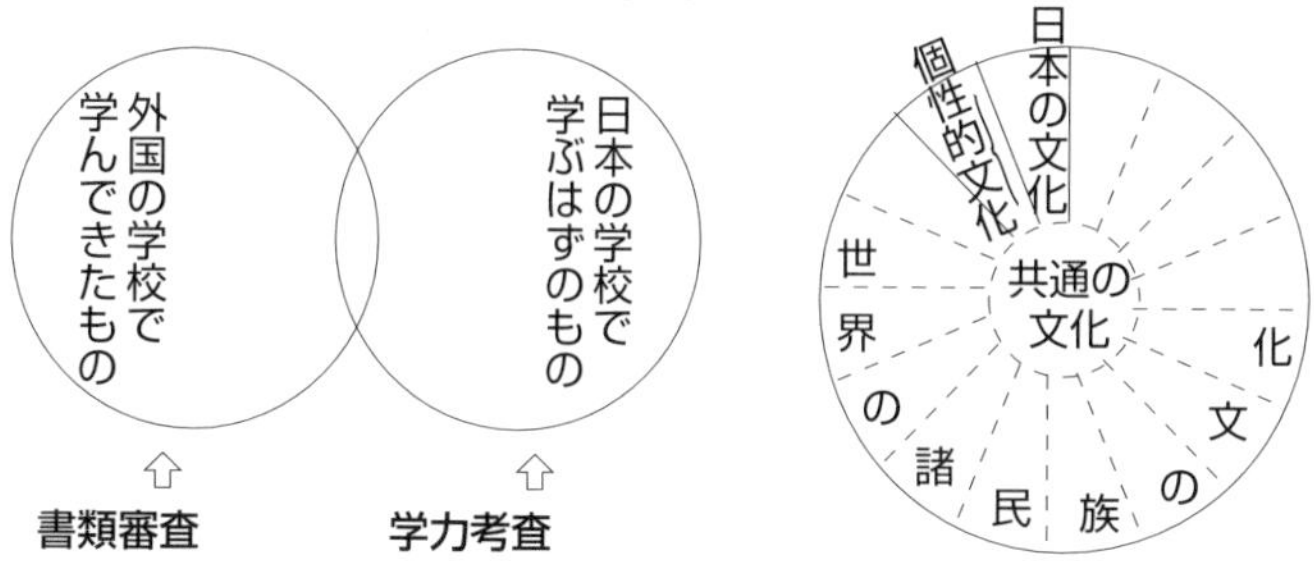

ギリスから帰ってきた生徒にも現地校の成績表を提出していただきます。この二人を比べてみても、入ってくる時はぜんぜん違うものを学んできていると思うのです。彼らの学んだものは違っても、それぞれみんな大切な、貴重なものだと私たちは考えております。それが文化というものに対する私たちの学校の一つの姿勢で、そこに国際的な問題に対する私たちの視点が出ているのではないかと思います。

　イランから帰ってきた生徒は日本語も十分ではないことがあります。英語でも苦労します。そのためか日本の友人ともなかなかなじまない。お父さんがイランの人でお母さんが日本人という生徒だったと思うのですが、イラン・テヘラン日本人学校の先生から推薦書をつけて来ました。その中に、「彼のよさはスポーツ好きであることと無類の明朗さであると言えます。在イランの日本人の中にはイラン人を一種異質な存在として蔑視する傾向がありました。それは子どもの世界でも同様で『イラン人は汚い』、『臭い』と平然と言い放つ子どももおりました。そのような中で暮らしていた彼の心は痛むのが当然です。彼はそれを表面に出さず遊び相手を見つけては学校の狭い校庭で大好きなサッカーに興じていました」とあります。

本校入学後将来どうするのかと心配していたのですが、進路指導のときサッカーのプロ選手になると彼は言ったのです。ＩＣＵ高校のサッカー部でやってもプロ選手になるのは難しいので、いかにそれが無理かということを説得するのに私たちは苦労しました。結局、関西の大学に入ってくれたときにはほっとしました。さらに推薦書には、「見方によっては日本人とイラン人の二つの重荷を背負って生きる悲しさと言えます。これが英語やフランス語を話す国に生まれていればまだ違った見方もできたのでしょうが、国際社会では脚光の浴びることのないペルシャ語ではいかんともしがたいものがあります。しかし、もうひとつ別の見方をすると、これからの世界の平和のためには中東、特にはイランの存在を無視することはできません。東西対立が徐々に姿を消していく中で今後大きくなっていくのは、民族問題と同時にその民族の精神を支えている宗教的な問題であると予想されます。こうしたことを彼が自覚しているかどうかは別問題として、ペルシャ語を活かす道はこれから開かれていくような気がしてなりません。そうした意味からも彼の入学に対して格別の計らいをお願いしたく」ということが書いてあります。

こういう生徒が入ってくるわけです。彼の一年の時、帰国生も一般生も一緒に自分の体験を話す学年シンポジウムの場で、「自分は日本人なのだけれども、日本人が嫌いだった。けれども今はずいぶん考え方が変わって、自分自身がそういうふうに日本人が嫌いだと思ったことの中には自分自身の内の問題や姿勢があるのだと気がついた」と語り、自分を客観視してしゃべれるように成長してきます。彼のような生徒はきわめて少数ですが、おります。

平和教育としての学校行事

平和教育やグローバル教育としては、毎年六月の中旬に一週間のクリスチャンウィークがあります。その中に、半日を使ってマルチイベントというのがあるのです。このテーマには、カウンセリング入門とか、「忘れないで阪神大震災」などもあるのですけど、日韓問題、ファシズムとキリスト教の問題、仏教とキリスト教の問題があったり、あるいは海外医療協力会や外国人女性労働者、「パレスチナ人として生まれて」など、いろいろあります。これは外部からゲストスピーカーの方をお願いして、お話してもらい、ディスカッションをしていくものです。これは学年の枠を壊しまして、それぞれが関心の強いテーマの分科会といいますか、教室に分かれて、午前中いっぱい討論します。こういう企画は生徒と教師が一緒になってやります。これは生徒が自主的に現代の世界と日本の諸問題を考える機会を与えることになるのではないかと思います。

また、沖縄の修学旅行が平和学習としてはかなり効果があるのではないかと思います。三泊四日で、最初の日は平和ガイドに案内されて、いろいろ説明を受けながら、ひめゆりの塔や資料館を見学したり、糸数壕やガラビ壕という壕の中に入りまして真っ暗な闇を体験します。生徒たちがどういうことに衝撃を受け、感動するかというと、たとえば、ひめゆり会館の中に行きますと、今の自分たちと同じ世代や年下の亡くなった生徒などの顔写真があって、別の部屋には生き残った人々の大きく印刷された体験手記あり、それを生徒はかなり丹念に読んでおりました。また、ガラビ壕や糸数壕の中に入って、真っ暗なところで当時の女学校の生徒が看護婦さんとして、いかに負傷兵を看護したとか、そして実際そこでどのような悲惨なことが行われていたかということを聞かされると、ある程度戦争の現実とはどんなにむごいかが想像できるようになるわけです。

ここで事例をあげている時間はありませんが、修学旅行の文集の中でも戦争と平和についての感想がかなり書いてあります。そこで命の大切さとか今の平和がありがたさなどを書く生徒が多いのです。なかにはこういう戦争を導いた政治家とか、教育に対する批判などを書いている生徒もいますし、朝鮮の方の慰霊碑もありますので、戦争中の朝鮮人などに対する迫害や加害者としての歴史を知ったということを書いている生徒もおりました。さらに沖縄の基地を見て、現在も沖縄は犠牲になっているということを知るのです。コース別行動で伊江島に行った生徒は、伊江島の住民の戦争での苦しみや戦後も基地として使われて自分の土地を奪われた人たちの戦いを知って、生徒は沖縄の新聞などを購読して、学校祭でそのことを発表したりします。このように、修学旅行も生徒たちが今も戦争で苦しんでいる世界の現実というものを改めて認識するきっかけになっていると思います。これが平和教育の色合いをもつ学校行事です。

生徒のボランティア活動

それから、私たちの学校ではボランティア活動はよく行われていまして、九月一一日の世界貿易センター事件が起こってから、個人個人生徒が動き始めました。募金活動を思い立った生徒は日本赤十字のホームページを調べてアメリカに受け皿があるのを知り、直接アメリカの赤十字社のホームページにリバーティ・ディザスター・ファンドというものを見つけました。それをよく読むと軍事行動を前提としているような活動をしているので、それは自分たちの募金の趣旨と合わないので、それよりも直接、被災者の家族に対して手紙を寄せるとか心を通じさせるということの方が優先的だということで、募金のほうは中断したのです。アフガン難民の救援募金については、国連難民高等弁務官事務所に出すか、あるいはＮＧＯの日本国際親善厚生財団の方に出すかいろいろ考えて、最終的にはＮＧＯに出しました。それで最終的に生徒会でお金を集めて、大した金額ではなかったのですけど、先日送りました。常時やっているボランティア活動はフィリピンのこどもの里親運動としての教育費援助です。それから環境問題では環境保護のネットワーク、「エコ・ボランティア・ネットワーク」というグループがずっと続いています。これは紙の再生の問題に取り組み、世界の森林資源を保護するという活動です。

授業での取り組み

最後に授業の例をあげますと、テロの問題から、生徒と教師が一緒にアフガニスタンのことを勉強

2000年度　世界史BⅠ（井上クラス）生徒レポート・テーマ

21世紀という新たな時代の幕開け、世界史を学ぶ人にとって、自分達が生きた激動の20世紀を問い直すこと、このことこそが最も重要なことでは?

というわけで、今年度のレポートの包括的テーマは『20世紀、戦争・革命・紛争・内乱』とします。このテーマだと“第一次・第二次世界大戦”“ヴェトナム戦争”“湾岸戦争”ロシア革命”等、教科書（世界史A）的な内容がすぐに思い浮かぶかもしれません。もちろん、そういったテーマでもいいし、教科書の範囲外でもそれが戦争・革命・内乱等に何らかの関連をもつ事柄（例えば、マスメテイア・思想・科学技術等）なら、そういった内容を取り上げてみるのも面白いと思います。

ただ、どのようなテーマを選ぶにしても以下の4点は必ず押さえて下さい。

① なぜ、そのテーマを選んだかについての理由を明らかにする。
② そのテーマについての背景（例えば、○○戦争以前の△△国の外交政策は××だったとか、経済状態は□□で、……等、テーマに直接・間接的に係わると考えられる全てについて）を出来るだけ多角的に検討する。
③ そのテーマで取り上げた内容が後の時代（場合によっては現在に至るまで）にどのような影響を及ぼしたか（例えば、冷戦・南北問題が生じたとか、遺伝子異常が頻発するようになったとか、民主化運動が展開されているとか等）についての考察を加える。
④ ②③を踏まえて、あなた自身の評価・見解を明らかにする。その際、あなたの考えや立場が教科書的・一般的なもの、学者・専門家・マスコミ等の認識と食い違っていても一向にかまいません。あなた自身の見解を明示して下さい。

＊パレスティナ問題とユダヤ人の歴史
＊太平洋戦争ーアメリカと日本、島々での戦いー
＊第二次世界大戦
＊スペイン内戦
＊ヒトラーとナチスドイツ
＊太平洋戦争
＊キューバ革命
＊「ユーゴ紛争」
＊フリーメイソン
＊東西ドイツ　ベルリンの壁に迫る
＊アルジェリアの内戦とそれまでの経緯
＊太平洋戦争について
＊『20世紀、戦争・革命・紛争・内乱』湾岸戦争に至るまで
＊大恐慌　1929～1930年代アメリカ合衆国を襲った出来事
＊イラン·イスラム革命
＊「南京大虐殺」
＊北緯38度線・朝鮮戦争は何故起きたのか?
＊パレスティナ問題
＊スペイン内戦とそれまでの道のり
＊キューバ危機
＊難民救済
＊「南京大虐殺」は幻か?!
＊ナチスドイツ
＊ケネディのアメリカ
＊湾岸戦争
＊パレスティナ問題
＊第一次世界大戦
＊スペイン内戦について
＊スペイン内戦・戦争
＊湾岸戦争とその前後
＊南北朝鮮
＊中東和平プロセス
＊冷戦のもたらしたもの
＊アパルトヘイト
＊非暴力主義
＊～チェコスロバキア、自由への長い道～
＊ボスニア紛争
＊ーGUERNICAー
＊ジャンヌ・ダルクと内なる戦い～教科書には載っていない本当の「真実」の戦いの意味～
＊毒ガス　塩素とその発展
＊レジスタンス
＊ヴェトナム戦争
＊A Silent War　～タリバンVSアフガニスタンの女性～

しなければということになりました。たまたま今の三年生が二年生の時に出した世界史のレポートの中で、タリバンの問題やイスラム原理主義などを書いた生徒がいるので、彼らの話を聞こうということになったのです。前年度、世界史の教師が世界のいろいろな紛争について書けという包括的な課題を出した。右に載せてあるのはそれぞれの生徒が書いたテーマです。その中でタリバンのことを書いた生徒は、今回の事件の前にタリバンが女性に対してどのような差別をしていたかということを中心にして、タリバンが生まれてくる過程についてよく調べていたので、それを聞こうということになりました。第二回はイスラム原理主義、第三回はパレスチナ問題を学ぶ集いというように、ずっと続いております。生徒たちは、たとえば　一一月一三日一二時五〇分から「イスラム原理主義を学ぶ集い」で、三年二組の中田牧さんが発表するというビラを廊下に張り出し、三年生から一年生まで関心を持つ者が集まってきて話を聞いて討論しています。内容は浅い深いはありますが、そういうことを生徒が自発的にやることは非常にいいことではないかと思いました。学校の方も、そういう動きをできるだけ奨励していきたいと思っております。

真の国際理解を深める

私たちの学校では、いろいろな生徒が世界中の国から帰ってきていますが、ただ海外体験をしたからというだけで、国際的かといったら、そうではないと思うのです。他の生徒と向かい合って話し合うということで、自分の海外体験もある面では一面的であるということに気がつきます。それから一般生も、帰国生徒とぶつかってカルチャーショックを受けるわけです。そのような刺激やチャレンジをどのように乗り越えるかということで、また一歩世界に対して見方が深まる、あるいは広がるのではないかと思っております。ですから、私たちの学校は、帰国生にとってももう一回、自分の海外体験を見直して、世界の平和についての考え方・認識をどのように深めていくか、本当に国際理解を深めることとはどういうことなのかを考える場所でなければならないのです。一般生もそこでどのように自分を変えていくか、両方が変わっていく場所だと私は思っていますし、そう願っています。

文明の衝突か文明間の対話か

志村尚子　津田塾大学学長

日本社会の傾向からみて、教育において大事なのは、自分自身で考え、自分自身で決めるという態度ではないか。学生の個性やその自主性を尊び、潜在能力を最大に引き出すことが国際平和につながる。

はじめに

「文明の衝突」というのは、サミュエル・ハンティントン以来非常に広く論ぜられているコンセプトです。国連はいろいろな理念を社会に周知させるために、国連こども年とか、高齢者年とかをさかんに設定するのですが、今年は国連によりますと文明の何の年であるか皆様ご存知でしょうか。今年二〇〇一年は「国連文明間の対話年」とすると二年前に決められました。そして、しかもこれを提唱されたのがイランのハタミ大統領であるということに私は特に意義があると思います。というのはイランはイスラム教革命で親米であったシャーを追い出して以来、西欧とくにアメリカ合衆国から非常に敵視されて、アメリカ政府から、ならず者国家のように扱われてきました。そのイランの大統領が、二一世紀の最初の年のテーマに文明間の対話を提唱されたわけです。

武力行使を非合法とした国連憲章

今日の国際情勢、国際関係に基づいて今日のシンポジウムのテーマを考えますと、去る九月一一日のテロ事件を脳裏からはずすわけにはいきません。そして、そのテロ事件以降、アメリカ政府を中心として、イギリスやドイツなどＮＡＴＯの国々が協力して、武力を中心とした対応をしています。それに対して日本のように平和憲法をもっている国でも、批判や違う考え方があるのではないかという声があまり起こってこないのを私は非常に遺憾に思うわけです。というのは日本は昔から国連中心外交を標榜してまいりましたが、その国連の一番大事な、本質的な役割は何かといいますと、少なくとも私の理解では、人類何千年の歴史上はじめて一方的な武力の行使を非合法であるとする考え、及びそれを実践するための仕組みを作ったということだと思います。この戦争の非合法化という理念に関しては国連の前身であります国際連盟が草分けですが、連盟ではほとんど理念のみに留まって、有効な制度にまでいたらなかった。そのために失敗して、第二次世界大戦に続いてしまったわけです。

国連憲章を読みますと、その前文に、国連憲章は法的には国際条約でありますが、こうした法的な文章にしてはかなり文学的と言いますか、詩的な文言で次のように述べています。

「われら連合国の人民は、われらの一生のうちに二度まで言語に絶する悲哀を人類に与えた戦争の惨害から、将来の世代を救う」ことを決意して、と謳ってあります。

これが国連の中心の目的であったわけです。そして、自衛のためというどの文明、どの社会でも認められた正当な武力の行使を例外として、他の全ての武力行使——それをもう何千年と全ての国、社会、民族、統治者は当然の権利とみなしてきたわけですが——それを非合法化したのでした。二〇世紀になりまして第一次、第二次世界大戦の惨害をふまえて、やっと人類は、方向転換する決意をしたのです。しかし、残念ながら連盟に続いて国際連合もその発足とほぼ同時に始まった冷戦によって、この理念を実現することがほとんどできませんでした。憲章の第七章には今でも厳然と「平和に対する脅威、平和の破壊及び侵略行為に関する行動」というタイトルのもとに、一方的な非合法の武力行使が起こったときには国際社会はそれを直接の被害国の自衛権行使のみに任せるのではなく、国際社会全体の責任として安全保障理事会を中心に、それに対して強制措置、非軍事的および国連軍による軍事的強制措置を含む対応をするということが謳ってあります。けれども、冷戦中はほとんどその実行の可能性がないということで忘れられていたも同然でした。

冷戦が終わった今日、世界各地で冷戦期よりもむしろ多いくらいのさまざまな紛争、今日はそのほとんどが内戦ですが、それが続いているにもかかわらず、この第七章の集団安全保障と呼ばれる、国際社会全体によって、法に基づいてそれらの紛争に対応するための制度の要とも言える国連軍を設置する動きはまだまったく見られておりません。そのかわりに、冷戦中に国連ではＰＫＯ（国連平和維持活動）という非常に限られた目的の小規模な活動を生み出して、できる範囲で平和のための貢献をしようとしたわけです。そして強制的な強力な軍事的対応が必要とされたときには、冷戦中では朝鮮動乱が唯一のそのような対応の例ですが、冷戦が終わってから何回かそのような状況が起こったときにも、いつもいわゆる多国籍軍で対応してきたのです。多国籍軍の活動はほとんどの場合国連による「授権」に基づいていますが、国連が直接その活動を運営し、指揮をとるのではありません。第七章下の国連軍が実現されていないのでその不十分な代用品としか言えないということになります。今回もテロが起こりましてからアメリカはその行動は憲章第五一条に謳ってある「個別的自衛権の行使」として正当化された武力行使であると主張しています。それを支援して武力を行使している他のイギリスなどの国々は集団的自衛権の行使という理由で、支援をしているわけです。

しかし、今までのさまざまな例を見ますと、もちろんテロ行為を私たちが非難するのは当然ですし、アメリカのそれに対する反応も心情的には十分理解できますが、この武力による反応というものは、これまでの中東戦争の歴史などを見ましても、決して根本的な解決にはつながらない。根本的に紛争を解決するには対話、交渉、辛抱強いそういった積み上げ、そして単に直接的な外交努力だけではなくて、貧困の絶滅とか、南北格差の解消など幅広い努力が必要なことは明らかではないかと思います。そうした対話の糸口を見出すときに、これまで国連が設立されてから続いてきたさまざま紛争——中東にせよインド・パキスタンにせよ、東ティモール、アフリカの紛争など——には、日本は植民地を持ったこともなく手を汚していないので、その気になればかなり有効な対話を持ち、支援する役割が果たせるのではないでしょうか。

平和な将来を築くための考え方

話が教育から離れてしまいましたが、辛抱強く対話によって紛争を解決し、平和を築いていこうというときには、単に政府指導者のみでなく、一般市民もその有効性を認識することが非常に大事であると思います。これについては国連の専門機関であるユネスコの憲章が、「戦争は人の心の中で生まれるものであるから、人の心の中に平和の砦を築かなければならない」と謳っていますが、まさに教育の重要性ということを言っているのではないかと思います。

では、どのような教育をすることによって、国際社会、あるいはそれぞれの社会の中で平和的な対応を可能ならしめるような動きが出てくるのか。ここでは私はあまり具体的なことは申し上げられないのですが、ただ、かなり長い間海外に暮らしてまいりまして、しかも国連という非常に特別な場で多くの国から来ている各国の代表やら事務局の職員と毎日机を並べたり、接したりしてきたということに基づいて、私は平和な将来を築くのにつながるような考え方というもののなかで三つの点をあげたいと思います。

多様性の認識

これは先ほどの桑ヶ谷先生のお話にもありましたが、今日の国際社会は約二百位の国があります。さまざま社会・文化・歴史を背負い、さまざま民族、宗教などがあるわけです。その中で日本などは最近でも何人かの政治家が日本は単一民族の国であるといって非難されておりますが、かなり均質性の高い社会であることは事実であります。こうした社会に住んでいる私たち日本人にとっては、この世界の多様性ということがあまり身近に感じられないのかもしれません。もっとも近頃の日本は住んでおられる外国の方も増え、生活の仕方も昔よりは随分多様になりました。しかし、まだ日本は今日の世界の中ではこの多様性を身に染みて感じる機会が比較的少ないのではないでしょうか。日本でもしばらく前から国際化とかグローバル化ということが盛んに言われておりまして、その一端として世界のさまざま文化や社会の多様性を「尊重する」、または「受け入れる」べきであるということをよく耳にいたします。私はこの尊重したり、受け入れるというのでは、まだ不十分ではないかと思います。そこに日本の国際化の未成熟なところが現れていると言えるのではないでしょうか。実際に多様な文化・社会を背負った方々と密接に接しながら仕事をしたり生活しておりますと、この多様性が本当にすばらしいことだと思えてきます。ちなみにヨーロッパ連合（ＥＵ）の発展はすばらしい試みだと思いますが、他方ＥＵはヨーロッパの国々それぞれの非常に独自な文化を均質化するのではないか、そうなったら残念だとちょっと心配しているのですが、その多様性を「尊重する」というよそよそしさではなく、本当にそれを喜びとするのが自然ではないでしょうか。この多様性に喜びを見出すということが平和につながる考え方として一つにはあります。

人間としての共通性の認識

二つ目として、一見それと裏腹のようですが、世界のさまざまな人々は、一方では多様ですけれど、その多様な表面の下では人間としてまったく共通であるということを強く感じます。これは少し陳腐かもしれませんが、私は国連での自分の体験から本当にその通りだと確信を得ました。誰でも多様な人々や文化に接する機会を持てば、自然にそのような考え方になるのではないかと思います。

自分の国の歴史や文化を知る

三番目に他の文化の多様性に喜びを見出し、しかもその下に人間としての共通性を認識するためには、自分の国の歴史や文化などをできる限り良く知り、その良いところは良いとし、悪いところは悪いとするという基盤がなくては、先程述べた一と二は難しいのではないでしょうか。外国に出ますと、私たち日本人はよく日本について聞かせてほしいと求められます。今日の国際社会は国境がだいぶ低くなってきましたが、まだまだ国によって成立している社会ですので。そのような質問を受けてあらためて考えたとき、私は日本には多くの良い点があるけれども、他方日本社会は、先ほども触れましたように国際化という掛け声は盛んですが、まだ他の国々と比べますといくつかの点でかなり特異な社会である、そしてその特異性が国際的な対話を妨げていると思うようになりました。どう特異かと申しますと、ひとつには日本の社会はなかなか変わらない。これは私が三十数年過ごしましたアメリカの社会で、私が住んでおりました間にも、女性の地位とか少数民族の権利とかに大きな変化がありました。それに比べて日本はなかなか変わらない。これはちょっと言い過ぎかもしれません。日本もこの頃は随分と変わっている面もあります。しかし本質的にはやはりなかなか変わらない社会である。そしてもう一つ、日本は横並びの社会ですね。これもだんだんと変わりつつありますけれども、まだ何をするにも回りを見回して社会とか世間とかに配慮しながらやる。出る杭は打たれる、というところが非常に多い。

自分で考え、自分で決める教育

それからもう一つ日本の社会はたいへん内向きであると思います。これは海外で活躍なさるのが本務である外交官や大企業の駐在員など国際社会の最先端で働いている日本人の方でさえ、これは特に男性に多いのですが、本省とか本社の動向が気になって仕方がないようです。海外に出ていると出世に損をする。早く本省なり本社に戻って、そのキャリアパスに戻りたいということが非常に多い。そのように部外者である私の無責任な目からは見えることがあります。その点では、海外で仕事をしている日本の女性は男女雇用機会均等法ができたとはいえ、まだ多くはそういった日本社会の本流から外れておりますので、外に出て行くことにそれほど損失がない。ですから海外に出て行って、思い残すところなく働くというようなことが比較的あります。これは少し単純化した暴論かもしれませんが、日本人の女性が国際機関や海外で非常に生き生きしていると他の国の方々から良く言われます。これも日本社会の内向きな、そしてそこにより強く組み込まれている男性社会の傾向の反映ではないでしょうか。

このような日本社会の傾向に鑑みて特に教育において大事なのは、周りに呑み込まれない、周りに合わせない、自分自身で考える、自分自身で決める、という態度ではないかと思います。この点でこれも近年変わりつつあるとはいえ日本の教育はまだまだ十分にそれに役立つような教育をしていないのではないか。これは明治以来、日本の特に高等教育は早く西欧の先進国に追いつこうとして、そのために役立つエリートを早急に育てるということが至上の命題であったものですから、手っ取り早く知識を叩き込むという教育が非常に重んじられた。近代になって課題探求型とかゆとりの教育とか言われていますが、まだなかなか身についていないように感じます。先程の桑ヶ谷先生の具体的なお話を思い起こしますが、学生個人の個性やその自主性を尊び、潜在能力を最大に引き出すということが先ほどから申し上げてきたような国際平和につながるような教育の原点になるのではないでしょうか。

アフガニスタン問題にかかわって

国連におりましたとき、私は八十年代に少しアフガニスタン問題にかかわっておりました。

その頃ご承知のとおり、一九七九年一二月二四日にソ連がアフガニスタンに侵攻して十万人位の部隊をそこに送り込み、国連はこのソ連部隊を撤退させる努力をしていました。国連は常時事務総長やその特別代表によるさまざま調停活動に携わっていて、今日ではブラヒミ元アルジェリア外相がアフガニスタンでそれをやっておられますが、八〇年代には別の方が特別代表をやっていたわけです。

しかし当時は十数年後の今日に比べましても、まだ国連は各国の国内事項や内戦には関わるべきでないという考え方が強かったのです。

したがって国連の努力はソ連軍をアフガニスタンから撤退させるというところに集中して、八〇年代のほとんどを費やして、国連以外ではほとんど知られていないことですが、協定を取り付けることに成功しました。直接の交渉相手は一方はソ連がバックしていた当時のアフガニスタンの共産主義政権、他方は反ソ連、反政府のムジャヒディン及びそれを支援していたパキスタン、そしてその後ろにいたアメリカで、当初ソ連は四年かけて撤退すると主張し、ムジャヒディン側ははじめ三ヶ月で撤退しなければだめだ、と言っていました。この三ヶ月と四年のギャップを縮めるのに、三年ほどかかりました。結局は一九八八年四月に九ヶ月で撤退するという合意ができまして、同年五月一五日にソ連軍が撤退を始めてぴたりと九ヶ月後、八九年の二月一五日に最後の一兵が、近頃もその名を耳にするマザリシャリフの近くにある国境の川を渡って引き上げたということだったのです。けれどもその後、ムジャヒディン同士の間の内戦がますますひどくなって、今日に至ったというわけです。国連のこういった紛争解決努力なども二一世紀の現実を踏まえて、もっと根本的に再検討する必要があるのではないかと思います。

旧ユーゴでみた民族浄化

民族浄化がこの分科会のテーマにもありますが、私は国連時代に旧ユーゴにも関わっていまして、そこに一度行ったときに、「あっ、民族浄化とはこれなのだ」と本当に目が覚めるような思いをした体験がありますので、それをご紹介いたします。

旧ユーゴのクロアチアのある町のメインストリートを通ったときのことですが、その両側に民家が立っております。そのうちの一軒はめちゃめちゃに破壊されている。けれどもその隣の一軒は何事もなくて、その家の前にはきれいな花壇に花が咲き、窓には白いレースのカーテンがはためいていて、その次の家はまためちゃくちゃに壊されている。壊されているのが都市によってどちらの民族の家かの違いはあるのですが、たとえばクロアチア系、セルビア系とそういうふうに互い違いに昔は一緒に住んでいたわけです。それで「民族浄化とはこういうものなのだ」と思いました。

それから、旧ユーゴで古い墓地に行きましたら、その地方の墓というのは、石かコンクリートで固めた半分地下、半分地上に出た室のようなものに埋葬するのですが、そのうち半分くらいは上にかぶせたふたがなくなっているのです。これも民族浄化なのです。自分と対立する民族の死者が葬られている墓は暴かれてしまったということです。そのようなことを目にしました。そのように、家も墓も互い違いになっているわけですから、それまで何十年または何百年隣同士で平和に他民族の隣人として暮らしてきた人たちが、そのような状況の変化によって、ここまで人間性を失ってしまうということは本当に恐ろしいことだと思いました。

質疑応答

司会（千葉眞）　志村先生のお話は専門の国際政治学および国連でのさまざまな経験から、このテーマについて語っていただきました。はじめに二〇〇一年を国連は「文明間の対話国際年」と指定したというお話から国連設立の目的として、自衛以外の戦争を非合法化する、ということがあったと話されました。それから国連憲章第七章の構想の重要性等々をお話くださいました。そして教育との関連では特に日本は均質性の高い社会にあるので、世界の多様性ともっと緊密に触れあう必要があるのではないのか、多様性を尊重するということにとどまらず、多様性を喜びとするような教育のあり方を探れないだろうかというご指摘がありました。さらに多様性の背後には人間性という共通性がある。多様性と触れ合いながら、その人間の共通性が生まれるのではなかろうか。共通性と共に今度は自分が属する国の歴史・文化のもつ特色、問題点も含めて正面から付き合って、それを踏まえながらグローバルな市民として世界に出て行く必要があるのではないかと思いました。掛け声だけに終わる国際化ではなく、本当の意味での心の中に平和を作る多様性と付き合うような和解の精神を生む必要があるのではないか等々、さまざまな観点からご報告をいただきました。

これをふまえまして意見交換に入りたいと思います。

質問・コメント　竜村仁という映画監督の『地球交響曲』というドキュメント映画が今、上映されていますが、そのなかでジェームス・ラブロックという生物物理学者が、「二一世紀の子どもたちに一番大切なメッセージはなんだと思いますか」という質問に、彼は「子どもとして生きよ」ということを強く主張されておりました。自分は何をどうしたいか受けとめて、そんな子どものように生きなさいということだったと思うのですが、その主張の中にも「多様であるということ」はいわば生命活動の基本だとしています。本来、生命というのは多様であるのだと思っているのですね。私も多様であることは非常に大切であると思うのです。市民社会がまだ未成熟だというのが日本の置かれた一番の問題だと私は思うのですが、なぜ多様であることを喜びとしなければいけないのか、つまりそうでない原因がどこにあるのかということを一つお聞きしたい。

志村　今、質問なさった方のおっしゃることのほとんどすべてに私はまったく賛成でございまして、多様であることになれていないことの原因については、私は専門家ではありませんが、素人として思いつきますように日本の歴史とか、島国であることとか、それから近代化の過程においてもほかの国ほど多様化につながらなかったくらいしか申し上げられません。

今日でもたとえば日本はまだ移民を非常に厳重に制限しておりますし、難民の受け入れも非常に消極的であるし、そういったことは直接は政府の方針かも知れませんが、そこには日本社会の消極的な姿勢というのが反映されているのではないかと思います。多様化を喜ぶようになれなどと言って、すぐにそうなるものではもちろんありません。

一番大事なのは、桑ヶ谷先生がたくさん例を出してくださいましたように、一人一人の体験を広げることだと思うのです。それには社会全体がもっと柔軟に開放的になる必要がある。それはかなり長期的なことだと思いますが、その第一歩は日本の社会や教育制度も雇用制度も他の多くの、特に先進国といわれる国の社会に比べて非常に閉鎖的であり、硬直的であるということを認識するのもその一部ではないかと思います。さっきおっしゃった個として輝くというのは私もまったく賛成で、それから「地球交響曲」も私一部か二部か拝見しましたけれども、若い人たち、子どもたちが自然に接する機会を多くするというのも、自然の中における生命の多様性の尊さというようなものを感じるよい機会ではないかと思います。

司会　これも教育にかかわることかと思いますが、一人一人の体験を豊かにし、広げるという機会を多く持つというお答えだったかと思います。他にご質問、コメントありましたらお願いいたします。

質問・コメント　日本人は非常に均一性が高くて、多様性を受け入れられないという志村先生のお話を伺って、確かにその通りだと思うのです。

一面においては、日本の文化や歴史は、ある意味では非常に多様性に対しての受容力があります。神道があってそのあとに仏教が入ってきても、神道はなくならない。そして西洋のキリスト教文化が入ってきても、科学文明が入ってきても、全部受容して多重な文明、その独自の文化を創ってきたと思うのです。神道の儀式もやれば仏教の儀式もやればクリスマスもお祝いする。あらゆる食べ物は食べるし、非常に日本人は多様性を受容することに、それ程、難色を示さなかった。

私は日本というのは非常に無原理性の国なのではないかと思うのです。つまり今、自由主義や民主主義陣営の一員のように自分たちも思っているし、外からもそう見てもらえていると思っているけれども、西側の自由主義や民主主義の原理も日本人はよくわかっていない。そこの根本にあるのは、いわゆるキリスト教文明圏の一神教世界ですね、原理的な神をひとつの絶対的な原理にして、それを基準に中世の教会支配から、新教が生まれ、そこからルネッサンスが発展し、民主主義や人種主義のイデオロギーもでてきている。そのような絶対的な原理というか、考え方が、一貫して一神教世界にはあると思います。日本はこれがないでしょう。いわゆる一神教でないがゆえに歴史の中を見ても権威が絶対化された権威ではなくて、相対化されてきますね。
　その意味で小田さんがおっしゃった日本とは、非常に世界の仲介役として世界に果たしていく役割が、文化や文明の中にあるのではないかと思いました。

司会　多様性をめぐる二重性三重性ですね。そういう問題について私も心に思い当たるところが多いのですけど、それは結局無原理性からきているのではないかという日本の政治文化の特殊性についてのコメントです。

志村　いま、おっしゃったことの大半は私もそのとおりだと思うのですが、私はそういうことの専門家ではありませんし、特定の宗教にも属していないある意味で典型的ないい加減な日本人の一人でございます。いま、おっしゃった日本は次々に外からの文化やら宗教を含めて受け入れてきたということもその通りだと思います。そのように次々に受け入れることによって、またそれを何か曖昧で、均質的なものに変容させたのではないかとも考えます。

これは私の独断と偏見ですが、世界の中にはもっと原理的な宗教にせよ、その他、さまざまな信条が存在することは確かでして、このように地球社会が一つになって、国や社会の間のコンタクトや交流が盛んになってきますと、その結果の好ましさに基づいて前に遡るというのは論理の反転かもしれませんが、それぞれの原理主義、それぞれの宗教を尊重し（ここでは私は「尊重」といいます）、それらとの対話と共存をはかることなしには将来私たちはやっていけないのではないかと思います。

司会　森有正が前にヨーロッパ文明を冒険の文明、アバンチュールの文明で日本文明を同化あるいは包摂文明、アシミラシオンの文明として特色付けたのを思い起こしました。桑ケ谷先生への質問、コメントをおねがいします。

質問・コメント　私は外国人として日本に長くいるので、この平和教育や日本の誇るべき平和憲法、そしていまもいろいろコメントされたりしたことを聞いて、一つ感じるのは、つい最近、曖昧さのために非常に矛盾したことを感じました。十年前のイラク戦争のことです。また話題となったＰＫＯやＰＫＦをあの時のようにできなかった。政府ははっきりした前向きな姿勢で憲法を直さないでＰＫＯに参加することを今回のことで思い出したのですが、十年前、政府は自衛隊の飛行機で難民を救うために一生懸命にがんばったということです。いろいろなグループの団体はそれなら私たちはその難民を救うためにお金を募金して、十機ぐらいだと思いますが、一週間以内でその飛行機を出してもらった。非常にすばらしいことだったと思うのです。だから今回はそれを見たかったのです。その声は上がらなかった。毎日ニュースを見ていて、残念なことだと思いました。いま、おっしゃられたように平和憲法は必要です。でも平和憲法のために対話がなかった。そのうちに周りにいる日本人は「ああ、残念ですねえ」って言いながら、何にも行動を起こさなかったのはとても残念だったと思います。ある日、新聞にはイージス艦を出すとか出さないとか書いてありました。それは海上自衛隊の戦争船のことだったのですが、その一隻を作るために一六〇〇億円かかるそうです。これも私たちの税金から出されているわけなのですが、そのことを批判されもしないで、四隻も持っているのを曖昧にしすぎるのではないかと思います。残念ながら、非常に平和を作るのはそんな簡単なことではありません。コメントを何か三人の方々から聞きたいと思いますが、そんなに簡単に平和憲法を壊すのですかということを非常に知りたいと思います。

司会　ありがとうございます。午前の基調講演で小田さんの問題提起と非常につながってくるわけですね。

桑ヶ谷　私自身は戦争中「国民学校」に通い、「小学校」には行かなかった世代で、戦後民主主義の中で育っています。本当にいまの憲法と前の憲法とどう違うかということは現実の生活の中で実感しています。いまのお話の通り自分たちで守らなければいけないという気持ちはもちろんあります。ではいま何をしたらいいかのかここですぐお答えできません。

実はニューヨークのビルが崩れたことで被災者の中に日本の銀行員がいて、その家族が急遽、帰ることになったので、その子弟を私たちの学校に受け入れてくれと言われました。私たちも考えまして、では一年生ではだめだけど、二年生は何とか人数的に入れるからと言って試験をやりました。試験といっても書類審査・作文・面接をしました。そのときに、父親が亡くなった今回の事件についてどのように面接で話題にしたらいいか考えたのです。あまり事件に触れないほうがいいだろうと考えました。質問として「これからどうやってあなたは生きていきたいのか」、「将来どのような仕事をしたいのか」と聞きました。そうしたら彼女は「私は国連で働きたい」と言いました。「アメリカの友人たちは今度のことでも、軍事的な問題で解決しようとしていましたが、私は日本の平和憲法はすごく大切だと思うので、その視点で国連で自分の日本人としての姿勢を生かしたい」と彼女は言ったのです。その点で私はお父さんが被災者として亡くなったけれども、彼女がそのような受け止め方をしているので非常に嬉しかったです。

彼女はいろんなことを思い出して、いまでも時々過呼吸になることもあります。けれども、段々回復していくと思います。その姿勢というか、その点では考え方は健全です。そうした考え方の若者がいっぱいいるということを信じて、これからも憲法の問題については自分の信じていることを生徒と一緒に考えていきたいと思っております。

志村　ご質問になりましたことはまた別のシンポジウムがいる位の大きなテーマですので、ほんの二、三お話に触れたいと思います。

さっき触れた多国籍軍とか、それからいまのアメリカやイギリスのやっていることは自衛権に基づいているかという問題に関わる話です。それからまたＰＫＯのお話をなさいましたけれども、ＰＫＯは国連憲章にはどこにも決めてありませんが、実現しなかった憲章七章のほんの一部を限定的に何とか実行しようというので、これは一応国連の正規の活動とみなされています。日本の憲法九条の影響を論ずる時には、自衛かそれとも自衛以外の許されない武力行使かという二者択一だけでしか論じられないことが多いと思います。これはまったく私の個人的な意見ですが、国連憲章七章のもとで国際社会全体として違法な武力行使に対応するという集団安全保障制度が確立されて、勿論まだほとんど理念だけですが、少なくとも理念としては自衛と侵略と国際的な強制行動という三通りの武力行使があると私は思っています。ですから日本国憲法は自衛のためのみではなく、国連の正規の武力行使は国際社会における警察行動のようなものなので、必ずしも日本国憲法は排除していないと、私は思っております。けれども、そのような行動への参加は日本の歴史的経緯とか国民の世論とか感情とかを考えると十分に国内での論議を経て、そういった方向に進むならばすべきものであって、日本ではいまのところそれが十分な議論なしになっています。

さっきお話ししましたように多国籍軍は一応国連に関係はありますが、正規の国連の活動ではない。それからいまやっているテロの対応もあれば国連憲章五一条で認められている自衛権の発動であるとアメリカは言っていますが、憲章下の自衛権とは無条件の権利ではなく、攻撃されたらとりあえずその被害を受けた国が暫定的に反応するということです。さらに、すぐに国連に報告しなければなりません。アメリカは今回一応、報告したようですが、どの程度、アメリカがいま、国連に報告しているか具体的な作戦などはまったく報告していないと思います。無条件、無期限ではなくて、安保理が憲章七章に基づいて、正規にそういうことに対応すると決めれば、そちらが優先するというわけですね。ですからPKOは国内の議論を経た上で日本にとっても許容範囲だと思いますが、多国籍軍やいまテロへの反応として行われているようなことは別の範疇で、そういうことが十分に議論されていない。みんな曖昧で、境界線を失っていることが非常に問題だと思います。

桑ケ谷　高校生でできること、あるいは学校教育でできることは、新聞やマスコミ、テレビも含めて、それに対する批判的な自分の意見を鍛えるということだと思います。政府についても厳しい目で見なければいけませんが、さまざまな新聞やマスコミでどのように議論をもっていこうとしているのか、その論調についても生徒が洞察力を持てるように鍛えていくということも高校の教育現場としては大切ではないかと思っています。

司会　私からも手短に三つぐらい短いコメントをしたいと思います。一つは今回非常に憂慮して新聞を見ていましたが、新聞が変わったなと思いました。ジャーナリズムとメディアは、今日、先ほどの横並びということとにつながるかもしれませんが、アメリカの世論やアメリカ政府の方針を追認するようなものでした。あるいは世界の動きに遅れまいとするだけです。そのようなことで、世論も変わったと思いました。

それから国民の意識もだいぶ変わってしまったということを感じました。国会議員で自衛隊海外派遣をサポートした人が、一〇月の末の段階で女性は四割、男性が六割です。男性の多い国会では当然そちらが多くなるでしょう。ですから、女性の国会議員をもう少し増やさないといけないという議論にもつながってくると思いました。それから私も政治学なのですけれども、政治学を志すということで私たちの先生方の多くは戦争体験がありますから、平和の追求こそ、政治学や政治理論、政治思想史、比較政治学、国際政治学などをやることになったきっかけだったことを率直に話してくれましたし、そういうひとつの緩やかなコンセンサスが日本政治学会にもあったと思います。今回、学会として自衛隊派遣に反対意見を出そうとしても、おそらく日本政治学会の会員の三割くらいは今回の自衛隊派遣には賛成なのではないか、七割反対だと思いますけれども。そのようなことで、他の学会のほうが声明を出し易く、私たちのほうが難しかったと思いますし、政治学者の意見がずいぶん変わった思いました。

最後にもうひとつですが、ジョン・ダワーの『敗北を抱きしめて』上・下（岩波書店）という本が出ました。あの本の中で一九四五年から三年半ぐらいの間に、日本には戦後日本の政治史に稀な理想主義の気運が盛り上がった時期があったというような議論がありました。憲法が押し付け憲法であるとかいろいろ言われますが、今日、小田さんもおっしゃったように、あれは日本人も合意し日米合作という性格が強いものでした。一部の国民が飢餓で苦しみ、飢餓線上を漂いながら、ぺしゃんこになってしまった瓦礫の中の日本社会。それと同時に日本人の多くは、自分の価値観もぺしゃんこになりましたけれども、そこから無限の可能性を見て、理想主義的なある種の理念に燃えた時期があった。無原理性の日本にとって非常に稀有な一瞬間だったと思います。そこで締結した戦後日本社会の平和主義という社会契約をこの二〇〇一年の秋に、ブロークン・コベナント（破棄された契約。broken covenant）という考えがありますが、破棄した。その意味で二〇〇一年秋は、決定的なターニングポイントかなと思いました。その意味で、機会を捕らえて声を上げていく必要があるのではないかと感じております。

質問・コメント　お聞きしたいことは国際法についてです。社会の多様性において社会の人たちのさまざまな意見を聞きながら、国際法を作っていく必要はあると思います。また、それが世界の平和のためにも必要だと思うのですが、たとえばアメリカ・ヨーロッパを中心に法律を学ばれている方が多い中で、日本人、アジアの声、アフリカですとか中東の方の声を反映させて、国際法を作っていくためにはどのような方法があるのか、また日本人としてどのような対応をしていくべきか、先生方お思いでしょうか。

志村　確かに現行の国際法はこれまで西欧の伝統を中心として発達してきたわけですし、人権に関するさまざまな条約や規約などもそうであるということでいま、西欧以外の国々から批判が起こっております。日本でも東大の大沼先生が文際的人権法というものを新しい視点から論ずる必要がある、ということをおっしゃっています。国連のこれからのひとつの役割として、国際社会のそういう政治的な影響力のバランスはまだまだ片手落ちですけれども、とりあえず一八九の国がしょっちゅう顔をあわせて発言できる場を提供しているということで、そういうもう少し本当にグローバルな国際法なり人権概念なりの将来の発展に少しずつ寄与していくことができるのではないかと思います。もっと具体的に日本がどう対応できるかというのは私はちょっとお答えする資格がないと思います。

司会　ほかにあと二つぐらいの質問あるいはコメントをお願いして、この分科会を終わりにしたいたいと思います。

質問・コメント　今日、大学教育が特徴を求められている時代かと思うのですが、たまたま桑ヶ谷先生からＩＣＵ教育というかそういう話を伺いましたので、もう少しその成果を教えていただきたいと思いました。

今日、レジュメを拝見してもすごく生徒そのものが多様性があるとっても面白い教育をされているんだなということがよくわかったんです。高校は二五年の歴史、大学は五〇年の歴史があるということですが、たとえばその先生はその成果というものをどういうふうに見てらっしゃるか、学生たちの卒業した進路にたとえばこんな特徴が出てきているとか、キリスト教が影響しているかとか、外に対してはどのような活動をしているのか、をもうちょっとお教えいただければと思います。

桑ヶ谷　まずキリスト教については、学校が生徒に信者になれと言うことよりも、基本的には、人と共に生きるということの大切さの根拠を考えさせることだと思います。共に生きるということ、それはイエスが汝の隣人を愛せと言われた、それが出発点です。そのあとは、自分自身の生きがいを見出さなくてはいけないという課題と結びついて、宗教教育があります。

ＩＣＵ高校では、帰国生徒が多数派で一般生徒が少数派なので、一般生徒にとってもカルチャーショックがあります。帰国生徒は帰国生徒でさまざまな国・地域から帰って来ていますので、それぞれの固有の問題を抱えています。だから、そういうそれぞれの自分の問題を抱えながら、友達との交わりの中でその問題を自分の力で克服していかなくてはならないわけです。それには、一人ひとりがしなやかな強さをもつことが求められます。それから、一般生徒の多くは中学時代、なんでも人と同じことをすればよいというような習性になっていて、例えばトイレまで一緒に行ったりするところがありました。行動だけでなく、考え方についても、同じことが言えます。そういう一般生徒がこの学校に入ると、他人に合わせるのではなく自分の考えが何かを持たないでは済まされず、自分がどういう方向に進んで行ったらよいのか、なにが自分自身の借り物でない自分らしさなのか、アイデンティティなのか、ということを問われると、生徒自身が言っています。自分自身を発見して、自立していかなければならないという課題にいつも向かい合っている生徒を励ますことが、学校の基本的姿勢です。そして他者との共生、誰かのために自分が存在し、役立つということも、生きがいとアイデンティティにとって不可欠だということも示さなくてはならないと思います。

海外生活の異文化体験と自分の意見を率直に表現する態度を身につけている帰国生徒は、批判精神が旺盛です。たとえば、初期の頃の生徒がわたしの授業の答案に〝先生の授業よりも司馬遼太郎や松本清張の方がおもしろくて、よくわかる〟というようなことが書いたことがあり、生意気だと思ったのです。しかし思い直して、それじゃあ一緒に歴史小説を読もうじゃないかと、自由研究講座で歴史小説を取り上げました。何年か続いた中に、そのクラスで話題がフォークランド紛争に及んだとき、イギリス帰りの男子とアルゼンチン帰りの女子が対立したことがあります。アルゼンチン帰りの女子は、私がフォークランド紛争と言うことが、そもそもおかしいと、あれはマルビーナス諸島ですよと、言うのです。自分が住んでいた所の何かをみんな持って帰って来ているわけで、それをどうやって熟成させていいものにしていくかということが、この学校で大切なことではないか、と思いました。一般生も自分のテーマを持って英語コンプレックスを克服しながら、がんばって大学・大学院のレベルに行くと留学したり、卒業生のなかには、国連で働いている者もいます。

生徒募集は海外でも行います。入学生の三分の二が海外からの帰国生徒ですから、広報活動は東南アジア、アメリカ、ヨーロッパでも行っています。そのことでバンコクに出かけた時、そこで会った卒業生は、国連職員として識字教育に取り組んでいる二期の一般生でしたし、アジアの国際関係機関の動向を追っているNHK特派員の四期生、林野庁から派遣されタイの森林の問題を調査・研究している九期生でした。卒業生の働く分野は、企業・官庁・学校・医者・芸術芸能・法曹・ジャーナリズム・国際機関・翻訳などさまざまで、帰国生徒だからといってワンパターンではない。帰国生徒が国内でちゃんとしっかり定着する面もあるし、一般生徒が帰国生徒に刺激されて海外に飛躍する場合もあり、そういう卒業生の歩みを知ることは楽しみです。問題は、どんな種類の職業に就くかではなく、なにを目指し、どのように働き、生きていくかです。ちょうど一番年長の卒業生が四十歳になるところで、卒業生を通して学校の真価が問われるのはこれからではないでしょうか。

司会　他にありますでしょうか。

質問・コメント　一言コメントします。東ティモールは真実の勝利なのです。ですから曖昧さをなくして彼らの九九パーセントの力で自由な国になったのです。来（二〇〇二）年の五月二〇日は独立宣言しますけれども、私はそのためにもちょっと日本から働きました。実は行ったこともありません。それでも向こうの事情はわかっているつもりなのです。日本で私はしばらくの間曖昧さの犠牲者にもなったのですけれども、曖昧さは政府や官庁といった上のところで異常にあるのです。でも日本人個人個人は非常に開かれた方々は増えているのです。実は東ティモールをサポートしたのはたぶん、東ティモール人の次に一番サポートしたのは日本人です。でもそれはＮＧＯであり、政府に反対して二〇年間東ティモールをサポートしていたのです。私は未来について非常にオプティミストなのです。

日本は一人一人の市民の中にある力を五パーセントしかまだ出していないと思います。ですから二一世紀はある意味で中国と日本の世紀になる可能性はあります。インドもアジアの世紀になるということは私は確実だと思います。東ティモール人の真実の闘いは私はカトリックの教会、すなわちイエスの光から来た真理だと思っています。それがなければ彼らは長い間戦うことができなかった。それから米国の武器は非常に怖いものです。いまアフガニスタンのカンダハルをタリバンは、明け渡したのに、まだ米国は戦争を続けたいのです。日本政府はすぐ自衛艦を引き上げて、こんどは対話で解決しようとするいい機会だと思います。戦争はビン・ラディンを捕まえるまでは終わらないと米国は言っています。この態度はだめだと思います。ですから私たち個人の力を出して、力をあわせて世界を作り直しましょう。

司会　どうもありがとうございました。多くの貴重なコメントを頂戴して、今回のセッションを終える意味で最後に非常にありがたいご発言を感謝いたします。これで今回のセッションを終わらせていただきたいと思います。

分科会２

南北格差、貧困、人権侵害、人権・開発教育のあり方

働くこと＝労働（特に女性労働）の問題を通して考える……広木道子

開発教育と人権……フランシスコ・ネメンゾ

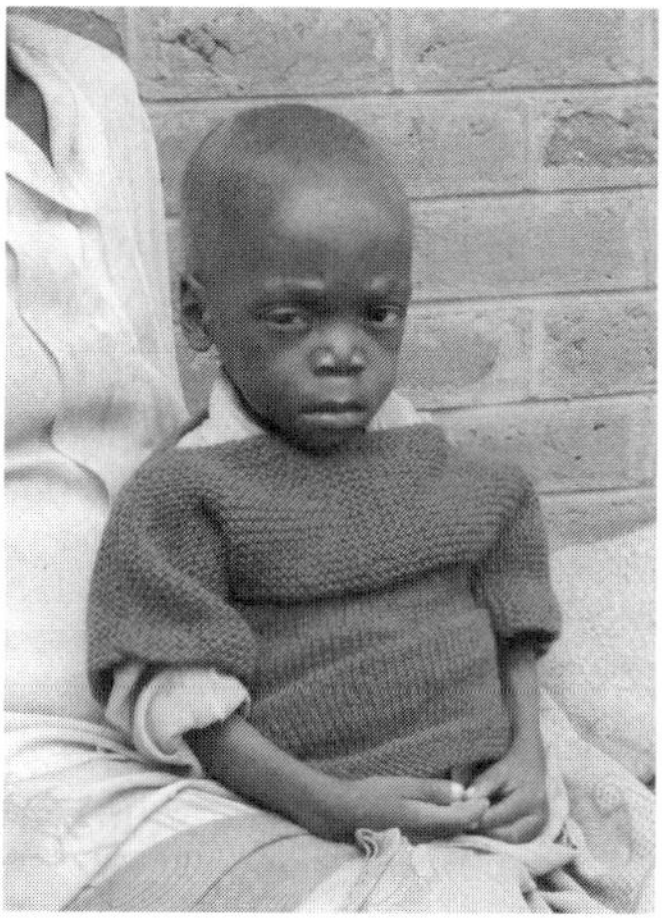

司会（山田經三）　引き続きまして、分科会（2）を始めたいと思います。この分科会では午前もお話していただきましたフランシスコ・ネメンゾ先生、また広木先生からもプレゼンテーションいただきます。そして、その後、ちょうど先ほどの分科会（1）と同じように、すばらしい、積極的なご発言をいただけるものと期待しております。今回もまた、よろしくお願いいたします。それでは早速、広木先生よろしくお願い申し上げます。

働くこと＝労働（特に女性労働）の問題を通して考える

広木道子　ＣＡＷネット・ジャパン

グローバライゼーションのなかで、アジアの女性労働者はどのような状況におかれているのか。それに対する認識をどのように若い世代に伝えていくのか。大学の役割は大きい。

はじめに

ＣＡＷ（カウ）と言っても分かりにくいので、主催者が「アジア女性労働者委員会」という正式名称を付けて下さいましたが、ＣＡＷはアジアの女性労働者グループのネットワークです。私はこのＣＡＷを中心としてアジアの女性労働者との交流を八〇年代はじめから進めている者です。今日私に与えられたテーマは南北格差、貧困、人権侵害、そして人権・開発教育のあり方ということですが、大学教育の使命、開発教育のあり方についてお答えできるかどうかは不安です。ただ、南北格差問題、貧困問題、そして人権侵害の問題などを考えるときに、労働の問題を是非視野に入れていただきたいと思いまして、今回はそのような立場でお話させていただきます。

ＣＡＷの歴史・目的・活動

まずはじめに、ＣＡＷの紹介をしたいのですが、これは単に、ひとつの、どこかの組織の紹介ということではありません。というのは、ＣＡＷの歴史について考えることが、アジア地域の女性労働者の現状把握につながるからです。ＣＡＷは、アジア諸国の女性労働者が工業化によって層として社会に登場してくる過程、その出発のときからグローバライゼーションのもとでどういう状況に置かれているかということまで、そのプロセスに非常に深く関わって活動してきました。ＣＡＷの本来の意味はCommittee for Asian Women Workersです。これが作られましたのは一九八一年、当時はワーカーズという言葉をＮＧＯの名前に使うということは、アジアの社会状況から考えて非常に危険視されたためにワーカーズという言葉は使わず、Committee for Asian Womenにしたのです。しかし本当は、アジア地域の女性労働者、ワーカーズの問題を焦点にして作られた組織です。それを作るまでにさまざまな準備、活動がありました。

設立の目的

なぜこのようなものを作ることになったかのか。八一年の設立まで、五、六年くらいの準備期間がありましたが、その当時、アジアの国々は輸出指向型工業化政策、すなわち輸出をさかんにすることによって外貨を獲得していく政策をとっていました。その力で国を発展させ、経済状態を良くしていこうと考えて、輸出を中心にした産業化をはじめました。その過程で、豊富な女性労働力が活用された。一九七〇年代の半ばは、アジアの女性労働者がこのような工業化のなかで農村から都市へ出てきて、工業団地で労働者層として登場してくる時代です。そして、輸出指向型工業化の推進役になったのは、その国の政府は当然ですが、お金の面では外国投資がすごく使われています。外国資本を誘致するために輸出加工区とか、自由貿易地域など経済特別区を作り、法律も外国資本に有利なように、一般の国の法律とは別の優遇措置を作りました。ここで非常に大事なことは労働法です。

たとえば、女性労働であれば深夜労働、時間外労働の規制などが一般にはありますが、輸出加工区の中ではそういうものは無に等しいものにしました。もうひとつは、労働組合、労働者の団結権です。そういうものも輸出加工区の中では一切認められず、労働組合、あるいは労働者の運動をやってはいけない状況に置かれていました。つまり、その時代、七〇年代のはじめから半ば頃までの状況は、ひとつは労働条件が非常に悪い。低賃金に始まり、長時間労働、深夜労働、それから、照明、騒音もほこりも、温度も、また有害物質が問題になるなど、労働環境がとても悪い。当時は、豊富な若い労働力を使い捨てにするという労務政策でやってきましたので、労働者の人権だとか健康だとか、労働者の生活を良くする、というようなことはほとんど考えられてこなかった。もうひとつは、先程申しましたように、労働者の権利を抑圧する、弾圧するということです。企業のなかで、労働者に対する暴力であるとか、人権侵害というようなものがありました。それをまた軍隊とか警察とかそれから政府の労働局というような所がひとつの装置となって労働者の自由を剥奪する。そのようなシステムが、その当時は作られていた。工業化というのがこのような形で始まってきたということで、女性労働者はさまざまな問題を抱えていました。そのことに一番注目したのは、アジアのキリスト教団体でした。

当時、プロテスタントの方も、これはたいへんな問題だと思いましたし、またカトリックの方も、放置できない問題だと思い、そのふたつが一緒になって、CAWというグループを作りました。これが設立されたのが一九八一年です。そういうバックグラウンドがあることを是非知っていただきたいと思います。おそらくこのCAWというのはこの時代に、女性のために運動できるエキュメニカル（教会一致運動）組織としてはユニークなものであったと思います。

CAWの転換期

女性労働と一口に言っても、アジアの国々には、エリートとして働いている女性はたくさんいますし、政治の舞台でも、経済の舞台でも、その他社会の中で、高いポジションを与えられて働いている女性たちはたくさんおります。

私たちが目を向けたのは、実際に、国の経済を支えていながら、使い捨てされている女性たちです。CAWは、いままでの活動の中でそういう女性たちの状況をつぶさに調査をしたり、会合を開いて意見交換、情報交換など定期的に交流をしたりしてきました。そういうものはみんなパンフレットなどにして蓄積してきていますので、もし関心のある方があったら是非読んでみていただきたいと思います（日本語に訳したものもありますので）。

一九九二年、ちょうど設立から一〇年が経った頃にCAWに大きな組織替えがありました。それは六〇年代、七〇年代の開発・工業化政策が正しかったならば、人々の暮らしはもっと豊かになるはずだったのに、八〇年代、九〇年代はますます南北格差が開いてきた時代です。そういうなかで、女性たちの状況は少しも良くなっていない。もうひとつは九〇年に入るまでの間、八〇年代の半ば頃からアジアの国々は各国とも民主化闘争が非常にさかんになります。フィリピンでは、一九八六年にマルコス独裁政権を倒しましたし、韓国でも八七年に、六〇年代、七〇年代の朴独裁政権を引き継いだ全斗煥軍事政権を倒し、というような形で、あるいは台湾では戒厳令が解除されるなど民主化の大きな波がありました。そして、アジア全体として、女性労働者ばかりでなく労働者の運動にかなりの自由のスペース、と言うのでしょうか、そういうものが勝ち取られてきまして、アジア全体としてさまざまな運動が起こるようになりました。そうしますと、私たち女性労働者の運動も、いままではキリスト教の影響力の強い、韓国とかフィリピンとか香港、そういう国々を中心に進められてきたのですが、だんだんに他の国々にも運動が広がりはじめました。

また、工場労働だけではなく、サービス産業だとかインフォーマルセクターの女性とかも含めて、もう少し広い範囲に運動を広げていく必要が生じてきまして、一九九二年にCAWはキリスト教団体から独立することになります。それも、決して喧嘩別れをしたわけではなく、発展的な組織改編ということになります。それはなぜか。インドネシアやマレーシアはイスラム教の人々が非常に多い国ですし、インドはヒンドゥー教です。それからタイは仏教ですが、そういう宗教的に多様性を持ったアジアのなかで、本当にみんなが一緒にやっていくためには特定の宗教の庇護のもとにあるというのでは、これからの発展は難しいということで、話し合いをしまして、キリスト教団体から離れて独立をいたしました。そして、いまの組織形態はどうなっているかというと、各国にさまざまな女性労働者のグループが生まれましたが、その女性労働者のグループをアジアという全体でネットワークして、名前はＣＡＷをそのまま使っていますが、ネットワーク活動をやっております。

私どもＣＡＷネット・ジャパンというのは最初にＣＡＷができたときに、ＣＡＷを日本から支える母体として作ったものです。と言いますのは先程外資導入の話をしましたが、アジアの国々で外資と言えば欧米諸国、かつての植民地宗主国であったような国々からが多いのですが、何と言っても同じアジアの日本が多かった。日本がこれだけ企業進出をしていて、そういうもとで女性労働者が苦しんでいるのに、私たち日本の人たちが何もしないでいいのだろうかというようなことで、ＣＡＷの活動をサポートすることを一つの目的としてアジア女子労働者交流センターを作りました。日本のＮＧＯの財政基盤は非常に弱いのですが、私たちもついに財政的に続かなくなってしまいましたので、二〇〇〇年三月末でアジア女子労働者交流センターを解散しました。同時にＣＡＷとの関係で新しくＣＡＷネット・ジャパンを作り、日本と他のアジア諸国の女性たちをつなぐ活動を細々とでも続けていこうとがんばっております。

いま、ＣＡＷは、アジア一三カ国、二八のグループがネットワークとして参加しております。

アジア地域の女性労働者の現状

次に、アジアの女性労働者の現状についてお話したいと思います。いまお話しましたように、六〇年代、七〇年代というのはいまのような形で工業化が始まった。八〇年代になりますと、ＮＩＣｓ（新興工業諸国）とかNIES（新興工業地域）とか言われるように、東アジアの国々が高度成長を果たして、経済的なレベルで先進国に近づくようになりました。そうしますと、その時点で既にＮＩＣｓの国々と東南アジアと、そしてまたその下には南アジアの国々、中国というようにアジアの国の中でもＧＤＰ（国内総生産）で比較するとレベルが違ったブロックができるわけですね。それに合わせて、資本が移動を開始するわけです。八〇年代の半ば頃から、ＮＩＣｓと言われる東アジアの国々、台湾、香港、韓国、シンガポールという国々にいた多国籍企業がまずそこから資本を引き上げて、もっと賃金が安いフィリピン、インドネシア、タイなどに移動するわけです。勿論日本もそれをやりました。

もう既に一〇年も前の話ですから若い方はご存知ないかもしれませんが、韓国にある日系企業で工場閉鎖が起きて、四〇〇人とか五〇〇人とかの労働者達が失業するということがおこった。その人たちが本社交渉を求めて日本に労働者代表を送って日本で六ヵ月も闘ったということが九〇年にありました。そういうこともそのひとつの表れですね。その日本の企業はどこに行ったかと言いますと、韓国を引き揚げて、結局マレーシアとか中国に工場を作っていくわけです。これにも見られるように、東アジアの女性たちがいままでは、どんどん資本が入ってきて、そして仕事がどんどんあって、働いてきた、というようなところから、八〇年代の半ばから逆に今度は自分の国から多国籍企業が引き揚げていく。そして九〇年代になると、自国の資本が、たとえば韓国なら韓国の資本がですね、インドネシアや中国に進出していくということで、特に東アジアの女性たちは仕事を奪われ失業していく。そして、貧困、インフォーマルセクターに移動せざるを得ないという状況が作られていくのです。そして一方で、それを受け入れてくる側もあります。

たとえば東南アジアはどうなるかというと、韓国の企業、香港の企業が来て、そして現地の労働者を、これは韓国の人が言ったことなのですが、かつて、日本の企業が韓国でやったと同じようなやり方で韓国の企業が、インドネシアや中国で、労働者いじめをしているという構図ができる。これはいままでもおそらくそうだと思いますが、インドネシアでも反労働者的な韓国企業のイメージがとても強い、そういうような状況が生み出されてきます。九〇年代になるとこの傾向は一層強まってくる。東アジアでは賃金が引き下げられたり、あるいは工場を閉鎖するぞということを脅し文句にして、労働組合を弾圧したり、労働者を解雇したりすることが起こってきます。ＣＡＷとしては、この時点で、アジア地域全体で産業再編成が進んで女性労働者の状況が悪化しているという問題意識でいろいろな対応をしてきます。当時、なぜこのようなことが起きているのかということを、そしてまた現場の労働者の状況がどうなっているかということを、CAWは東アジア、東南アジア、南アジアから二カ国ずつ選び、若い女性研究者の協力を得てアジア六カ国実態調査を行ないました。その結果は「Silk and Steel」という報告書にまとまっております。そういう調査をして、私たちは、アジア全体としてはどういう状況に置かれているのかということを勉強しました。

グローバライゼーションと女性労働者の状況

そして一九九五年に、完成したばかりのパンフレット「Silk and Steel」を持って、国連が開いた北京世界女性会議に行きました。その北京会議で、他の国々のみなさんが、口々に言っているのはグローバライゼーションなのですね。私たちはそれまでは、産業リストラ（industrial restructuring）という言葉で、産業構造が変わっていく、産業再編成が起きている程度にしか受け止めていなかったのですが、その会議でグローバライゼーションという言葉を聞いたときに、本当にいま起きていることはこういうことなのか、と私たちも認識を新たにして、それからグローバライゼーションについて勉強を始めたのです。

実はこのグローバライゼーション、先程からいろいろな方々がおっしゃっていますけど、資本は多国籍企業を中心にいろいろなところに移動できて、一番都合のいいところで一番いい労働力を使って、必要なくなったら使い捨てる。これはトヨタ自動車が使っているジャスト・イン・タイムと同じ方式なわけですが、そういうようなことが地球的規模で起きているということで、このグローバライゼーションの問題をこのままにしておくことは私たちの働く場を奪われ、生きていく糧をなくしてしまう、場合によっては命まで奪われるのではというようなことを考えました。

たとえばインドネシアの女性はこう言っています。「いますごく仕事があって、朝から晩まで残業までやって健康を損ねるほど働かされているけれど、これは単なる一通過点に過ぎない」というわけです。東アジアから来た企業がいまインドネシアにいる、これはまた近いうちに中国にあるいはスリランカに、ベトナムに移っていく。女性たちが低賃金労働力として使い捨てにされていくのを、私たちがこのまま許してもいいのだろうかということで、グローバライゼーションに関する勉強を始めました。そして作られましたのが、「Dolls and Dust」というビデオです。これは一九九七年のアジア通貨危機以降の状況も多少含め、九八年秋に完成しました。私はアジア女子労働者交流センターの仕事として「捨てられた人形」というタイトルでその日本語版を作りました。ＣＡＷはこのビデオを作るために二年以上議論を重ね、スリランカ、タイ、韓国の三カ国で現地撮影をしました。このなかで、グローバライゼーションとは何なのか、特にグローバライゼーションがアジアの女性労働者に影響を与えるのはなぜなのか、そういうことがたいへん分かりやすく描かれています。このビデオの製作意図は、まずグローバライゼーションというものを私たち自身、働いている人自身が知らない。自分が、どんな時代に、どこに生きているかということを知るところから、私たちはこれから何をしなければならないかということが始まるわけで、そういうことをやってみようということです。

もうひとつは、この時代に私たちアジアの女性労働者は、こんな問題を抱えていて、こんな状況にあって、だからこれをこうしたいというようなメッセージを社会に送っていこうということです。グローバライゼーションの下で、人形のように使い捨てされていく女性たちという意味で、日本語版は『捨てられた人形――グローバリゼーションとアジアの女性労働者』という副題を付けました。一時間ほどのビデオですが、使い捨てを許さない女性たちの抵抗の姿ももちろん示されています。それこそ大学などで観る機会があったら是非、活用していただくといいと思います。これは村井吉敬先生にもご推薦をいただきました。いまのアジアの女性労働者が置かれている現状というのはとても言い尽くせないものがありますが、同時に現状を変えようとする女性たちの運動があることもぜひ知っておいていただきたいと思います。

モノを通してアジアとのつながりを考える

次に、このようなことをどのように日本の人たちに伝えていくか、特に学生たちに理解してもらうかということに関してお話させていただきます。当然のことですが、モノを通してアジアとのつながりを考えることはとても有効な方法だと思います。そして有効である、というだけでなく必要なことだと思います。これは元々は村井吉敬先生の『エビと日本人』（岩波新書）とか、鶴見良行さんの

『バナナと日本人』（岩波新書）とか、そういう発想の仕方をお借りして、私たちもこれは是非やってみたいと思ったわけです。

たとえば、スポーツシューズのことがあります。まもなくサッカーのワールドカップが始まりますけれど、スポーツシューズがどこでどんなふうにして作られているのかということです。ワールドカップの出場チームのスポンサーになるのは「アディダス」とか「ナイキ」など多国籍企業で、それがもし勝利したとしたらいままでの何百倍というものすごい利益を上げるそうです。スポンサーになれるかどうかということで、本当はサッカーの試合そのものよりも、激しい競争が繰り広げられているそうです。日本にも「ナイキブーム」というのがありまして、高価なカッコいい新品に若い男の子が群がった時期がありました。そのブランドイメージとは逆に、そのシューズを作るためにインドネシアや中国で女性達がどんなに低賃金で、どんな状況で働いているかということを考えなくてはいけないと思います。自分の身に付けているものを、どうしてここにあるのか、誰が作ったのかということを考えることによってとてもよくアジアの状況が分かる、分かると言ってもすぐ資料がぽんと出てくるわけではないのですが、知ろうとすれば分かる道はいっぱいあります。かつては、アジア製の物というのは安かろう悪かろうと言われましたけれども、いままさにグローバル化の時代であって、アジアから来たものは品質が劣るものではないということはみなさんよくご承知だと思いますが、衣料品や電機製品など私たちが日常使う物というのはほとんどアジアから来ている。日本製の物を選ぶことがむしろ難しくなっているわけですね。そうするとその物を作っている人達に思いを馳せるということはとても大事なことではないかと思います。

もうひとつはおもちゃの問題です。玩具工場というのはプラスチック製品を扱ったり、それから化学繊維を扱うために、実は非常に危険なところなんですね。私たちの「おもちゃ」というものに対するイメージとは裏腹に、危険なものをたくさん扱っています。そういう所で工場火災があちこちで起きている。中国では一年のうち何万人もの人が工場火災で亡くなっていると言われるくらいです。いますごく中国製のおもちゃが多いですね。それから、タイでも一九九三年には大きな工場火災があり一八八人の労働者がそこで亡くなっているわけですが、そういうことというのは日本では、ほとんど知ることができないですね。日本ではいまおもちゃに関しては、塩化ビニールを使うおもちゃは禁止させるという消費者運動が起きています。塩化ビニールを使わせないということの意味は自分の子どもには安全を保証したい、安全なものを使わせたいという気持ちからですよね。消費者としては当然だと思いますが、ではそれを作っている人はどうなのか。作っている人の安全のことまで考えたことがあるだろうか。このように労働の場から見て、日本の人たちにそういうことを伝えていくことが必要なのではないかと思います。

それからもうひとつは、コンピューター、パソコンですね。コンピューターは、それこそおもちゃとかバナナとかとはとてもとても比較にならないほど世界各国のいろんな資源を持って来て作られている。その過程で、何百という有害物質が使われている。そして、一番危険な有害物質の影響を受けやすい場所で働いているのは女性たちなのです。コンピューターといえば、科学技術の最先端を行っているのと思うのですけれども、実はそれを作っているのは女性たちがすごく多いのです。特にアジアの女性が非常に多い。そういう人たちが有害物質を吸い込んだり、有機溶剤を使って部品を洗浄することによっていろいろな影響を受けている。癌で亡くなったり生殖機能をなくしたりというさまざまな問題にぶつかっている。しかし、私たちは一般に、利用者としてはそのようなことは全く考えないで使っていると思うのですが、そういうことに思いを馳せることができるような、そういうことを伝えていかなければいけないのではないか、と思います。

自分の働く現場から見えてくるグローバライゼーション

三番目に、労働現場から見るグローバライゼーションということです。先ほどビデオのことをお話ししましたが、このビデオはアジアの三ヵ国の人たちの労働現場を撮っています。南アジアの代表としてスリランカ、東南アジアはタイです。東アジアは韓国です。この三ヵ国の労働者の現状、工業化の始まりから今日に至るまで。そして女性たちが置かれている状況、それから女性たちの抵抗の姿、そういうものがみんな入っているわけですが、そのようなものを見ると、一般に日本の人たちは、「ああ、アジアはなんてかわいそうなのだろう」と言います。これはもう昔から開発教育の一つの課題と言われてきていることとと関連します。「なんてかわいそうなのだろう」と言う、自分には全然関係ない、だけどかわいそうだから何かをしてあげたい、アジアの人を助けるためにはどうしたらいいのですかと、そういう質問がたくさんあったのですけれども、少なくとも労働ということを考えたときには、私たちは、自分の働く現場の問題、自分がどのように働いているのか、そして経済がグローバル化することによって人間の労働というものがどのように変わってきているかということに目を向けないではいられないのですね。突き詰めて言えば、たとえばいま若い人たち、大学を卒業しても就職がすぐできない、フリーターにしかなれない、派遣労働者にしかなれないという状況がいっぱい生まれてきているわけですが、それとグローバライゼーションは非常に密接な関わりがあるのです。

先程アジアの人たちが職を失うだとか、労働強化だとかいう話をしましたが、それは日本でも全く同じです。特に日本のいまの雇用状況を見るとますます流動化してきている。正規雇用から外れて、非正規化してきている。つまり働き方の多様化と言ってもそれは労働者の選択ではなく、請負や自営、そしてインフォーマル化してきている。そういうような労働法の適用を受けない不安定雇用の労働者作りがずっと進んできている。竹中経済財政担当大臣は、努力する人が報われる社会にしたい、ということをおっしゃっていますが、それは本当に誰でもそう思いますよね。努力する人が報われる、それはすごくきれいな言葉だと思います。でも努力していても報われない人がものすごく多いということなのですね、いまは。努力した甲斐があってどんどん上に行く人と、本当に努力しているのに全然上に行けない人がいる、そういう格差の拡大と差別の構造が作り出されているわけです。私たちは自分の労働の現場での問題を、そして自分は何を持って生きているのか、ということを見ないで、他の国の労働者をサポートしてあげたい、というのは何か少し違うのではないか。自分の置かれている労働というものを通して、自分の置かれている状況を知っていく、というような活動を通して南北格差の問題、アジアの問題だけではなく人権侵害の問題、貧困の問題、そういうことを考えていけるのではないか、いかなくてはならないのではないか、と思います。

おわりに

もう時間が来てしまいまして、女性労働者の抵抗と運動ということについては詳しくお話できないのですが、ＣＡＷの活動を紹介するということで私はひとつの例としては充分だと思います。

ＣＡＷはお金も人材も不足しながら底辺の労働者を組織して、ましてやアジアという国はさまざまな言語がありお互いに言葉も通じないような人々があちこちでやっていくのを何とかつないで、運動していこう、そういうグループですので、それ程国際連帯で、大きな成果を上げるというのはなかなかできません。けれどもいまはやっとヨーロッパの人々とつながったり、ＩＬＯ（国際労働機関）に提言したり、それから国連に何かものを言ったり、そういう活動も始めております。それから特にヨーロッパの人々、消費者運動が非常にさかんですが、そういうところから声を掛けられるという形で、かなり相互交流が幅広くなってきているということをご報告しておきます。

最後に、大学教育のなかで私は責任のある立場の側ではなくて望む方なので、望むことということで一言、述べたいと思います。たとえばこういうシンポジウムとか、学習会をぜひ持続的にやって欲しいということです。大学生、若い人に私もかなり個人的に接したり、授業もやることがありますが、なにしろ事実を広く知ることができていないわけですね、事実を知るチャンスがない。さらに、そういうことを知っても、その先に進めない。大学のようなところが、持続的に継続的に、学ぶ場を積極的に保障していただきたい。それからいま私がお話いたしましたように、南北格差の問題、人権の問題を遠い国のどこかで起きていることとしてではなく、自分にどんなに直結した問題であるかということを是非伝えていただきたい。そのためには、大学が、理論とか知識ということだけではなく、実際にこういう問題に携わっている人をどんどん大学の中に招き入れて、いろいろレクチャーをしたりワークショップをしたり、あるいはスタディ・ツアーをしたりといった形でぜひ取り入れていただきたいと思います。

開発教育と人権

フランシスコ・ネメンゾ　フィリピン大学長

フィリピンのマルコス政権下では、抑圧された開発といったものが正当化された。それがどのように崩壊したかをあとづけながら、開発と人権、そしてその中でNGO活動の功罪を考える。

はじめに

南北格差、貧困、人権侵害、そして人権開発教育のあり方というたいへん大きなトピックを扱うわけですが、本当に難しい内容です。と同時に、新たな定義をここに対して与えたいと思います。ここではこれから、教育開発をただ単に話すのではなく、その代わりに開発と人権といった点に焦点をあててお話をしたいと思います。これは東南アジアの問題にも直結します。インドネシアのスハルト政権、フィリピンのマルコス政権といったものが存在したことにも関連します。これらの国の発展には権威を持った、力強いリーダーが必要となるのです。それによって、抑圧された開発といったものが正当化されるわけです。しかしながら、こういった貧困の国々が民主主義を手に入れ、人権を持つことが重要です。これは先進国だけのものではないのです

フィリピンの例を紹介しながらこの問題をお話しします。そして、そのなかでのＮＧＯの功罪についても触れたいと思います。

フィリピンの状況

七〇年の状況

フィリピン人が経験したことに関してちょっとご紹介していきたいと思います。要するに「人権」というこの枕詞を付ければ国際会議に出席するなどの会議費が出るといったような状況がありますが、人権というのは非常に曖昧な概念です。すなわち人権を侵害することは犯罪行為なわけでありますが、しかし、ある容疑者が逮捕され、投獄されたり死刑になったりすると、それがまた人権問題になるわけであります。そしてまた民主主義のために戦っているゲリラなど例えば、武装勢力も人権のためといって戦いながら彼らは自ら人権を侵している存在になっているわけであります。七〇年代に、マルコス政権は、開発のためなら人権は二の次だとずいぶん言っていました。この国は非常に混沌としていたわけであります。統制がつかない。マルコス大統領がトップにいたが、その強権をなかなか発動

することができなかった。考えてみればそれはそれで非常に狡猾だった。国全体が非常に不法地帯であったから。それを口実として一九七二年についには戒厳令を布いてしまったわけです。そして議会を解散してしまった。当時、議会は無意味な討論ばかり展開しているから無くてよかったと思った人もいたくらいです。そして最高裁というのも単なる意味のないゴム印を押すだけのものにしてしまった。フィリピンにおいては司法制度に関しても非常に、冷めた見方があるわけであります。この制裁するということに関しても非常にシニカルな見方があるわけです。裁判所の令状なしで逮捕されたり、投獄されるといったようなことが私の周辺を含めて起こりました。そして反体制派、政治的な反対勢力というのはトラブルメーカーということでほとんど捕まったり投獄されたのであります。それが七二年、七三年あたりは非常に重要な時期であります。ＯＰＥＣ（石油生産輸出国）によって金融措置が行なわれた時期であります。

そして、商品市場の投機ということが発生したわけで、その結果砂糖などの一次産品など価格が非常に上がった。国際銀行はオイル・ダラーをたくさん貯めておりましたので、国際銀行が資金を貸すと言い出したわけですね。マルコス政権はＩＭＦ（国際通貨基金）などの融資支援によって、たくさんの債務を抱えることになったのです。すなわち、お金をどんどん借り、この国を裕福にするということだったのですが、民主主義の状況ではなかったわけです。報道の自由もありませんでした。だから国民は実状がよく分からなかった。エリートとか中産階級はこれを非常に歓迎したのです。正直言って人権などどうでもよかった。利益が上がればそれでよかった。中産階級とかそれ以上にとってみれば、経済がこれを反映すればそれでよかったのです。マルコス政権は中流階級以上、エリートによって支持されましたけれども、民主主義それ自体は存在しなかったのです。開発のために民主主義は必要なものでありますが、そのことは誰も知らなかった。本当の現状は誰も知らなかった。繁栄というのが開発しているというように見えた、そのような状況があったのです。これは外国からマルコス政権が全く際限なく借り入れをしたことによって支えられていました。すなわち政府の債務保証さえ付いていればどんどん借り入れすることができ、マルコス政権がどんどん債務保証をしてどんどん貸付金が入っていたわけで、それはマルコスの取り巻き勢力（クローニー）などに回っていったのです。後で分かったことは、その借入金はマルコスの個人口座に行ってしまいました。マルコスの非常に気まぐれな夫人のイメルダ・プロジェクトに資金、借入金が回ってしまったわけです。

八〇年の状況

一九八〇年代には一見繁栄に至っているように見えましたが、実は生産性は上がっていなかった。景気がよければそれでも構わなかったのですが、だんだん借金の返済満期が来て、多額の債務を返さなければならなくなった。しかし、政府には返すお金がなかった。一九八三年頃、経済省大臣も兼任していたテクノクラート（技術主義を中心とした、一九三〇年代の社会経済思想）としては優秀であったが、政治的にはちょっとナイーブな当時の首相は、莫大な債務を前に、返済は予見できるものではなかったということを言っております。その時は二八〇億ペソの対外債務がありました。ですから期待していた以上だったわけですが。そして、それを正当化するために、税収を上げようということで税金を上げることになったわけなのです。すると中産階級は困る。一九八三年ごろ、反体制のリーダーのニノイ・アキノ氏がアメリカから帰国したところマニラ空港で白昼射殺されてしまいました。そうなって初めて、中産階級やエリートが、八三年、八四年、この独裁政権に終止符を打たせたわけです。なぜこれを申し上げたかと申しますと、エリートとか中産階級に頼ってはだめだということです。エリートや中産階級は、前面に立って政治の自由とか人権を守るための戦いの先兵に立ってはくれません。中産階級あるいはエリートは自らの経済権益が脅かされて初めて立ち上がったわけです。そしてマルコス政権が崩壊しまして、故ニノイ氏のアキノ夫人の政権では、アメリカ式の政治を回復しました。すなわち中産階級が権力の回廊に戻ってくることができたということであります。八六年の後半でありますが、民主主義は少し戻ってきたのです。政治家たちが選挙され、議会が再開されました。ここで民主主義に対してのシニシズム、冷笑主義というものもまた戻ってきたわけであります。

さて、市民団体、ＮＧＯのグループの動きでありますが、その当時は本当の意味でのＮＧＯとはまだ言えませんでした。ＮＧＯという概念は、アメリカ、およびその資金機関などがどんどん広めていったものです。元々の中産階級がまだ独裁政権と手を組んでいたその時代からマルコスに対する闘争、ずっと反マルコスを謳っていた人たちのグループがありますが、しかしこの政治的な風景が塗り替えられました。すなわち、この八六年のマルコス打倒後のアキノ政権からＮＧＯに対してアキノ政権は資金を出すということにしたわけです。そしてマルコス政権崩壊の後、外国からのフィリピンに対する援助というものがさまざまな国から雨あられと降り注いできた。日本政府などの資金拠出機関などが決定しまして、財政援助というものが、フィリピンに対し行われました。テレビでマラカニアン宮殿の革命（ピープルズ・パワーによるフィリピン革命）を世界中が見たということで、フィリピンがその当時非常に注目を集めました。ですから、ありとあらゆる外国からの援助金が来たわけですけれども、NGO経由で援助金がフィリピンに流れるようになりました。そうするとNGOがたくさん出てきたわけであります。その中には疑わしいものもあったわけです。

フィリピンにおけるNGO

そして一般的に、市民社会と言われるような、市民団体と言われるものが出てきたわけで、環境保護とか人権、そしてまた労働者の権利、土地改革などにも声高々に訴えるようになった。

これは非常に市民が目覚めたという意味で有望な動きであるように見えました。この政治のプロセスで市民が覚醒したのですが、その経過は必ずしも喜ばしいものではありませんでした。NGOに対しては、非常に批判的にならざるを得ないのでありますが、これは自己批判として、我々は自らを厳しく問い直すべきであります。多くのNGOは反マルコスの戦いのなかで生まれましたが、その当時はこの強権発動する権威主義に対しての抗議活動であり、地下組織でありました。フィリピンのNGOというのはとにかく議論好きです。議論するのですけども、曖昧な妥協案を見つけようとするのです。大事な問題が隠れてしまっていて、複雑な問題に対して、ありきたりな結論にいってしまうということもあります。ですから意見書などが出てくるわけです。誰でも彼でも満足するような曖昧なポジションペーパーになってしまうのです。ですから民主主義を標榜していたはずなのに、NGO自らが社会のために方向性を定めるといったような能力が欠如しています。ですからNGOに対しても一般国民というのはシニカルな目で見るようになってしまいました。そして周辺化された非常に狭いセクターに対してNGOは迎合し過ぎるわけです。

たとえば、マニラと交通混雑を緩和するようなプロジェクトがあります。マニラにかつては美しい川がありました。魚もたくさん住んでいた。しかしその川が死んでしまったのです。これは人間による汚染公害のために死んだのです。そして、その周辺に何千もの人たちが家を建ててしまったということです。住居を建ててしまった人たちがそこから退去しなければ川そのものの環境は改善されないのですが、そういった住宅を撤去することに関して、かえってNGOは反対してしまうのであります。またマニラでは洪水が多い。マニラには川の支流が多くあります。スペインの植民地支配のときに、この川の支流のほとりでのロマンチックな話が随分ありました。しかし今日、この支流というのは非常に汚れてしまいました。さらに、その周辺に家を建ててしまった。マニラ市内の交通渋滞は緩和されない。政治家はそれをやりたくない。というのは、住んでいる人がたくさんいるからです。NGOはそれに対して迎合してしまっている。いつもこんなことやっていたら、市民社会が開発に貢献するということは実現しないのではないかと思います。

たとえば焼却炉から有害物質がでるということで、私の兄弟が焼却炉に反対する運動をしておりました。政治団体といった背景がありまして、非常に効果的に議会に圧力をかけまして、議会はありとあらゆる焼却炉を禁止してしまったのです。スモーキーマウンテン（巨大なごみ集結場）というのは、もうマニラには存在しておりませんけれども、政府としてはそのスモーキーマウンテンをマニラ中心から他の町に移してしまいました。スモーキーマウンテンが複製されてよそに移っただけのことなのですが、そのパヤタスで地すべりがあり、いくつかの家屋がその地すべりで埋まってしまった。そして犠牲者も、死者も出た。NGOがパヤタスを閉鎖させました。マニラ政府は、ごみ収集をしていないということで惨憺たる状況にあります。焼却炉反対ということで、ごみは道路に集積してしまったままになっている。フィリピン大学の学長として、私はキャンパスでごみ処理に関してのモデルを出したかったわけです。焼却炉を禁止してしまったわけでありますから、そうすると、リサイクルのシステムを開発するとかを考えてはどうかという話もあるわけなのです。しかし私どもキャンパス内ではちゃんとごみ処理をしていますが、学外の人が、外から大学構内にごみを持ち込むわけですね。外部からの持ち込みが多くて、大学構内を収集しているゴミ収集車が集めきれなくなってしまいました。

何を言いたかったかと申しますと、改革に関して、どんな変化に対しても何でもNGOが反対してしまうと、NGOがかえって保守的になってしまって、開発の障害になってしまっているという状況があります。これに対して批判的になるべきではないかと思います。フィリピンのNGOによる活動は根本的な改革には至っていないということです。

質疑応答

司会（山田經三）　ネメンゾさんはこのテーマに関しまして、一九七〇年代初めのマルコスの独裁政権から、その時代状況をご指摘くださいました。問題は広木さんがおっしゃったように、労働者が置かれていた状況と同じで、マルコスだけでなくスハルトも、そして韓国においては朴政権下でも同じようなことが起こっていたので。そういう時代における人権の現実問題点を提示して下さいました。結局は自分の都合のために、あるいは開発や人権と言いながら、経済だけの利益のために使っているなどさまざまなご自身のご経験を踏まえてフィリピン国立大学における、具体的な問題も含めてご指摘下さいました。ＮＧＯも自己批判する必要があるとまとめました。

そこで会場からご自由にご発言、ご質問、何でも言ってくだされば幸いです。

質問・コメント　これは両先生のみならず、どなたからでもいいのですが、ご回答いただければと思います。歴史的に、冷戦が終結して、資本主義、市場原理、自由競争原理というシステムのなかで世界が動いています。その中でさまざまな問題が引き起こされてきているのですが、自由市場原理はかなり大きなウエイトを占めていて、いまも生きている社会システムになっていると思うのですが、これに代わるものがあるのかということが一番知りたいところです。

司会　いまのご質問に対しましてですね、まず広木さん、よろしくお願いします。

広木　先程ネメンゾさんがＮＧＯのことおっしゃいましたが、ＮＧＯと言われている人たちのなかには、いろいろな試みをしている人がいると思うのですね。一口で言ってしまいますと、これだけグローバル化してしまった世界をどのようにしていくのが、私たちが求めていくものなのか、ということがなかなか見えない。部分的には農村や小さな町で自分の住んでいるところから変えていこう、ということでやっている方たちもいます。私のようにアジア各国の労働現場を見ていると、自給自足のやり方でオルタナティブ（もう一つの選択）な自分の労働現場を作るということは根本的な解決としては考えにくいことなので、そういう運動をしている人たちとなかなか接点を見つけにくい。少なくとも私たちのような場合は、自分がいま働いているところで非人間的なことが起きたり、労働条件が悪かったりということがあった時にはそれをきちんと改善させていく。そしてきちんと改善させていくということの意味は自分のところだけではなくて、よその国にもつながっているのだということを確かめながらやっていこうとしている。国際労働基準をどう守らせるかとか多国籍企業をどう規制するかとか。その根っこのような大きな問題提起は実はとても難しいです。

たとえば、外国資本がインドネシアに入ってくる。そしてそれがいつかは中国に移ってしまうだろうというときに、その外国資本が出て行かないために自分たちはそこで多少外国資本の言うことを飲み込んで我慢して働くことがいいのだろうかという、具体的な問題が起きてきます。韓国のなかでもみんながあんなに労働運動をしたから資本が出て行ってしまうみたいな、そのような理解が一時はすごくあって、外国資本が逃げていくということをなんとかして歯止めをかけなければいけないのだろうか、そういう議論になったこともあります。けれども、これはそういう部分的なところで外国資本を止めるとか、グローバル化を止めるとかいうことではなくて、本当にいまおっしゃったように、将来どういうものをどのように、自分たちはこれに代わるどのようなものを求めているのか、ということを考えながらやっていかなくてはならないと思います。

ただ、繰り返すようですが、いま、自分たちのところで一つ一つのことをきちんと対応していくことなしには将来のものも出てこないということです。もう少し日本の労働運動に照らして考えていくと、いままで日本の労働運動というのは日本的経営のなかでできあがった労使関係というのがあって、それがいま、崩されようとしている。そうすると労働組合は、ここには組合の方が何人かいらっしゃるかもしれませんが、結構、保守的なのでいままであったものを崩すということに非常に強い抵抗があります。その労働者、労働組合はいままであったものを既得権として握っていて、新しい戦略を持てないところにどんどん新しいいろいろな政策が出てくるので、それにもう全く対応できないというようなことが、いま、日本の国内でも見えていますが、もう少し将来的な展望というもの、あるいは新しい時代にどう対応するかということを私たちも考えていかなければいけないと思います。けれども、私自身はそれに対して明確な解答を持っているというわけではありません。

ネメンゾ　基本的な質問に対してお答えいたします。私のスピーチをお聞きになった方はお分かりになるかと思いますが、私は資本主義に絶対反対です。そして資本主義に基づいたグローバライゼーションにも反対です。しかし、その代替案というものになりますと、社会主義といったものにも反対です。私に言わせれば社会は一体何が問題なのかということを論じるのではなく、どうしたらいいのかこれから、そのことをもっと活発に、このようなアカデミックな会議の場で論議するべきだと思います。すなわち一体どのような代替となるのか、システムを一緒にグローバル化する世界のなかでお互いに創出していったらいいのか。新たな技術がどんどん進化しています。かつてアダム・スミスがいわゆる自由経済、富国論の話をしたときには、この国家というのをベースに考えていたわけですが、いまや世界はまさに国家の枠組みでは考えられないわけでありまして、緊密な相互依存を持っています。ですからそういった意味での代替案、別の道、というものをともに模索しなければいけないと思います。そして過去、崩壊したようなモデル、それに頼ってはいけません。それには崩壊した理由があるわけですから、なぜ崩壊したのかというところから学ぶべきです。

社会主義制度、これはソ連が崩壊し、その失敗例から学ぶべきでありますし、これはまさに先進国へ移行するということに関しては、代価を伴ったわけです。そして競争ということから、競争がなければすべて国家が独占状態になり、進歩がなかった。しかし競争原理を導入しても、国民の市民生活に支障をきたすものでないかたちで、そしてフィリピンに関しても、資本主義に関しては、いかにそれが国民の生活を悪化させたかということを目撃してまいりました。一時的には発展という素晴らしい実りを見たような時期もあったかもしれません。しかしそれに対して支払った代価の大きさから言えば、これはきわめて遺憾であります。現在のシステムというのは受け入れられるものではないと言わざるを得ません。いかに変革したらいいのか、それを少しずつ、遅々としたペースでもいいから、変えていかなくてはいけない。資本主義も変えなくてはならない。しかし単純に、私はそのためには他に何が、という時にはその分野の方々はもっと頻繁に集まって話し合うべきだと思います。

司会　いまお二人から頂きましたけれども、いまのご質問に対してどなたかご意見ありましたら、どうぞ。

リベラ　国際基督教大学のリベラです。フィリピンはドイツの資本主義とは違います。また西洋の民主主義、資本主義というのはまた違いまして、あちらでは社会主義が盛んです。さらにこれを深く掘り下げていきますと、ひとつ私たちにとっても役に立つ枠組みかと思われますのは、三つの大きな人間の生活を考えてみることです。市場、市民社会、そして国家です。資本主義はいまのところ、富を生み出すにあたって一番効率のいい方法と考えられております。競争の原理が働くからです。しかしそれと同時に、競争が働くということは、特に規制のない状況で競争が働くということは、つまり勝者、そして敗者が生まれるということなのです。そしてその結果、しばしば、アメリカでもそうですが、たいへん富のある裕福な階級と、そしてまた貧しい階級が生まれてしまうわけです。ではどうするか。ネメンゾ氏がおっしゃったように、社会主義は過去あまりいい状況にありませんでした。しかしそれは市場にあまりにも規制されてしまったからで、そして全く逆に、極端な方向に競争原理が働いているわけです。ということで何らかの間に、均衡を保つものが必要なわけです。そしてこういった社会の現象を具現化するシステムが必要なのです。ということで、よりよい代替案が必要なのですが、こういったことを枠組みとすることによって、投じるべき対策が考えられると思います。

まずは一般市民の組織が国から直接統治されるのではなく、自ら動いていき、そして自らがプロセスを歩んでいく。そして市場、国と関わりあっていく。それと同時に、市場とある程度のバイタリティを同時に確保するためには、競争があまりに激しくなり過ぎないようにしなければいけません。それとまた同時に効果的な規制というのも考えていかなければなりません。たとえばアジアの金融危機の際には、他の資本主義の国――アルゼンチン、ブラジル、ロシアといった国もこの金融危機を経験しました。それらの国々はより保守的な資本主義の政策を取りましたが、いまこういった国は規制という方向により傾いています。資本の流れが激しくなっていますが、特にポート・フォリオの動きが激しくなっておりまして、株式市場の方に直接投資よりも資本が流れているわけです。ということでここから学ぶべき教訓もあると思います。

ネメンゾ　一つ言い忘れたことがあります。シンガポールも考えてみるべきだと思います。リー・クワン・ユーはたいへん効果的な政策をした。シンガポールは、規制は東ヨーロッパほどではありませんけれども、規制がたいへん厳しい国です。ということでアジア危機が起こったとき、シンガポールはたった数ヵ月後にまた元の状態に回復したという状況に私は大して驚きませんでした。また、中国やベトナムにおいても、自由企業とそして計画経済、社会的サービスの間での均衡を保ちましたが、以前、ＩＣＵでの台湾出身の教え子と話していたときに、驚くようなことを聞きました。中国本土では共産主義に大きなサポートがある。しかしたいへん安定的な政治的システムがあり、共産党もあり、長期政権になっております。それに対して台湾ではいま混乱が起きており、労働者はストライキを行なっている。労働賃金は低い。というのも、賃金は他の国ではないような国からのサポートを得ているために低いわけです。こういったさまざまな計画を我々は検証していく必要があります。そしてこの規制緩和と競争、そしてある程度までの計画経済を考えていくべきだと思います。マルクス主義者が計画市場こそ全てだと言っていましたが、その一方で他の公式があります。つまりそれは自由企業、自由競争です。この二つの両極端にあります。この二つを合わせていかなくてはいけない。どう合わせたらいいかということが一番いま問題になっています。それが私たちの考えていくべき問題です。

司会 いま話し合っていますテーマについてでも結構ですし、どなたかどうぞ。

千葉 いま私は環境問題にも関心を持っていまして、皮肉なことにいまこそニュー・カール・マルクスが必要な時代なのではないかなと私は個人的に思うわけですね。というのは、国民経済のなかで、構造的な財の格差を扱ったのがマルクスです。残念なことに、国家社会主義運動、社会主義の評判が非常に悪いので、いまマルクスは忘れ去られようとしていますが、グローバルエコノミーのなかで富の偏在という社会不正義、人間疎外を扱うような理論家が必要だし、そういう議論を実施するような具体的な制度論や、政策的な思考が本当に必要だと思います。ネメンゾさんがおっしゃっていたように、ネオ・リベラリズム（新自由主義）に基づく、ネオ・キャピタリスト（新資本家階級）、グローバライゼーションというのは新しい形態の帝国主義とおっしゃいましたけども、同時にまたグローバライゼーションには人権の地球化とか、戦争責任などいろいろな顔があります。しかしいまあまり南北問題という言葉も聞かれなくなり、この一〇年から一五年、危機感を持ちます。

それから、グローバルのキャピタリスト・マーケットでの対抗的なものとしてはグローバル・シビル・ソサエティ（地球市民社会）があります。ただ独特のシビリティという西洋的な概念で凝り固まると、西洋的なシビル対アン・シビルという図式になるとたいへん危険です。しかし、グローバル・シビル・ソサエティというものが持つ共通の倫理として、ハンス・キュングがよく言う世界倫理、ベルト・エートス（Welt Ehtos）、グローバル・エシックス（Global Ethics）、そのなかには人間の尊厳とか、基本的な人権を最小限は認めるとか、経済社会における公正とか、社会正義、それから環境的な公正、そういうようなものが指導原理となるグローバル・シビル・ソサエティの動きを加速させる制度をそれぞれの国や地方政府・自治体のレベルで強めていくような方式が一つは可能性としてあるのかな、と思います。しかし、新しいオルタナティブっていうのがなかなか見えない中で、まずやるべきは現在のニュー・インペリアリズム（新帝国主義）としての性格を強めているマーケット・グローバリゼイションに対して、それぞれが防御の装置を開拓して、それをグローバル・エシックス的なものによって地球的な連帯の中で少しずつ人々の生活を守っていくというようなあたりから始めないといけないのかなと思います。非常にスケールの大きい理論やスケールの大きい新しいものの考え方やパラダイムが要請されていて、現実といえば非常に悲観的で、なかなか活路が見えない、そのあたりにいまいるのではないかと思います。

司会　それぞれの方から非常に貴重なお話をいただきました。それに関連して、もしおられましたらどうぞ。

スッティ　私はチュラロンコン大学のスッティと申します。ＩＣＵでも教鞭をとっております。私はお二人のスピーカーが、たいへん素晴らしいプレゼンテーションをしてくださったこと、また、代替となる方法を模索するということに関するコメント、素晴らしいと思いました。特に女性の役割ということに関して広木先生がおっしゃっていたことをお聞きして、さまざまなＮＧＯとか民衆運動とか社会活動といったものを見ていると、ネットワークとしてリンクされているもの、あるいは断片的に行なわれているもの等ありますが、これは既存の資本主義制度を改革しようという目的での共通点があると思います。そういったさまざまな活動の役割を決して軽視してはいけないと思います。過去の労働運動に関しても、また市民運動や女性解放運動はたいへん長期的な面で大きな変革をもたらしたのです。ですから大学のアカデミックな方々に対しては、是非考えていただきたい。その代替となるモデルは何かということに関しましては、我々はやはりモデルを見て、そしてそのモデルに基づいて、既存のシステムを取って替えるという考え方、これを社会的な活動のなかにうまく組み入れ、統合していく必要があると思います。そうしなければ考えがただユートピア的ということになってしまいます。現実の活動から乖離してはいけません。

また忘れてはならないことは、この支配層の覇権的な立場にある者の役割も忘れてはいけない。自由企業、経済は、実際には経済的の観点から言えば支配的な役割を持っているということ。それを無視してはいけない、無視して我々だけで他の部分で行動することはできないわけです。大きなプロジェクトを抱えるときには、そういった支配層の役割も連携させていく必要があると思います。グラスルート（草の根）そして支配層、全てを参画させる必要があります。そのためにお二人のお話を伺って、たいへん嬉しく思いました。

特に女性の役割ということを考えた場合、タイにおいては女性の活動は非常に活発に行なわれています。女性労働者の間で特に見られております。多くの、わが国におけます工業化ということに関しましては、女性の労働者の担った役割はたいへん大きいわけです。労働者の八〇％が女性なのです。そういった意味から、新しい章が開かれるわけであります。環境とか人権、そういった闘争が積み重ねられ、それが全て制度をよい方向に改善、改革するということで、歴史を見ても、未来に向かって着実に進展していると思います。エリート層や知識層の役割、マクロレベルやミクロレベルには草の根の役割、その両方を連携させるということが重要です。一八世紀、一九世紀の過去から学ぶ、そして社会主義から何か学ぶこともできます。また新しいものはこれから生まれてくるかもしれません。ひとつのモデル、ひとつの名称だけに囚われる必要はないわけです。そういったものを合わせた上で最適な活動、その方向付けをしていくことができると思います。より正当な、また持続可能な道を模索していくことができると思います。またジェンダーバランス、さまざまな価値というものをそのモデルに付加していく、付加価値を追加していけばいいと思います。

司会　それをもってひとまずこの質疑応答は終わりとしまして、残り時間はこの他にきっといろいろとお考えやご質問があると思いますので、その後二人くらいに時間を提供したいと思います。それではどうぞ。

質問・コメント　随分、多くの時間を割いていただいて申し訳なかったのですが、私が最後に二つだけ言わせていただきたいのは、経済の問題は非常に大きな比率を占めるかもしれないのですが、いま、問題提起させていただいたものを単なる経済だけの切り口だけで考えることはとてもできないはずだと思うのです。あらゆる分野の方が、焦点は「生き生きとした暮らしをしているのか」、あるいは「私たちが豊かな暮らしというのは一体どういうことなのか」と絶えず繰り返し議論されてきたことですが、理想を描いてから現実という問題が必ずあるわけですから、その点について最後にコメントをいただきたいと思います。問題を提起させていただきました。

司会 ありがとうございました。それでは村井先生、どうぞ。

村井 上智大学の村井と申します。昨日、日本の「アジア人権基金」という団体が、アジア人権賞という賞を海外の二つの団体に授与しました。一つはＲＡＷＡ（Revolutionary Association of the Women of Afghanistan ＝アフガニスタン女性革命評議会）という団体です。これはアフガニスタン国内では全く活動できない。女性の自立や人権を求める活動で、タリバーン政権にも、北部同盟にも追われパキスタン政府にも良く思われていない団体です。もうひとつは、タイのメーソットで活動するビルマのカレンのお医者さん、シンシア・マオンさんとその診療所に賞が与えられた。この二つの団体の活動を考えると、いまの世界で、一番厳しいところに一体誰が置かれているかが分かる。つまりフリー・マーケット・エコノミーは、世界の一部の人だけがその恩恵を享受していて、一番周縁化されたところでは、まさに殺されそうなあるいは移動の自由もままにならない、そういう人たちがいる。そういう現実から私たちは先程のテーマである平和教育とか、開発教育ということを考えなければならない。アメリカだけが世界の勝利者のようになっていますけれども、アメリカがフリー・マーケットを追求することにおいて一体その背後に何があるか、これを忘れがちです。アメリカは世界一の軍事力、つまり暴力を持っている。世界貿易センタービルやペンタゴン（国防総省）が攻撃されたことというのはそこで亡くなった方の不幸は勿論あるわけですが、アメリカがもし巨大な軍事力を持っていなかったらいまの戦争は起きなかっただろうし、やろうともしなかった。

私はそのフリー・マーケット・エコノミーがどう進むかどうかということとは別に、国家の暴力、とりわけ軍隊と武力、あるいは武器輸出に着目します。この国家が独占する暴力を世界中で解体する、それこそが平和教育の課題であろうし、あるいは開発教育、人権教育、そういうものの課題ではないかと思います。地球市民社会がもしあり得るとしたら、そこに全力を傾けるべきでしょう。数年前に、地雷禁止条約というものが作られたわけですが、それはNGOの力が非常に大きかった。いまこそ国家の暴力である核兵器をはじめ、生物兵器、科学兵器だけではなくて、アメリカが今度アフガンで使っているような大量殺人兵器というものをなくすことが平和教育の原点ではないでしょうか。世界中から武力をなくす、それが我々の一番の課題でないかと、私は考えております。

司会　どうぞいままでの話との関連でも結構です、別のことでも結構ですのでどなたもご自由に手を挙げて下さい。どうぞ、保岡さん。

保岡　ネメンゾさんのプレゼンテーションも少しシニカルな感じも受けたのですが、それはある意味においては多種多様なNGOは勿論あるわけですが、NGOというのは、既存の政党に支持された、バックアップされたグループの大きなNGOは、むしろNGOであっても市民社会的なグラスルーツ（草の根）の理念やメンタリティ、力強さとか、そういったものが失われていますね。政治家が偽善的にNGOを利用しているかという現実の分析が必要だと思います。それは、政治家というのは一般市民の投票によってその生命を生むわけですね。そうすると、全て投票につながる行為でもって行動する。たとえば国際人権規約、ほとんどは正しい、十分理解していると、そう言えば、民主的な政治家像というものをアピールして、投票につながると思っているわけです。実にこんなことがありましたね。

マザー・テレサが日本に三度来ました。マザー・テレサは、幸運なことに、三度とも上智大学に招くことができたのです。マザー・テレサは新幹線に乗ったときに、飲料水の紙コップを使って、「これは素晴らしい」と大切にしていた。動く列車の中でこのきれいな水がでる。マザーの驚きの中には、私は大量消費、大量生産、便利性という日常の中で麻痺している日本人の生活スタイルに対する一撃だったと思います。なんでこんなにまで飲料水が豊富でしかも無料であるということ。彼女の受け取り方は驚きだったと思います。

私はエチオピアで、マザー・テレサとお会いしたのです。その時はたいへんな飢餓状況のエチオピアです。けれど、マザー・テレサは私たちに直接訴えてそこで言ったのです。「水を掘る機械を日本人は持っているから、技術者を下さい」と。当時、安倍外務大臣宛てに手紙を書き要請しました。私は直接外務省に届けました。日本がちょうどこの救援活動を繰り広げたＮＧＯ元年だといった年ですね。一九八〇年は。毛布一枚運動のＮＧＯが広がりまして、もうふかふかした上等な綿製品の羽毛が全国から集まりました。その毛布が四つ折にしたらもうかさばって荷造りがたいへん、畳めないわけですよ。日本からの毛布は。それを一生懸命に集めてトラックに何十か集めて持ってきた。しかし、向こうでは使い切れないですよ、そういうのは。実際必要なのは、緊急災害用の一枚のきちんと畳める毛布をたくさん送ること。そういうことをＮＧＯは経験で学んだ。マザー・テレサは、

「世界から救援物資がたくさん来る。しかし、豆などみんな加熱料理しなければならない。そのために今水が必要です。だから一日も早く日本から井戸掘り掘削機の援助をやってください」と訴えたのです。政治家が動くとNGOは育たないというとてもいい例です。私はそういうことを考えるとですね、政治家の持つ偽善性を考えざるを得ません。

もう一つのエピソードは、マザー・テレサが、いわゆるアボーション（堕胎）や安楽死という問題に対して生命の尊厳から国会議員を前に、優生保護法を法制化した日本の国会議員たちを前にお話をしまして、ほとんど国会議員はスピーチの最中、眠っていたそうです。そして、お話が終わった後、しかし、マザー・テレサと写真を撮ろうとそれはすごかったようです。議員の先生たちの気持ち分かるでしょう。地元選挙区への宣伝のために帰るお土産が必要なのです。政治家たちとNGOの関係においては、政治家と市民やNGOの考え方や実践はずいぶん違うものです。

グラスルーツ（草の根）のグラスは芝のことですが、踏まれて、踏みつけられても、強く育つということです。グラスルーツ（草の根）の選挙制度がアメリカでスタートしたのが一九二〇年頃です。そこではグラスルーツ（草の根市民）の監視がありました。これは選挙の腐敗に関しても監視していたのです。そのようなところから「草の根」という言葉は生まれているのでしょう。ですから日本での「草の根」というのは本当に首尾一貫した考え方と哲学と運動を目指すといいのです。今朝、講演された小田さんはよく言われます。要するに市民が、職能人、教授、映画監督など、全ての人がその職業の衣を捨てて、市民として、みんな平等、みんな対等だ、みんな一市民だと一致し共感しあう。それでデモが終わったら、そこでいつかまた会う日を決めてみんな帰っていく。

だからこそデモというものは続けて行わなければ、デモクラシーは生まれてこないということがメッセージなのですね。支配者の権力で踏みつけられても非暴力で対抗し、批判的に自由な精神で対抗していくという姿勢こそよき市民と言えるでしょう。そのためには人々の連帯が必要です。

それからもう一例ですが、阪神・淡路大震災の復興支援活動に原点を持っているＮＧＯ・市民ボランティア活動では、復興救援活動の経験を通して市民は市民自身で守ることが強く意識された。実際、速やかに復旧できたのは何か、幹線道路です。行政が指導した。それというのも、産業道路として日本の物流の動脈、経済を守るために最先に手をつけたわけですね。人間はその下に優先順位が置かれたようだ。だから市民が市民として守ろう。そのための必要な法律を立法化する。そのときに本当に市民と国会議員がよい関係で結ばれなければいけない。そういう良き政治家を投票でもって選ぶというような、民主主義を具現していくプロセスに市民あるいはＮＧＯの行動、原理というものが受け入れられていくならば、よいと思う。草の根の民主化はＮＧＯ活動の発展の道そのもの、ということだと思います。私は先ほど紹介されていた「アジア人権賞」を主宰する日本のあるＮＧＯの活動が、アジア民衆の人権擁護運動を支援している事例なのです。しかもこれは著名な政治家が積極的に支援をしています。市民レベルで手を結んでいる。こういうようなところに、私は、ひとつの突破口がありうると思います。

司会　司会者としては喜びでございます。私は一番初めから一切、できるだけ喋るまいと思ってみなさまにできるだけお話の機会を提供させていただいて、まずお二人の講師に心から感謝するとともに、いい火付け役をしてくださいまして、真剣な、非常に、根本的に大切なご質問というかお発言の結果、非常に有意義で中身の濃いご発言をお一人お一人からいただきました。

そこで、最後に私の考えを披露してまとめにかえたいと思います。

上智大学での務めを来（二〇〇二）年三月まで全うした後に、東ティモールに参ります。もう私自身は持ち物、本から何から全部送ってしまったのです。私はこの間授業のとき、本を持っていこうと思ったら、ああ、もう向こうに送ってしまった後、そういう状況でございます。今おっしゃってくださった、まさにその実践というのが、私の役割だと思います。新しいパラダイム、特に環境との関係、共生ですね。自然と、あるいは他の国と、あるいは次の世代の方々と共に。おっしゃっていたように、経済だけではないですね。他の全ての分野から、それを追求していく。

私は9・11の後ずっと小さな島の、小さな国東ティモールの意義をじっくりと温めております。もういままでの欧米のどうのこうのじゃない。この地球に新しい、平和の生き方を、これなのです、と。どうぞ見に来て下さいというものをあそこに作りまして。そこに来ていただく。そしていろいろなかたの素晴らしい考えを結集させていく。そういうシンボル的な平和の場所を夢見ております。つまり平和の国を、軍隊のない国をアジアの新しい国に作ろうとしている、そういう東ティモールのこともみなさん、心に納めていただきまして、今日の分科会（2）のときもみなさんのご協力によって有意義に過ごすことができましたことを心から感謝いたしまして、特に報告者のお二人に感謝の拍手をもって終わりたいと思います。どうもありがとうございました。

分科会 3

大量消費、環境汚染、公害、温暖化、資源循環型社会をめざす環境教育のあり方

司会（村井吉敬）　「地球市民社会の目指す大学教育の使命」ということで、二日目の分科会を始めさせていただこうと思います。昨日は主に午前中に、地球市民社会論といった議論を展開して、午後から二つの分科会が行われました。午後の最初のセッションでは、平和教育を巡っての議論がなされ、その後に、「開発教育」ということが議論されました。今日はそれを引き継いだ形で、題としては「大量消費、環境汚染、公害、温暖化、資源循環型社会を目指す環境教育のあり方」という大変長い、ありとあらゆるものが網羅されているような分科会ですけれども、お二人の講師をお招きしてまず問題提起をしていただいて、およそ二時間にわたる分科会を持ちたいと思います。

最初に、環境問題にずっと取り組んでおられる綿貫礼子さん、チェルノブイリ被害調査救援女性ネットワークという重要な活動もずっとされております。最近藤原書店から出版された『環境ホルモン文明・社会・生命』の中にも、綿貫さんは「子どもたちはいま」という論文を書かれております。その綿貫さんの後に、鳥取環境大学の学長の加藤尚武先生から問題提起をしていただきます。先生は哲学者であられますので「自由と平等と生き残り」という哲学総論的なお話をしていただきます。総論は最初だというお話なのですけれども、ここでは各論が最初になって総論は後で、ということで最初に綿貫先生から、「環境汚染物質と生殖健康（リプロダクティブ・ヘルス）―環境教育の視点から―」、というお話を頂きたいと思います。ではよろしくお願いします。

環境汚染物質と生殖健康（リプロダクティブ・ヘルス）—環境教育の視点から—

綿貫礼子
環境問題研究家、チェルノブイリ被害調査救援女性ネットワーク

私たち世代はいまの生活様式で「豊かさ」を享受することによって多くの毒物を自然界に放出し、目にみえない形で次の世代を「殺し」ているのではないか。私たちの生き方をどう変えなければならないかが問われている。

はじめに

今日は何が環境問題のもっとも重要なポイントであるかということを私なりに三〇年間の体験の中から考えていることをお話したいと思います。そのことがこれから環境問題を学ばれる方、あるいは各分野でお仕事なさっている方々にヒントになればと思っております。

この数年あまり「環境ホルモン」の生殖への影響が注目されていますが、堤治《ツツミオサム》先生の東大産婦人科グループが重要な研究をなさっています。例えば日本人の羊水の中にダイオキシンなどが検出され

たという発表がありました。私自身環境汚染物質による生殖健康（リプロダクティブヘルス。Reproductive Health）の問題をテーマにしておりますので、日本の堤グループが世界の「環境ホルモン」研究の分野の第一人者として発言されておられるこの三年間のご研究を高く評価しており、日本の他の研究者からも重要な生殖健康に関する問題がこれから発信されてくることと思います。この環境ホルモン研究では欧米に比べ少々遅れをとっていたのです。この「リプロダクティブヘルスと環境」という問題は、四、五年前に上野・綿貫共編で本の題として工作舎から出ております。その中にはチェルノブイリの草の根運動に関わっておりますので、この一〇年間このチェルノブイリの子どもたちの生殖健康のことを取り上げています。

国連の中にＷＨＯ（世界保健機関）という組織がございます。その報告書はチェルノブイリの被害者の問題に対して事故当初から過小評価を行っています。そういう動きが汚染地域の子どもをもつ親たちに健康影響に対して苦悩を与えております。何も子どもたちに異変が起こらないのだとされ、低レベルの放射線なら被曝しつづけても大丈夫だとされています。事故が起こった後で受精し生まれた人たちにとって何も影響がないんだということを、ずっと主張しています。現実にはすでにいろいろ問題が生じております。そのようなことを過小評価と言っているのです。事故から一〇年目の国際会議では甲状線ガンだけはチェルノブイリ以降増加したことを容認したのですが、他には心配なことは起こっていないと。たとえば、ＷＨＯなどのそういう動きが日本の科学者、広島・長崎のある研究者や、旧ソ連邦の科学者達との共同研究などで示され、その過小評価に加担した発言も聞かれるわけです。私は科学者の端くれとして怒りを感じながら、新たな視点で被曝者の子どもたちの生殖健康問題の研究に携わってまいりました。今日はチェルノブイリのことはあまり申しあげませんで、化学物質によるリプロダクティブヘルスの捉え方を中心に申し上げたいと思います。

化学物質による汚染とリプロダクティブヘルス

私自身の研究の中でリプロダクティブヘルスという問題が頭をよぎったのは、一九七〇年にベトナムの医学者から告発されたベトナムの被害者の問題をテーマにし始めてからです。それは、枯葉剤の中に含まれているダイオキシンという化学物質が次の世代に影響を与えたという問題につながってまいります。ですから戦争と平和にかかわらず、そういう私たちの世代と次の世代とのいのちに関わる抑圧的関係についてお話したいと思うわけです。簡単に言えば、世代間の間でどういうことが起こっているかということなのですが、『二〇世紀の定義』が二〇〇〇年の終わりに岩波書店から出され、それは一〇巻くらいのシリーズですが、そのうちの一つの七巻に、私が書くように頼まれたことがあります。

二〇世紀を改めて自身で考えるよい機会だと思ってお受けしようとしたのですが、この巻のテーマが『生きること、死ぬこと』というものでした。そこでは医療の進歩とか死生観とかそういう問題は捉えられていますが、環境問題はそこに全く入っていなかったので、私はお断りしたのです。私のテーマではありませんと。私は「生まれ得ぬこと」もここで付け加えたいと言ったのです。結局、出版社がそのことを受け入れてくださり、私はその「生まれ得ぬこと」「生きること」「死ぬこと」それらが二〇世紀でどういうふうに歴史的に変化しつつ起こってきたかということを考える機会となったのでした。そのもっとも目に見えづらい医学・疫学上の問題を捉えたいと思うわけです。だから化学物質がたくさん作られて、何千万も、種類が使われたかわかりませんけれども、化学物質の使用を日常化することで、豊かな便利な生活を私たちが享受してきたわけです。それは取りも直さず光の表の部分だけを見ているわけで、科学技術社会の裏側で何が起こっているか見えない部分を、私は未来の世代の「生まれ得ぬこと」ということで象徴的に捉えたいと思っております。環境汚染の問題を見ますと、どこでも私自身、世界に飛び出してみて、普通の人々、お母さんとか生化学者とかいろいろな人に会って話を聞いていると、そういう問題は科学では捉えられないけれど、そこに子どもの誕生前の死が変化として存在するわけです。そういう現実を私は二、三〇年続けて見てきたので、その事象を点と点とつなげてみると、二〇世紀の最後の三〇年間に何か大きな変化が起こったということが見えてくるような気がします。

汚染の歴史

そういう汚染の事例を歴史的に見ることが重要で、次にとりあげますのは、一九四五年、第二次世界大戦後に化学物質がたくさん使われているという工業化時代から取り上げております。大戦の前と後では一九四五年を境に私は科学技術に基礎づけられていった近代科学史のパラダイムの転換点があったと思っております。

表1は一九四五年から一九八六年のチェルノブイリまでの環境汚染が次世代へ影響を及ぼした事例を挙げております。これらが全部ではないんですけれど、主要な新しい未来世代に影響を与えたことがすでに証拠が出ている事例としてリストアップしたわけです。広島・長崎の原爆問題、それから一九四〇年代には核兵器の実験場の周辺で放射能に被曝した住民とその子孫の問題。一九五〇年代からチッソ企業によるメチル水銀の海への放出で水俣病が発生し、次の世に生まれながらの水俣病患者が発生したという事例は、世界ではじめてこういう問題が医学的に証明されたわけで、きわめてショッキングなことでした。

その次にダイオキシンの被害が出てまいりますが、それはベトナムの枯葉剤問題が最初です。一九六一年から七一年まで一〇年間化学兵器としての枯葉剤が使われ、そこで被曝した人々にはベトナム住民がいて、ベトナムの兵士がいて、アメリカの兵士がいるという状況の中で被曝は拡大しております。世界の科学者の目にはつい最近までベトナムの住民の被害は調査が進んでいないということでカットして、アメリカのベトナムに行った兵士の健康問題のみが取り上げられてきました。ご存知のようにOUR STOLEN FUTUREといって、シア・コルボーンら三人の共著によるすばらしい著書が一九九七年に訳書名『奪われし未来』（翔泳社刊）として出版されました。その本にさえもベトナムの住民、とくに子どもたちの生殖健康被害は出ておりません。こうしてダイオキシン問題は世界の中では軍事的・政治的に隠されてしまうという状況が生じています。

しかも次のまた次の世代の健康に何が起こったかという未来の問題は隠しやすいんですね。また起こるかどうか時の流れの中で分かることなので隠してしまう。あるいは捉えようとしないという問題が起こります。私はベトナムに何回か行きましたから、早くからベトナムの生殖健康問題を提起してまいりました。表に戻りますと、その次のＰＣＢの問題も、ＰＣＢにはダイオキシンが混雑して含まれているので、生殖問題が出てまいります。それから表にしたがってみてまいりますと、ダイオキシンだけが環境汚染問題、ダイオキシン産業廃棄物などの問題などが形を変えていろいろ出てまいります。枯葉剤製造企業に関する問題が亡霊のように年月と共にあらわれてきます。表の下から二番目には、ＭＩＣ、メチルイソシアネートっていう化学物質汚染問題がインドのボパールで米国進出の化学工場爆発によって起こって、それも次の世代に影響が出ています。メチルイソシアネートっていうのは、化学物質でいいますと、フォスゲンと言って、第一次世界大戦に使われた化学兵器類似のものですけれど、その製造のときの一つ手前の生成化学物質なので、非常によく構造的に似ているので、毒性が強いということが分かります。しかも胎児が母親の体内でＭＩＣに曝露して死亡することも起こっています。その次に表では一九八六年のチェルノブイリの問題を書いております。

こういう世界で起こった主要な問題を私は、点と点とを結びつけながら新たな科学技術の進歩を手中にした人類は何を起しているかを見ようとしたわけです。

表1　新しい世代に影響を及ぼした主要な人体汚染の事例

（綿貫作表）

年	汚染物質	事　例
1945	放射性物質	原爆投下（ヒロシマ、ナガサキ）
1940s～	放射性物質	核実験（アメリカ、旧ソ連、英国、フランス、中国、インド）
1950s～	メチル水銀	ミナマタ病事件（日本）
1961～70s	ダイオキシン	ベトナム戦争枯葉作戦（ベトナム）
1940～71	DESホルモン剤	流産防止剤使用（アメリカ）
1950s～90	放射性物質	セラフィールド再処理二場（英国）
1960s-70s	AF2	食品添加剤使用（日本）
1968	PCB（ダイオキシン含有）	カネミ油症事件（日本）
1977	ダイオキシン	セベソ事件（イタリア）
1979	ダイオキシン	ラブカナル事件（アメリカ）
1979	放射性物質	スリーマイル原発事故（アメリカ）
1984	メチル・イソシアネイト	ボパール事件（インド）
1986	放射性物質	チェルノブイリ原発事故（旧ソ連）

（出典：綿貫礼子＋上野千鶴子編著『リプロダクティブ・ヘルスと環境』）

図1　自然〜人間曝露

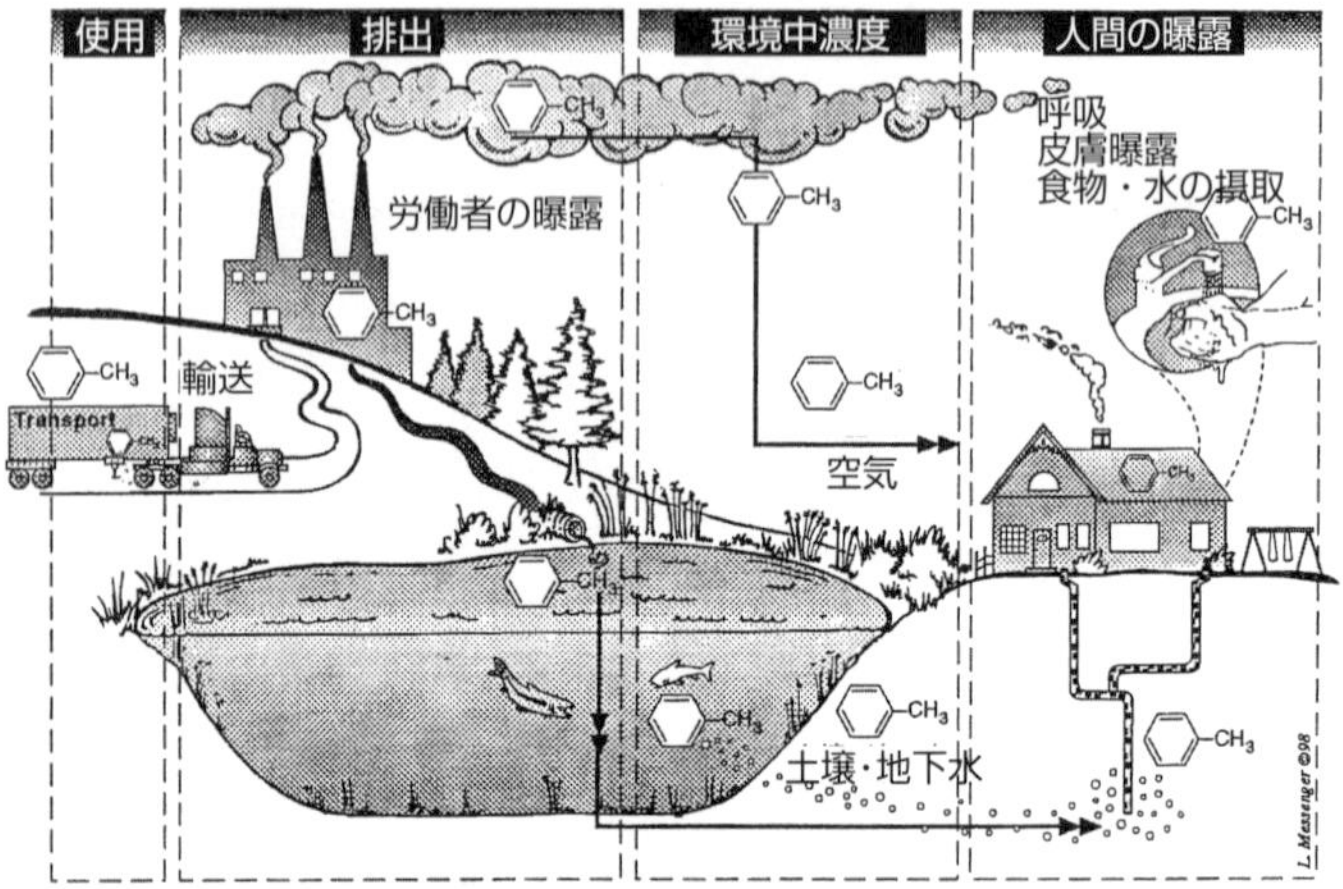

$\langle\text{ベンゼン環}\rangle$-CH₃ は化学物質の大きなグループ群をあらわす

シェトラー編『胎児の危機』（藤原書店刊）より引用

エコロジーの問題では人間の生活の中で化学物質を自然界に放出すると、どうやって土壌とか空気とか水系を汚し循環してゆくかということを図1で示したものです。これはある程度の大きな構造をもつ有機化学物質だったら、それが蓄積してずっと残ってしまうということを意味しているわけです。この絵でお見せしたかったことは一番右側に人の曝露というものがありますけれど、人の曝露というのが一番重要で、それは生物も他の生き物も曝露しておりますけれども、最終的には食物連鎖の頂点にある人間の身体にとりこまれます。だけど、この図では足りないのです。次の世代のいのちをも汚染して行くから、その次の図がなければいけなくて、私が手で書こうかなとも思ったんだけれど、上手く書けないので書いておりません。ジェネレーショ

図 2　ラヴカナルにおける全妊娠数に対する流産の発生率

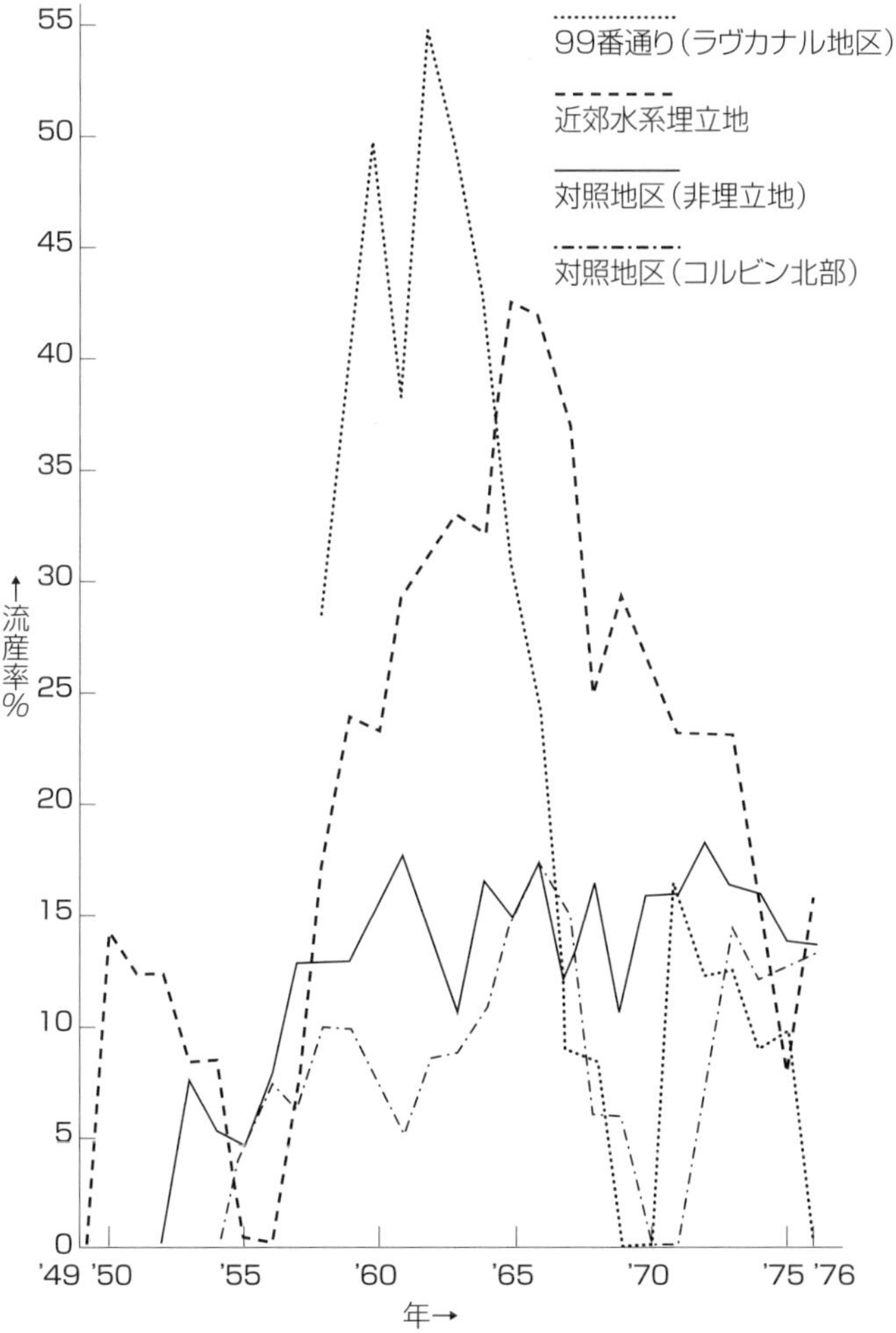

（出典：ニューヨーク州保健局編「ラヴカナル特別報告書」1981年4月刊）
綿貫『胎児からの黙示』（世界書院刊）より引用

ンとジェネレーションとの関係性をそこで見落としてはならないと思うわけです。今日の私の話の主題もこの関係性をどう捉えるかということなのです。これはアメリアから新しく二〇〇〇年に出された本、訳書名『胎児の危機』（藤原書店刊）から借りたものですけれど、それでもこの世代の間の問題がカットされているということをちょっとお見せしたかったわけです。

図2は私が汚染の現場に行ってこのデータを見つけてきたのです。表1にもありましたように、ニューヨーク州にラブ・カナルという運河があって、そこに有害廃棄物を企業がドラム缶を埋め立てていて問題が起こりました。そこはラブ・カナル地区といって、住宅地になっているのです。その住宅地に住んでいた人たちが一九五五年から七〇年までの一番ピークの高いところ、そこが一番汚染地域だったのですけれども、ここのドラム缶に含まれている二、四、五―Tとかダイオキシンが、何年か経って地上に出てきて、住民の生殖健康の異常が起こりました。この図の縦（軸）は流産率なのですが、五〇％以上、半分くらいの妊娠が流産に終っているのです。この流産というのは通常の自然流産一五％程度に比べ胎児がきわめて多く死んでいるということを示しているわけです。こういうデータというのは本当に少ないので自治体側や企業側はなるべく隠そうとして、重要な本にはでておりません。私は汚染現場でこれをもらってきたのですが、本当に驚いたのです。ここでの廃棄物は随分前に投棄されて埋め立てられてあり、子どもの死だとか先天異常の子どもがその周辺に出てくることで、異常な汚染が確かめられたいきさつがあります。フッカー社といって、枯葉剤を製造していた大企業は一九五〇年代からずっと製造し産業廃棄物をこの地にずっと捨てていたのです。先ほどの表でみる

表 2　オレゴン州アルジェア地区における月別流産発生率
（1,000の出産に対する流産数。1972〜77年）

月	アルシイ地区	都市地区	対照地区	平均
1	48.1	73.9	82.0	68.0
2	82.2	49.3	28.1	53.2
3	93.8	43.9	48.1	61.9
4	61.9	47.0	97.5	68.8
5	89.9	50.8	63.2	68.0
6	130.4	44.9	46.0	73.8
7	105.4	14.6	55.3	58.4
8	88.1	31.8	79.8	66.6
9	46.0	49.6	85.3	60.3
10	76.2	54.8	50.5	60.5
11	76.7	19.6	54.3	50.2
12	70.3	45.6	94.5	70.1
平均	80.8	43.8	65.4	63.3

出典：US EPA 報告書（1979. 2. 28）

図 3　オレゴン州アルジェアにおける245-T散布量と月別流産率との相関（1,000の出産に対する流産数。1972〜77年）

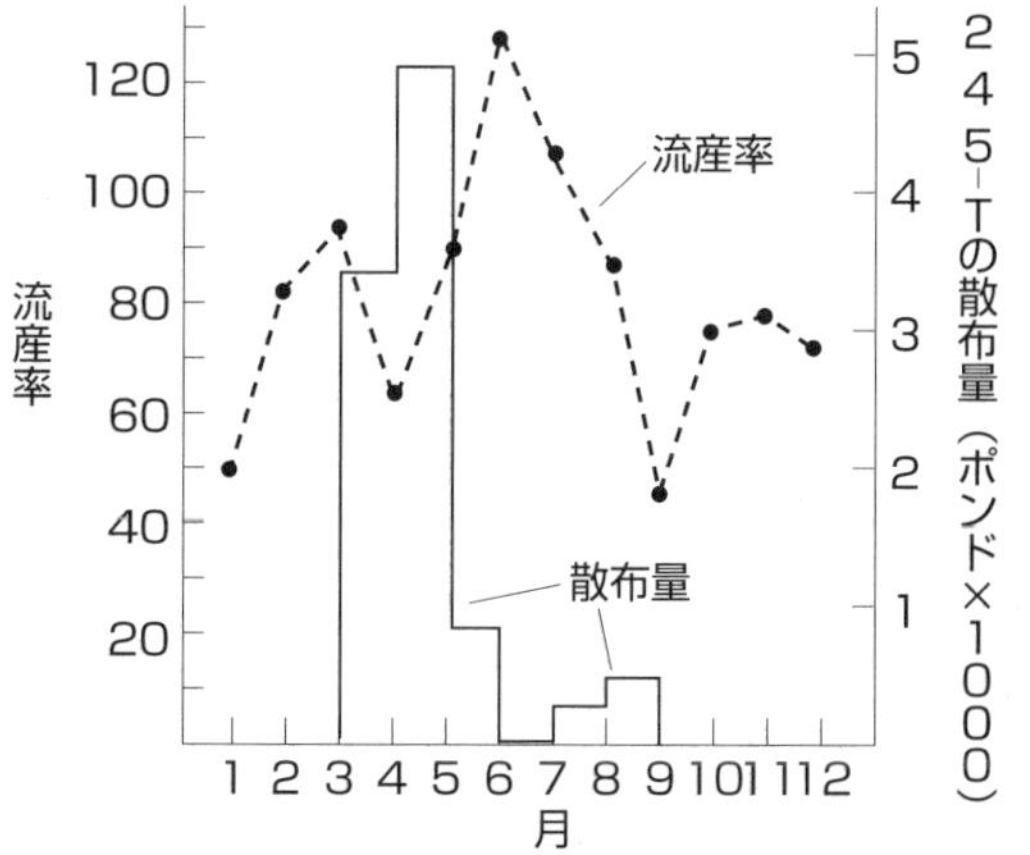

綿貫『胎児からの黙示』より引用

と一九七八年ごろにラブ・カナル地区で子どもの誕生の異常が起こっているということを私たちはアメリカの新聞で知るわけです。そして、地球住民もそのことを知るわけなのです。この流産率の調査は住民たちが自分たちは調べていく中で大変なことが起こっていることを証明していったのです。生殖健康の被害はこのような形で大きな時間差の中で分かってくるのです。もはや手遅れとなるわけですが。

表２と図３は二、四、五―Tという枯葉剤の原料なのですけれども、それを、オレゴン州で除草剤として空中散布すると、その周辺の住民に流産率が増える。そして、それを止めると減るということを示しているわけです。政府は隠したのですが、地域のNGOの人たちが問題の所在を暴きだしたので私たちは知らされるわけです。カーター政権もその被害を認め使用中止となりました。しかし同じ（枯葉剤）化学兵器はベトナムで使われ女性への健康被害は認めようとしませんでした。

図４と図５は日本の問題です。今年二〇〇一年に西村肇と岡本達明との共著で『水俣病の科学』（日本評論社刊）というショッキングな優れた研究にもとづく書物が出版されました。その本は七、八年かかってまとめられたそうですけれども、西村氏は東大教授を定年でおやめになってから、研究を中断されていたその問題に深くコミットされたのです。私はすぐに送って頂いたのですけれども、その本の最後のまとめに書いてある図を是非今日は皆さん方にお見せしたいと思うわけです。いままで裁判などで企業の行為がとりあげられてきましたが、このような形で科学的に証明されたのははじめてのことであったわけです。いままで水銀だけを海に放出していたと言われ、海の中でメチル水銀

図４　メチル水銀排出量と胎児性水俣病患者発生数

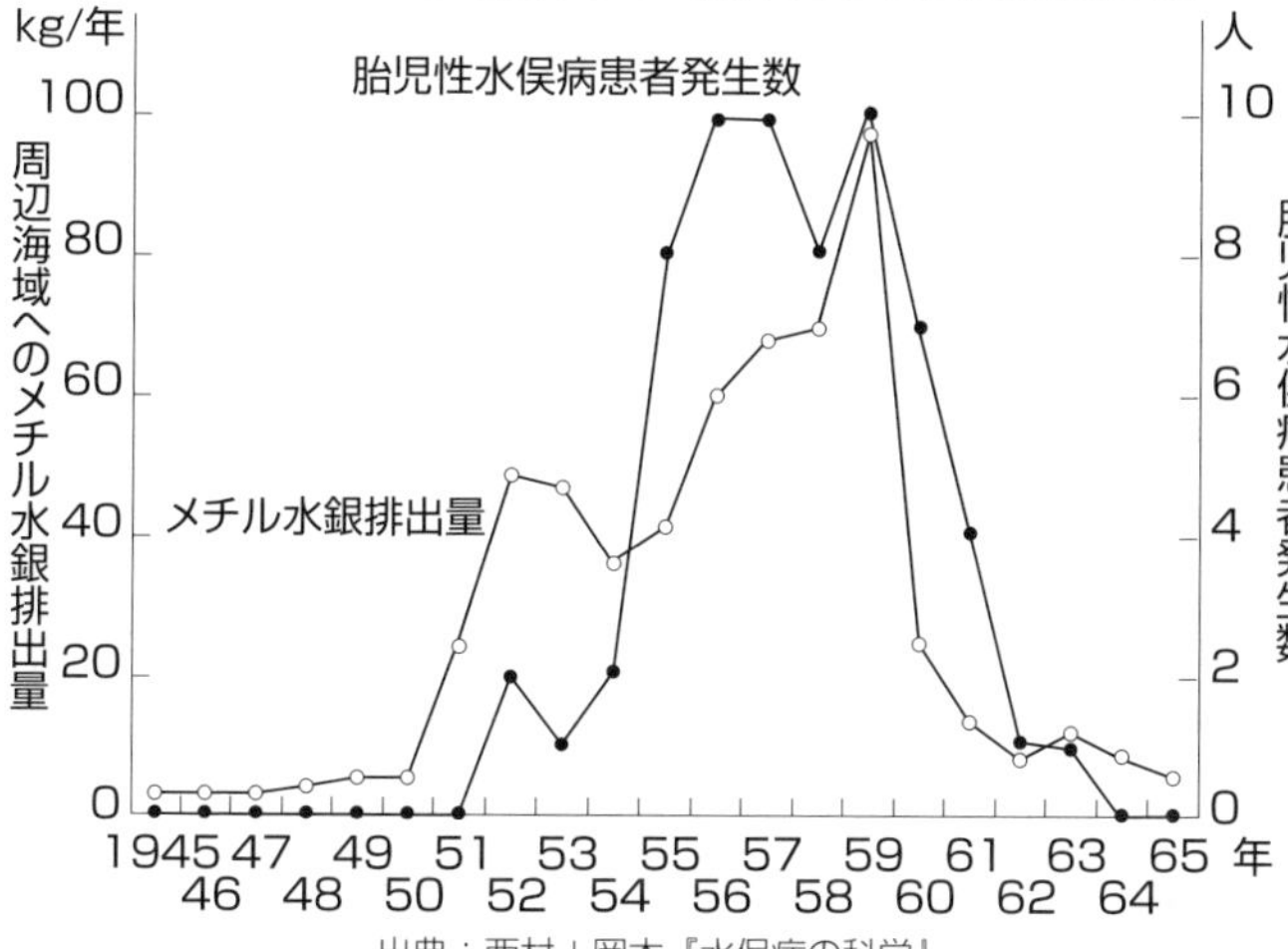

出典：西村＋岡本『水俣病の科学』

図５　メチル水銀排出量と水俣周辺住民のへその緒の水銀濃度

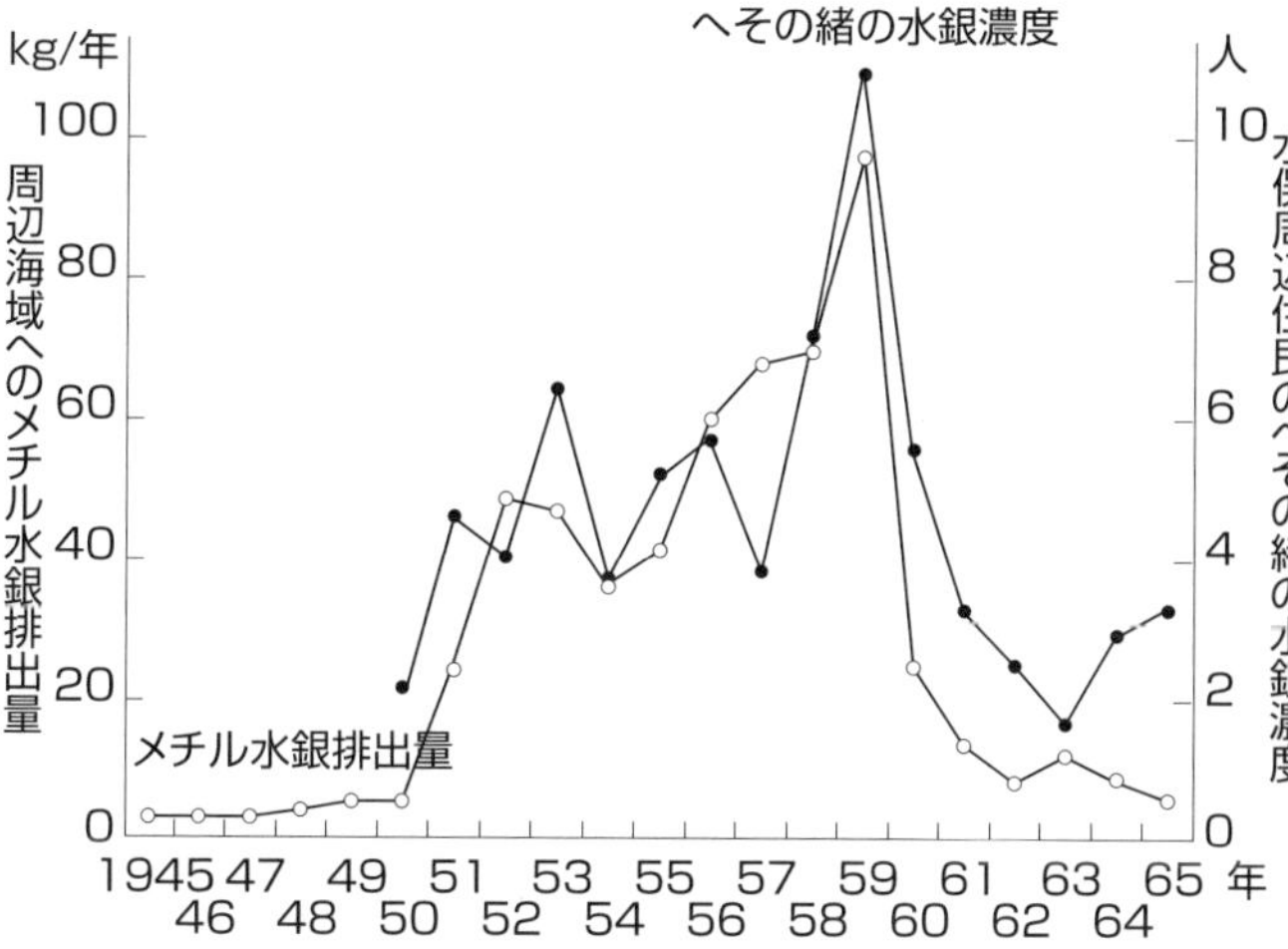

出典：西村＋岡本『水俣病の科学』

化したという考え方を示されていましたけれど、そうではなくって、企業はメチル水銀そのものを放出していたということです。だからこそ食物連鎖で人間のからだに多量のメチル水銀がとりこまれたのでした。図4・5は母親にとりこまれたメチル水銀が胎児へ移行した量が臍帯血の実測値と企業の放出した毒物とが年代的にみてパラレルであることをはっきり示しています。ショッキングなデータです。

図6と図7は、また新しい問題が未来世代の健康問題として出てきています。環境ホルモン問題です。水野玲子氏の基礎的な調査研究をお示しします。横軸は年代が書いてあります。一九五五年から九四年まで、そして縦（軸）は、男児がどれだけ死亡しているかという死亡率をみているわけです。死産のデータですけれど、それは統計上、日本では厚生労働省が持っておりますが、それを念入りに見て、男の子がどのくらい死亡したかということをみますと、一九七〇年代から段々段々死亡率が上がっているという傾向が出ていまして、水野玲子氏と共に私は「男の子はいずこへ」というタイトルで報告したのですけど（『環境ホルモン』誌［藤原書店刊］、二〇〇二年二巻参照）、どこに消えてしまったかということを考えました。

ダイオキシン汚染地では出生児の比で女の子が増えるというイタリアの論文が出されましたが、、なぜ女の子の誕生が増えてみえるかと言えば男の子が女の子より多く死んでいるからだと推定したいわけです。これは世界でもあまりデータが出ているわけではありませんけど、私たちは非常に注目しております。一九七六年にイタリアのセベソで起こったダイオキシン被害の問題がございますが、そ

図６　日本の自然死産　男女比の推移（妊娠12週より）

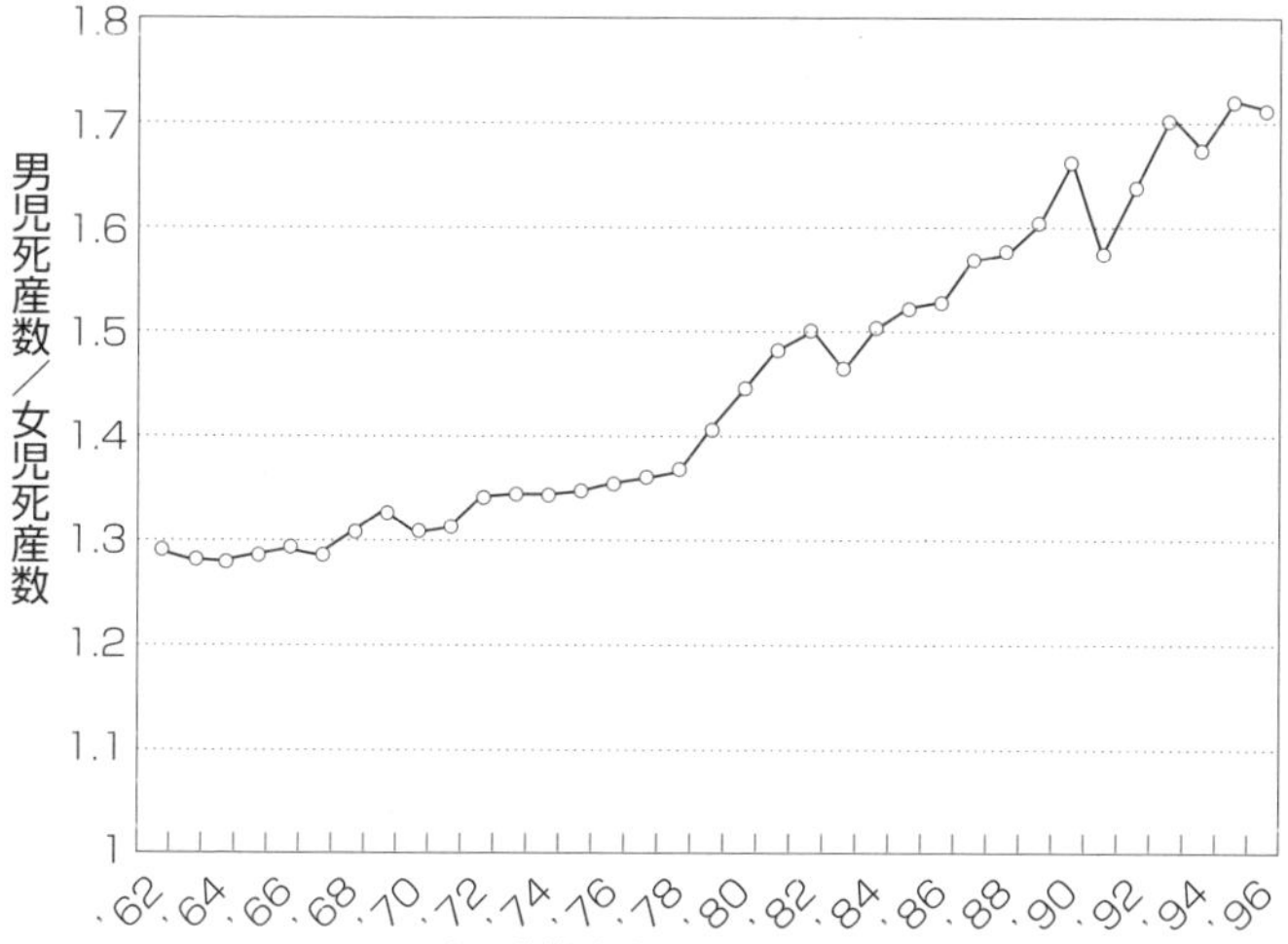

人口動態統計より水野作成
出典：水野「環境ホルモン」誌Ⅱ巻

図７　霞ヶ浦流域５町村出生性比の変化

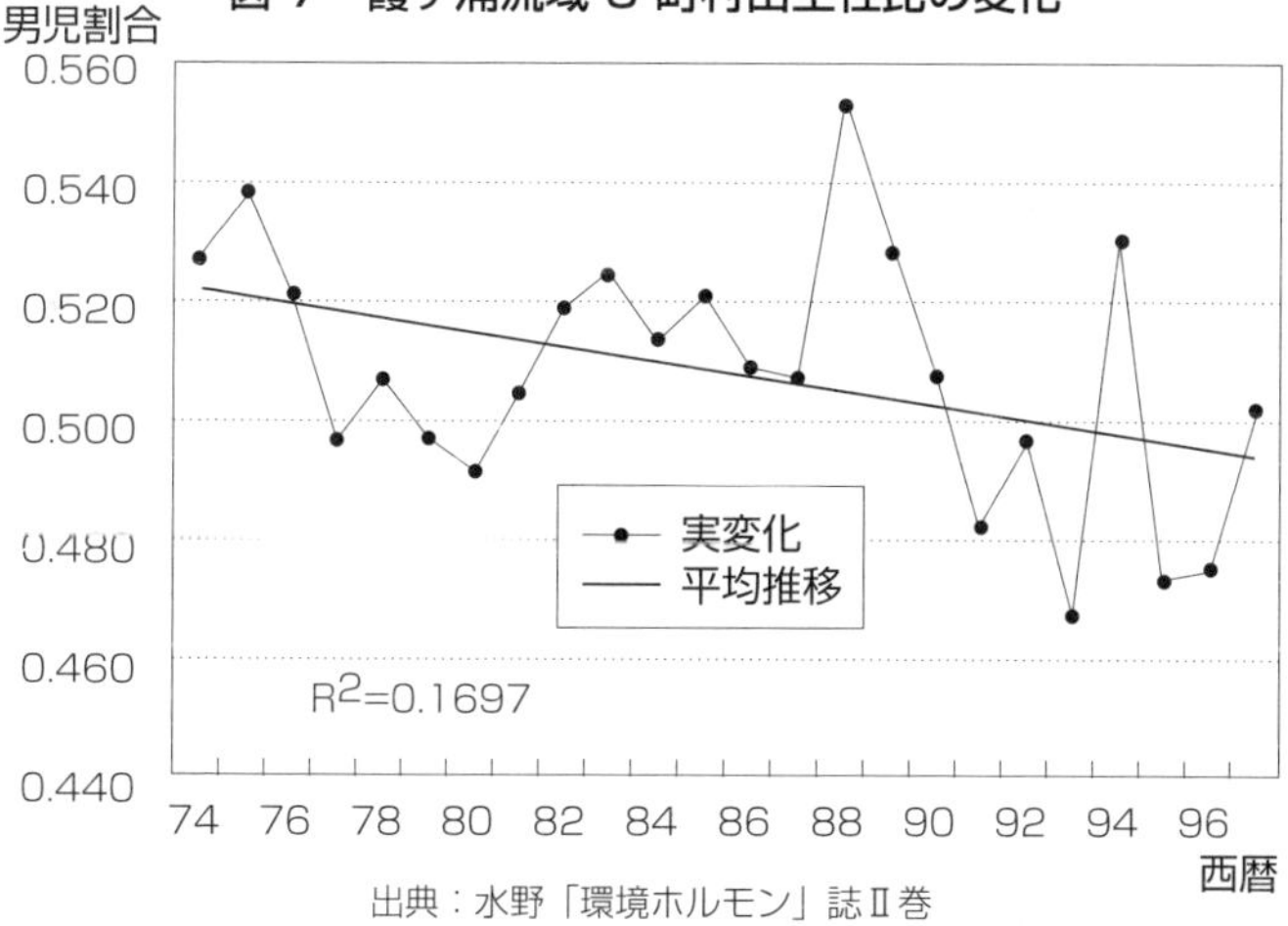

出典：水野「環境ホルモン」誌Ⅱ巻

このセベソの住民にとってもダイオキシンを曝露して後、それから受胎し、生まれた子どもについて、女と男の数の差異について調べてみますと、やっぱり男の子が少なくなって、それはなぜかと言うことはまだメカニズムは分かりませんが、それは環境ホルモン同様に作用をしてダイオキシンが生殖に影響を与えて、生体内のホルモン代謝を変えてしまったから、通常起こらないような、胚の時期に男の子が少なくなることが起こったといまはミラノ大学のＰ・モカレリーによって解釈されております。日本のデータのように男の子が生まれる前に女の子より多く死んでいる問題というのはまだ科学界で解明されていないことです。こういう生殖健康にかかわる未来世代の問題というのは私たちがいま生きている人間の責務として知らなければならないことだろうと思うわけです。なぜならこのような次の世代に私たちの生き方がどのようなことを起こしているかというその関係性が問い返されなければならないと思うからです。このことが私のエコロジーに関わる一つの研究テーマなのです。世代間の問題をどのように捉えていくかというのは、私自身、少し論文などでは考えておりますけれども、こういう実際に起こっていることを踏まえて、それから歴史的に五〇年間の変化を捉えつつ、その変化を深く読み取ることが重要だと思うのです。ダイオキシンの問題がいま出てきたのではなくて、私たちに知らされたのは一九七〇年ぐらいですけど、その頃からベトナムから聞こえてきているわけなのですね。だけど、いま環境問題を調べてらっしゃる人たちの中でも、ダイオキシンと言ったらこの三、四年間に出て来た問題だと捉えると間違ってしまいます。

ダイオキシン問題からの問い

三〇年、四〇年のなかでダイオキシンの汚染問題が出てきていますが、日本ではとりわけ遅れをとり、それを止める政策も、その問題の意味さえ捉えていない状況にあったということをまず強調しておきたいと思います。

その問題というのは、世代間の関係を倫理的に私たち世代の問題として捉えるという視点、そのことをまとめに代えて申し上げたいと思います。だから現実に起こっていることを科学で解明されるまで、手をこまねいているわけにはいかない問題がそこに存在するのです。私たちは新聞でも何でもかなり甘い、嘘っぽいことを知らされるわけです。たとえば、「この位のレベルのダイオキシン汚染は安全です」といった類のコメントです。実は科学では問えない問題が私たちの社会の中で起きていると言うことを是非知ってほしい。科学は万能ではないということです。それで、何で現代社会を見るかと言えば、私は人間のいのち問題への洞察力しかないと思うわけです。何と言いますか、深く現実をどうやって見るかという洞察力が問われていると私は思います。私が「独学」でいろいろ学んだことは、大学で学んだことではなくて、国の内外を飛び歩いて、そこで汚染被害にある人たちと語り合いながら、また現地のＮＧＯや医者達と討論しながら問題の所在を拾い上げてきたのであって、そういう現実を見たときに問題が何かということが世界の各事象の点と点がつながって見えてくるというわけです。その時にもう一度エコロジーの思想というのを私自身が、何を自分で学びとらねばならないかと思うわけです。まだ学びの途中であるわけです。

むすび―世代間の「共生」について

エコロジーの科学、それからエコロジーの思想というのを問い直されなければならない。そういう考え方、パラダイムは時代に従って動いて変わって深まっていく、成熟していくことだろうと私は思っております。私は、上智大学の名誉教授でいらっしゃる社会学者の鶴見和子先生と、彼女が御病気になられる前の四、五年間は一緒に水俣に行き、カナダ調査にも行き、討論させていただいたこともありました。社会学者としてのお考えを学ばせていただきました。討論を深める中で自然と人間との関係を問うとき、「共生」という考え方を一つの言葉として選びました。そのときに、living togetherとか同じ意味で共生といろんな形で使われますけど、私たちはliving togetherとは異なります。

本来的な共生の科学的意味、シンビオシス（Symbiosis）ということは、日本語では「共に生き合う」という内容が重要で、一つ一つの事象が同じ時代に生きていると言うだけでは問題を捉えきれない、事実に即しないわけで、同時代でなくとも共にどうやって生き合うかということが私たちに問われているというわけで、「共生」（シンビオシス）という問題がどういう形で出てくるかと言いますと、いくつも捉えられる視点があると思います。女と男の間の「共生」ということが一つ、それから人間と人間以外の自然の生物との関係が二つ目、それから三つ目は、日本と異なる文化をもつ人たちと私たち日本人との関係、つまり人間と人間との関係、特に南北問題というのがこの中に含まれると思いますけれども、そういうところで、共生をどのように捉えるかという問題、四番目にいま申し上げた世代間の「共生」という問題が出てきます。世代間の問題は経済学にも政治学にもどの学問にも問われるべき難しい問題だと思いますけれども、エコロジーの問題では特に、世代間の「共生」ということ、「私たちが次の世代とどう生き合うか」ということが根元的な重要性を持つだろうと思います。

何回も申し上げましたけれども、そこでは「殺し」、私たちの世代は私たちが今日の生き方で生活することによって多くの毒物を自然界に放出し、次の世代に「殺し」をかけているのではないかなという考えさえ持っています。今日のような次の世代のいのちに対しての反倫理的な生き方は、価値ある生き方とみなせないのではないかということを痛切に感じます。だから、私たちはどういうふうに私たちの生き方を変えなければならないか、私たちはどういう社会に創り変えなければならないかということを問われているわけで、私は科学技術の進歩の中でたとえば、原子力の問題で象徴的に出ておりますように、次の、そしてまた次の世代の生命の問題を考える時に、使ってはならない技術、なしてはならない行為がある、ということを根元的に真っ向から問わねばならないと思うのです。私たちは次の世代の生命を殺す可能性がある、たとえば環境ホルモンをつくらないようなエコロジカルな社会を作りたい。そのときには、「共生」という考え方が社会の「価値」として浮かび上がって来ます。私たち（というのは鶴見先生と私）は価値規範としてその共生の問題を考えてみようと思っているのです。そういう技術を使わない、未来世代のいのちを守る上でしてはならないことをやらないということは、嫌々ながらそれを選ぶのではなくて、私たちはそれを選んだのは喜びをもって選ぶ、それこそが価値ある私たちの生き方であるからだと思うからです。嫌々ながら選ぶのであれば、なかなか人間はその選択をもち続けないと思うわけで、そのような道を選ぶことが喜びであるということは、未来世代の生命を、またあらゆる生命を「尊ぶ」ということだろうと思います。どうもありがとうございました。

自由と平等と生き残り

加藤尚武　鳥取環境大学学長

私たちは高度に人工化された文化を享受しているように思っているが、そこには見えない危険が迫っている。だから私たちは安全のために、地球全体に視野をもっと広げなければなりません。

はじめに

いま、綿貫さんから世代間の問題を浮かび上がらせる形でお話いただきました。私が以前に問題にしたのは、原子力発電所からでる核廃棄物の世代間問題です。アメリカ・スウェーデン・日本では核廃棄物の実用的な管理期間を一〇〇〇年間と決めています。実際には核廃棄物の中には半減期が二億何年なんていうすごいものもあります。それでは実用的な管理期間は定められないので、一〇〇〇年というのが国際的な相場になっているわけなのです。周囲二キロくらいの穴を一〇〇〇メートルの深さで掘って、そこに核廃棄物を埋めることになっています。コンクリートの耐用年数が何年かということについての調査はまだ一〇〇年しか経ておりません。日本で三池炭鉱の閉山後のコンクリートを対象にして研究が始まったばかりです。東大の偉い先生が、計算の結果を出してくれた安全基準があります。日本の建築の安全基準も一〇年に一回くらいは見直しています。核廃棄物の置き場も五〇回くらい繰り返す必要があるのではないかと思います。外装法によるデータで作られた安全基準を五〇回繰り返す。一〇〇〇年間もつかどうか五〇回以上繰り返さないと、安全基準としては合格しないのではないかと思います。その話がイギリスに伝わって、ピーター・ラッスレットさんという方が「世代間倫理と核廃棄物」という題でイギリスに来て話をしろといってきたのですが、私は大学づくりで忙しくて行かれなかったので、叱られました。

科学技術の発達と民主主義

チェルノブイリ事故の後で、〈技術と啓蒙〉という問題がドイツでは大きな話題になりました。なぜかといえば、結局危険は直接の経験では分からないからだと思います。たとえば、ダイオキシンですが、環境庁でつくったのは、体重一キログラムあたりについて一日四ピコグラムという許容基準でした。四ピコグラムは目で見ることができません。すべての人が五〇キログラムの体重だとすると、一グラムのダイオキシンは五〇億人分の危険量になるという計算です。私の友達の河宮信郎氏（中京大学教授）が、世界中の海を一〇メートルの深さで汚染するのに必要なダイオキシンの量は二〇〇万トンだという計算を出しましたが、日本塩ビ協会で出しているデータでは、日本の塩化ビニールの生産量は年間二六〇万トンですから、二〇〇万トンのダイオキシンというのは、ダイオキシンと塩ビはだいぶ違いますけれども、幻想的な数字ではないわけです。環境研究所でも、超微量廃棄物が新しい社会的な脅威のスタイルだと言っているわけです。放射能も測定は個人ではできませんし、私が自動車に乗ると本当に温暖化が発生するかどうかということについても、厳密な測定方法はわかりません。温暖化を一〇〇回やって繰り返すわけにはいかないわけです。すべての安全と危険の認知が情報に依存して、直接的な経験では確認できません。そして、正しい情報をうることなしに生活の最も基本的な安全を確保することはできないのですが、しかしその情報についての正しさを情報を通じて確かめるということが可能でなければ、国民個人にとっては決定不可能であるわけです。この安全の情報依存性という問題が新しい啓蒙という課題を我々に投げかけてくると思います。

これを一九世紀の思想と比べてみますと、一九世紀は民主主義という考え方が確立されたときですが、そのときには国民各自のエゴイズムに基づく判断が正確に集計されれば公共的な善とみなされました。これは、一人一人の投票者に向かって崇高な倫理的な決定をしろという要求はしないわけで、みんな勝手に決めてください、ただ集約されれば公共的な善とみなされるという考え方です。マンデヴィルやアダム・スミスをバックグラウンドにしたものの見方ですけれど、各人に危険や利害関係について経験的に自明なものとして判断が可能である。その上、全ての人に平等に信頼度の高い情報が与えられている。こういう条件がもし成り立つならば、直接、民主主義がうまくいくだろうという条件として考えられていたと思うのです。地球環境時代の現実では、国民各自のエゴイズムに基づく判断が正確に集計されたとしても、それは一国の同時代的な人間のエゴイズムの表現にすぎない。だから、その一国の外部にある世界について、あるいは未来の世代に対して、それから人間以外の生物の利害に対して善となる保障はありません。エゴイズムによる判断が正確に集計されたとしても、外部世界と未来世代と生物一般の利害は排除されるという構造にならざるを得ません。これが民主主義そのものにとって大きな問題提起になるわけです。景気が悪くなれば公債を発行して景気を良くしようと言い、使う人は現在の世代、返す人は未来の世代ということになるわけですから、公債の発行だって未来世代を決定権から除外することによって可能になる現在世代のエゴイズムであると言うことができます。

私たちは危険や利害関係について経験的に自明なものとしての判断が不可能です。たとえば、超微量廃棄物・ダイオキシン、超大量廃棄物・CO_2、超長期廃棄物・核廃棄物などの危険性は経験的には自明ではないし、科学的にも厳密な因果関係は確定できない。あまりにも長期的な時間にわたるために、何度も同じことを繰り返して実験することはできません。つまり、同一条件内での反復的な実験によって確証された、そういう確証性を科学的な真理とするという考え方からするならば、その因果関係が一〇〇年以上もわたるようなものについて、反復して確認することは原理的にできないわけですから、文句をつけようと思えばいくらでも文句のつけようがあるわけです。

与えられている情報の大半は信頼度が低く、情報が一部で秘匿されている、これは綿貫さんのお話にもありましたが、直接民主主義を支持する実質的な前提が環境時代の現実の中で成立しているか否か、非常に問題となるわけです。未来世代の生存権、生物一般の種を保存する義務、これが新しい社会的な意思決定に関する先行条件として採用されなければいけません。多数決を採用するにしても、その先行条件として未来世代の生存権と生物一般の種を保存する義務というものをまず前提として認めてから多数決をやってもらいたい、そういう要求を環境倫理学は出しているわけです。

補完型循環経済から完全型循環経済へ

環境問題というのは廃棄物の問題だと言えるわけです。「拡大された製造者責任」という新しい考え方が出てきました。これはドイツの「循環経済法」に示されていますが、生産者に廃棄物処理の責任があるという考え方です。いま日本で考えられているリサイクルは、私の言い方で言えば補完型循環経済というもので、誰かさんが片一方でどんどんたくさん製品を作る、そうするとそれが廃棄物となって出てくると別の人がそれを何とか後始末しなければならないという、片一方では作り片一方では尻拭いをするという、補完型で循環を維持しようとする考え方です。それに対して、新しく出てきている完全型循環経済では、ナショナルで作られたテレビは必ず、廃棄物となったらナショナルの工場で始末するというシステムです。ちょうど鮭みたいなものでみな生まれたもとの川に戻ってくる。

現在日本で産業廃棄物の処理場が二六〇あると聞いていますけれども、数年以内にパンクするところばかりです。それから、一般家庭廃棄物の処理場もほとんどが八年以内にパンクするという状況で、廃棄物の処理場をなくすこと、つまり処理場で処理するというのではなくて、生産現場で廃棄物を処理するという循環経済に持っていくということが目標になるわけです。その環境問題が廃棄物問題であるとしますと、この補完型循環経済を完全型循環経済に変換することが、社会の大きな目標になるのと思うわけです。

大量廃棄社会から省資源社会への転換

しかし、これの動向はユビキタス・コンピューターライジングの動向と重なります。「ユビキタス（Ubiquitous）」とは、元々神学の言葉で、神様はここにもいればここにもいる、神様は地上に遍在しているというコンセプトなのです。あらゆる電化製品の中にコンピューターが内蔵されていて、我々はコンピューターに囲まれた生活をしている。あらゆるところからコンピューターににらまれている。そのコンピューターは相互に情報を発信して、湯沸かし器がこれから温度を上げるというときにはエアコンが分かったぞという応答をする。こういうコンピューター同士の相互通信が行われるシステムが、ユビキタス・コンピューターライジングです。それだけではありません。まず、あらゆる物品にタグをつけて、冷蔵庫を引き取るとその冷蔵庫の中に含まれている部品がすべてどういう物質で、どういう条件で、どこの工場で作られたものかということがわかる。成分比もタグによって分かるというあらゆるもののタグ化が行なわれます。第二に、ＩＴＳはいまは高速道路で自動車が通過すると料金を自動徴収するシステムで考えられています。第三にＰＯＳはコンビニエンスストアで買い物をするとその場で入力するシステムです。バーコード入力して、物流センターで全ての売り上げを集約して、売り上げた分について、オリコンという組み立て型のコンテナに売り上げた分の商品を全部ワンセットとして、セットで納入します。コンビニのあらゆる商品を企業別に納入していると、コンビニの前の道路は二四時間占領されてしまいます。ですから、コンビニでは、売り上げたものをその都度ＰＯＳで入力して、売り上げたぶんを物流センターで一括して納入するから、道路の占領時間が五分以内で済むということになります。在庫管理のための倉庫も最小限で済みます。第四にＧＰＳといって、いま運送会社はトラックに乗っけて、トラックの運転手がいま那須の高原で休んでいるとか、位置確認ができます。これは、渡り鳥の検査にも使われていますし、いろいろな形で使われています。そういうことが行われるようになると、社会全体の流れが情報管理されるという方向になってきています。

そして、大量廃棄社会から省資源社会への転換はどのようにして行われているかというと、大量生産からの脱却という形をとります。私は今（二〇〇一）年の四月から鳥取市民なんですけれども、鳥取サンヨーでは、大量生産システムを一品生産システムに切り替えました。一九〇九年にフォードがＴ型フォードを作って、注文生産から大量生産に切り替えたときから約一〇〇年たって人類は、大量生産から一品生産への切り替えが行われるようになったのです。自動車工業会からもらった雑誌を見たら、いすず自動車はトラックをすべて注文で作る、ただし注文を受けてから二ヶ月以内に注文どおりのものを作ると書いてあります。いままででは毎年三月、いすず自動車はいろいろ製品を並べて、黒猫ヤマトの社長などを連れてきて、これを買ってくださいという取引をしていたわけです。それはやめて全部注文ごとに作っていって、廃棄物を残さない。

先進国では補完型循環経済を完全型循環経済に転換するということと、ユビキタス・コンピューターライジングが重なりあう。情報化と循環化が一緒になるところに先進国の環境対応の基本的な姿があり、それを成し遂げることなしに産業社会は存続することができないと思うわけです。しかしこれが世界中に普及できるかということになりますと、とてもその見込みはないだろうと私は思います。二〇〇一年一一月六日に国連人口基金が出した数字によると、二〇五〇年に世界の総人口が九三億人、世界人口の八五パーセントが開発途上国によって占められ、そして現在六〇億人の人口がいるうち、八億人の人口が一日一ドル以下で暮らしていて、二八億人の人が二ドル以下で暮らしているというとです。このデータによりますと、九三億人のうち一二億人が一日一ドル以下で暮らし、三〇億人が一日二ドル以下で暮らしているのです。こういう世界で、ユビキタス・コンピューターライジングで完全型循環経済を作れと言っても、できるはずがありません。

食糧問題についてはは有名なレスター・ブラウンの『地球白書』がありまして、一九八四年で一人当たりの穀物生産高は、世界最大のピークを迎えて、それ以後一人あたりの穀物生産高は減少し続けていると指摘しています。それでは、穀物を作って儲ければいいじゃないかと言っても、耕地をこれ以上拡大できないという環境条件があるために、こういうことが現実に起こっているわけです。農水省で長年、国際食糧の現場にいたK氏（生物系特定産業技術研究推進機構）が、新種改良、遺伝子操作で不足穀物の半分を賄うという研究発表をなさったので、「世界総人口の最大限を先生はどのように想定しておられますか」と聞いたところ、K氏は、「私は八〇億人で想定しています」というお話だったので、「国連は最近九三億人と言っていますけれど、それでは足りませんね」と言ったら、「ええ、足りませんね」という話になりました。『人口と食糧』という東大出版会から出ている本から日本の食料ロス率を出したのですが、日本で一人あたりの熱摂取量は一九七五年あたりで二三〇〇カロリーくらいになっていて、食べすぎだということでテレビや新聞が騒ぎ立てていて、皆二〇〇〇カロリーくらいに減って、日本人はスリムになっていきました。ところが一人あたりの熱供給量は、二五〇〇カロリーをはるかに超えていくから、食糧のロス率はどんどん上がっていって、いま大体二二パーセントぐらいが廃棄されているというデータがあがっています。別の本で見たら三八パーセントというので、これだと四〇〇〇万人分くらい捨てていると言えるわけです。

アメリカの文献に、ライフセイブボートエシックス（救命艇の倫理）という言葉がありました。エシックスとかライフボートとかいうのだから、困っている難民を救うのではないかと思ったら、そうではなくて、困っている難民を救ったら本家本元がつぶれてしまうから、救うなという論理です。先進国は開発途上国の援助を本気でやったならば、先進国そのものがつぶれてしまう。ライフボードに乗り込む人は選ばなきゃ駄目だという議論が出されているわけです。

環境問題と南北問題

つぎは立食パーティの話をします。一〇人の人がパーティで寿司、サンドイッチ、そば、ピザの四種類を食べるとします。自由な選択と平等な選択権をすべて保障するためには、四〇人分の食べ物を用意しなければなりません。寿司を一〇人前、サンドイッチを一〇人前、そばを一〇人前、ピザを一〇人前用意しなければなりません。これが平等と自由が保障されるための豊かさです。そんなバカな幹事はいないので、大体名幹事だと、山田さんは必ず寿司から手を出すとか、年寄りが多いとそばがよく売れるだとかいろいろ考えて、せいぜい一二人分の食事を用意して、すべての人の自由で平等の選択を実現します。日本の食糧廃棄率は、先ほどの統計ですと二一パーセントですから、大体いま我々が不自由しないで選択も量も自由に食べていられるのは一〇人に対して大体一二人分の食事を用意している名幹事がいるからです。今度は一〇人に対して一〇人分しかないとします。自由な選択を制限して、平等な生存可能性を優先することになるでしょう。だから自由と平等の両立はもう駄目ですから、自由にしますか、平等にしますかという話になるわけです。まず自由な選択を制限して平等な生存可能性を優先させるでしょう。食糧が一〇人に対して八人分しかないときにはみんな腹八分目です。人間についてはまだわかりませんけれども、実験動物については腹八分目にするととても長寿になりますから、これも認められるのではないでしょうか。しかし、食料が一〇人に対して五人分しかないときに、餓死者を最小限にするためには自由な選択と平等な生存可能性を犠牲にして、最も強い人たちだけに食料を配分するということにならざるをえません。こうなると救命艇の倫理の登場です。いまは世界全体がどの辺にいるかというと、一〇人に対して八人分くらいで、大体六〇億人のうち八億人は既に栄養不足という状態で、一ドル以下の生活をしています。世界全体から見ると自由な選択は贅沢すぎます。もっと悪くなると一〇人に対して五人分の供給となります。ここには自由も平等もありません。二一世紀の世界人類にとっての最大の問題は、環境問題と南北問題の重なり合いがもっとも深刻な事態を迎えるということです。環境問題を解決しようと思うならば、ユビキタス・コンピューターライジングと完全型循環経済の結合という超管理社会が先進国に実現し、あらゆるものの流れは情報を通じて管理されているという、完全にクリーンな世界ができあがるけれども、世界全体では一日に一ドル以下で暮らす人が一〇億人以上いるという状況になってきます。

我々の社会倫理の問題として、どういう目標を考えなければならないか、ということについては私は三つの提案をしたいと思います。もっと自然人になる必要があります。もっと地球人になる必要があります。もっと未来人になる必要があります。レスター・サローという人の『資本主義の未来』（TBSブリタニカ）という本を開いたら、「資本主義社会が一般にもっている予測能力は八年間だ」と書いてあります。八年間の予測能力で資本主義社会を管理することは絶対にできません。使用可能な石油があと四三年分しかないと言うデータが出ているわけですから、八年間の予測能力ではとても安全管理はできないと思います。我々自身がもっと未来についての意識をもった未来人にならなければいけません。地球の中で日本人は、一〇人について一二人前の食料を供給されるけれども、世界全体は餓えかかっているのだから、もっと地球全体に視野を広げなければなりません。我々は、高度の人工化された文化を享受しているように思っているけれども、そこには見えない危険がどんどん増えています。だから我々は安全のためにもっと、自然化しなければなりません。だから、もっと自然人になろう、もっと未来人になろう、もっと地球人になろうというのが目標になるのではないかと思います。

質疑応答

司会　どうもありがとうございました。人間の生き方の原理原則に関わるような問題提起をしていただいて、綿貫さんの問題提起とともに見事に大きな問題を私たちに投げかけていただいたと思いますご質問とかあるいはコメントをいただきたいと思います。

綿貫　加藤さんは環境大学の学長でいらっしゃるので、どういうふうに大学づくりを進めていられていらっしゃるかということをまずお聞きしたい。きっとユニークな発想でと想像されますが具体的にお話いただければと思います。それから世代間の関係性をどのように哲学の問題として捉えてこられたか、お聞きしたいのです。先ほど未来人とおっしゃったことについて、ちょっと意味が取れないので。私も未来の世代のいのちのことを考えているのですけれども、シーア・コルボーンらはこのような技術文明のゆきつく先には「未来のいのち」がうばわれてしまうと警鐘を鳴らされています。加藤先生のおっしゃる未来人というのはどういう意味でおっしゃったか、お聞かせください。

加藤　まず未来人と言ったのは、耳が四つある人間が出てくるとか未来の亜新人類というのではなくて、もっと未来に目を向けた人間になろうという意味ですね。景気が良いとか悪いとか、子どもの将来だとかいろいろ心配しますけれども、もうちょっと未来についての客観的な予測を入れたほうが良いと思います。例えば私が死んだときには、葬儀車はガソリンで走りますけれども、今ここにおられる若い方が亡くなったときに葬儀車はガソリンで走らないと思います。アルコールか何かで走ると思いますね。石油があと四三年で無くなるという話からしますと、四三年以上長生きすると、ガソリンで走る葬儀車に乗れないということになります。

食糧不足による大惨劇が起こる可能性がありますが、別に私もお昼ご飯を食べる時に今日は我慢して半分に減らそうなんて思わないのですから、世の中全体がどうなるかということについて誰かが考えてくれるだろうと思っていると、実は誰も考えていないという可能性があるわけです。地球人になろうというときに誰かが心配してくれているだろうと思っていると、誰も考えていない可能性もちゃんと考えなければいけないということが言えるのではないかと思います。そういう人材を育てたいというのが私の願いですが、しかし採算が合わないとたいへんなので、企業の中に入って環境会計ができる人、それから外国人労働者が来た時に英語で取り仕切りのできる人、いざダイオキシンが出てきた場合には、ガスクロマトグラフィーが使える人。コンピューターの上手な人をねらって人材養成をします。だけどうちの大学で買ったガスクロマトグラフィーはとてもダイオキシンの測定ができません。いざとなったら本格的な研究機関にデータの作成を委嘱するのだけれども、自分で手応えを確かめてみるとか、データのある程度の大まかな予測をするためにガスクロマトグラフィーの勉強をしてもらうのです。それで環境を教えるのに最低限必要な化学を教えなければなりません。大学に簿記を勉強するつもりで来た人もいるわけですが、その人たちにも化学を勉強しろと言うので、漫画入りの化学の教材を用意しています。化学が分かるし、環境測定がある程度できるし、しかし同時に企業の中で環境会計というかたちで企業を見直すことができる人を育てたい、これが環境大学の設立目的です。

司会 ありがとうございました。加藤先生は綿貫先生に何かございますか。

加藤 綿貫先生のお書きになった本はほとんど全部読んでいますから、いまさら質問することは何もないのですけれど、国際基準の二六倍のダイオキシンが日本人の母乳に含まれているはずなのです。先生ならお母さんたちにどのような助言をなさるかとうかがいたい。

綿貫 私は母乳はかなり調べましたので、言いたいことはいっぱいあるのですけれども、宮内庁の方であろうと普通の方であろうとも、どう授乳問題をお選びになるかは個人の自由だと思います。ですけど一般的に、どう母乳のダイオキシンの汚染に対して捉えるかといえば、私は科学者が、また行政側がそれに対するきちんとした説明をし問題の所在を責任をもって言わなければなりません。日本の中ではこの数年前までほとんど対策がとられていなかったという責任があります。彼らは知らなかった。

例えば七〇年代から九〇年代までの母乳汚染のカーブをご存知ですか。ダイオキシンの汚染が下がってきた、この二五年間に半減しているから母乳対策はもう大丈夫という科学者の意見が大半を占めていました。環境庁もNHKもそれの図を出し、高等学校の先生はNHKに出たものをカメラで撮って、それを学生の資料に流すということをやっています。だけど私は、たとえ七〇年代に比べ減じたからといって、母乳汚染を今のままでよいと言ってもらうと困るのです。七〇年代が異常だったのです。母乳は私たちの体の汚染のバロメーターです。女の人のバロメーターですけれど、男の人も大体そのぐらいの汚染の度合いがあるわけです。新生児には体重キログラムあたり一日の取り込みが四ピコグラムの規制値は当てはまらないのだから、安全なのだといっては矛盾しているわけです。私たちの社会はその矛盾を受け入れているのですけれどもそれはやはり早く好ましい方向へ直してもらわなくてはなりません。専門家は母乳問題をそのように説明しなければなりません。もちろん母乳の新生児に対するメリットは充分分かっているので、母乳を与える方が好ましいことを原則としても、母乳汚染を放置するわけにはいかない。今環境庁の言葉のように、もう半減したから母乳は大丈夫でしょうというようなことをおっしゃっている専門家が多いのです。問題は残されているのです。だから欧米ではダイオキシンの体内感染を減少させるべく焼却炉の稼動をやめてゆく方向に進んでいるのです。一九八〇年半ばから今までかよりコンサバティブな発言をしていらっしゃった第一人者の環境ホルモンの専門家も少しずつ変わっていき、母乳汚染問題をはっきり説明できる科学者が育つような社会になってほしいと思います。そうでないと前に申しましたように、高校の環境教育も行政の言う通りに曲げられてしまいます。そういう意味で科学者の責任は重いと思います。自分自身を含めて言っているのですが。

司会　私も一つ素朴な疑問があります。男の子が減り続けるというのが一つの傾向性だとしたら、将来はどうなるのでしょうか。

綿貫　それが一つの現象として現れた環境ホルモンの問題なのです。今まで、ダイオキシンにまつわる毒性には、急性、慢性の毒性、発がん性や催奇性といろんなものがあったのですが、医学はそこまでしかわかっていませんでした。だから環境庁や厚生省は環境ホルモンのような新たな問題が起こっていても、対応できていないのです。不勉強で世界の知見を取り得ていないのです。環境ホルモンは毒ではなくても、私たちのからだが自然の中での生態系の状況を変えてゆくものなのです。ほんものの自然のホルモンが細胞のなかで作用するとき、にせの環境ホルモン、例えばダイオキシンによって作用位置を取ってしまうわけです。そのようなメカニズムが変わって、ホルモン系が撹乱されるというのが環境ホルモンだというわけです。だから男の子が少なく生まれたということは、男の子が胚の段階でそういうホルモン作用の影響を受けやすいのではないかと推測されています。その生体内のメカニズムはまだはっきり解明されていませんが、現実にそのようなことが起こったダイオキシン汚染地域があるので、いま注目されていることなのです。もし他の化学物質による汚染だったら逆の現象（女の子が減るといった）が起こるかも知れない。いずれにしても、親の世代の内分泌、免疫系、脳神経系が撹乱されて生殖機能に何らかの変化が起こっていると考えられるわけです。

司会　はい、ありがとうございます。それでは、青木先生からお願いします。

青木　今の綿貫先生のお答えはちょっと間違っているのではないかと思います。誤解を招くと思いますのでちょっと訂正すると、後でまた質問をお聞きしたいと思います。ダイオキシンで確かに男性が減るというのは、動物実験ではそういうことが言われておりますけれども、それは人間では科学的に実証されてはいないと思います。*実は男性が生まれる確率というのは、染色体の構造からみて、男性が持っているＸＹと女性の持っているＸＸ、つまり卵子と精子が出会う確率から見れば、男性の生まれる率のほうが低いのではないですか。

＊ここの部分について、私は質問は言葉足らずでよくなかったことをおわびします。この発言は事実でしたので、記録として残すのはかまいません。私としては、綿貫先生にご迷惑をかけたと思います。

司会　先生、男性のほうが多いのですよ。女性一〇〇に対して男性一〇四です。二〇歳になると、一〇〇：一〇〇になります。

青木　胎児の出生では、男性は胎児発生の段階でプログラムが切り替わって生まれてくるので、もともと女性の育つ率が高くなるのではないですか。男性を決定するのは弱いと聞いています。それは、胎児の発達段階での免疫などの問題があるわけです。ですから必ずしもダイオキシン一説で、あるいは環境ホルモン説で男性が低いという説はちょっと暴言というか、ちょっと言い過ぎではないかと私は思っています。

それから別の点ですが、共生といったら私はシンビオシスが学術的に正しいのであって、それを使うべきだと私は思っています。共生を、それは私たちが大腸菌がお腹にあって一緒に生活するというものを生物学的にはちゃんと呼んでいるわけです。それでシンビオシスに共生という日本語をあてるのであれば、それを使っていただくことに賛成です。そしてそれを拡張して、いま先生がおっしゃったような生態系でも使うなら私は賛成でございます。ただちょっと共生というのはcoexistenceとして別の意味で使っていた方々がいたと言うことです。私は綿貫先生の共生のお話は賛成でございます。それともう一つ加藤先生にあります。是非大学で教えていただきたいのは、化学は非常に重要であります。もう一つ大事なのは、綿貫先生がおっしゃったようにエコロジーの問題であって、生態学・生物学これは学生に教えていただくようにお願いしたいです。これが私のちょっとしたコメントですが、もう一つは、お二人の先生にお尋ねしたいのは、環境問題で未来を考えるうえで、人口問題を世界のレベルで考えるということについてなかったので、そのあたりをお二人の先生はどうお考えですか。

司会　では、綿貫先生からお願いします。

綿貫　私ははじめにご発言なさったダイオキシンのことからお答えします。私の説が、ヒトの場合には起きていないで、私の説が〝暴言〟とか〝間違い〟とか語られたことについて、青木先生に申し上げたいのですが、実は最近一九九七年から二〇〇一年までの国際ダイオキシン会議での論争をふまえて話したことで、私自身ダイオキシンのヒトへの生殖健康影響について実証的に研究を重ねております。だから男の子の誕生が親のダイオキシン曝露で、少なくなったというのはセベソの住民の調査研究で分かったことですので、間違いとか暴言で申し上げたのではありません。

私の二〇年間の現地（イタリー・セベソ地域）調査を含めて二〇〇〇年に研究論文を二つ出しております。岩波の「科学」二〇〇〇年七〇巻五月号ないし同六月号です。題名は「セベソ住民の生殖健康影響」です。そのときまでまだ父親か母親かどちらの曝露が原因で、男の子の誕生が少なかったというモカレリー論文を引用しています。さらにこの二、三年の間にミラノ大学のモカレリーらの研究は進み、国際学会でも討論もしたことですが、二〇〇一年では父親曝露由来で男の子の減少が疫学的に示されました。まだその細かなメカニズムはけんけんがくがく考察されている段階です。

青木先生はこの新しい三年余りの動きをご存知ないのでしょうか。このモカレリー研究（ランセット誌）をご存知でしょうか。私は先生のお話を聞いていますと、ご専門家のご考察には、口をはさむのは失礼かと思いますが（私は論争大好き人間なのでお許し下さい）きわめて従来型のものであるように思われます。今日、九〇年代に入ってから提出されている化学物質の内分泌撹乱性が解明されつつあるなかで、ダイオキシンをはじめ環境ホルモンでは、毒性概念のパラダイム転換が起こっていると見なしています。だからこそ私は今日の話のテーマを「生殖健康と環境」に選んだのでした。話し方がまずいので、念のため私が最近『環境ホルモン』誌二〇〇二年二号（藤原書店）にまとめた「父親のダイオキシン曝露が男児の誕生を減少させている」を参照してくださるよう付記させていただきます。

司会　これは論争になると、果てしなくなってしまう感じもしますので、では人口問題について加藤先生からお願いします。

加藤　私の大学で会計と化学を教えると言ったのは、別に生態学を教えないと言ったわけではないのです。ただ、典型的な例として、会計と化学を出して、日本の大学では化学を教えるところでは会計は絶対に教えない、会計を教える大学では絶対に化学は教えません。だから絶対にありえない取り合わせをやるというサンプルとして申し上げたわけです。

人口について、世界の総人口を減らせば問題が解決するという考え方の人もいます。日本の場合には人口がものすごい減りようで、一人あたりの特殊再生産率、一・三二という数字が厚生省から出ていました。今年は一・三四だという説もあります。三二とか三四とか言う数字の間を動いているということは、実に恐ろしいことであります。ある先生の本を読んだら、五〇年間で日本の人口は半減すると書いてありました。世界の総人口が九三億人になって、日本の総人口が半分になるということは、日本人の将来に社会生活全体の大変動をもたらさざるを得ないと思います。日本の総人口対策にどのように手を打つかということよりも、世界の大人口対策にどう手を打つかということのほうが重要なのであって、女性の高学歴化によって人口が減るという説があるのですけれども、一部のエネルギー学者は女性が高学歴化するとものすごいエネルギーを食うようになる、と指摘しています。女性の高学歴化による人口減というのは環境問題の解決にはならない。ですからたとえいくら抑制しても九〇億以上まで来てしまう場合に、ノンリグレットポリシーで、食糧生産をカバーしておかなければならないという課題は起こると思います。

綿貫　人口問題について私は、数ではなくてその健康の質ということに対してずっと考えております。それも、リプロダクティブヘルスを考えることと同じ問題なのですけれども、デポプロヴェラというピルの代替薬が、北側の先進国では使われなかった危険な避妊薬が南の国では売り込まれ、使われているという南北間の由々しき問題が一九七〇年代から分かっておりました。そのことに対して私たちNGOは反論し、問題提起をしております。そういう問題こそ私は重要な人口問題だと思います。チェルノブイリが起こったときの例をもう一つ申し上げますと、南の国で子どもの粉乳をヨーロッパから無償の援助をしていた状況の中でチェルノブイリが起こって、その牛乳が放射能に汚染されたときには、それを受け取らなければ食糧の援助をも止めるという形で、子どもに対するリプロダクティブヘルスの抑圧の問題が起こっておりました。私は人口問題にはあまりコミットしておりませんが、子どもを生むか否かについては国家が口出しすべきことではないと。女性の自由が尊重されるべきだと思っておりますから。

司会　では、武市先生。

武市　上智大学社会正義研究所の所長をしております武市と申します。新聞学科に所属しておりますので、環境問題そのものというよりその周辺テーマについて質問させてもらいます。

先生方のお仕事は非常に大切な問題で、世の中に啓発するためには、どうしても報道機関とかメディアとの関わりが大切になってくると思います。

私自身も一九六〇年代に記者活動をして環境都市問題を担当したことがあります。そのときにつくづく感じましたことは、都市周辺部分では、当時は工業用水のネットワークが整備されていないために、東京の下町の町工場ですと、それぞれの工場が冷却用水の井戸を掘るわけです。そうすると段々地下の水が枯れてきまして地盤沈下が起こります。これは川口のキューポラの地区だとか団地なんかでもまだ用水がこなくて井戸の水でやっているとか、六〇年代はまだそういう状態でありました。地盤沈下が起きますと、東京都庁が毎年観測の井戸の測定をやって、一年前と比べると調査ポイントは一センチ下がりましたという発表をするわけです。これを当時の新聞は大体都内版に一見出し程度の小さな記事でしか出さない。これは考えてみると非常に大きな問題で、一端沈下した地面というのは、今度は穴を掘ってホースで水を入れても浮かんでこない、永久的に膨らんでこない、どうにもならないという状態でありまして、こういう状態なのに結果だけ一センチ下がったということは、報道してもどれだけ意味があるのかと思いました。これを三六五日で割りますと、全く〇・〇〇何ミリですので全然見えませんから、当時のジャーナリズムの伝統的な価値観の異常性にはならないわけです。そういう今までとは全く違った体質の報道というものに直面して悩んだことがあります。

いまのジャーナリズムはもう少し進歩し意識の高まったジャーナリストも多くなり、市民グループで活動したり、本を書いたりしている人がいますけれども、そういうご自分たちの教育・研究あるいは市民との交流などを通じて、環境の報道の問題についてご意見がございましたら先生方にお聞かせ願いたいと思います。先ほど、予防環境という言葉が出てきましたが、予防報道というのがあっても良いのではないかと思います。

司会 環境と報道というのも、また大きなテーマだと思いますけれど、もしよろしければ綿貫先生お願いします。

綿貫　新聞で見ておりますときに、本当に、正しく報道しているものが少ないのですね。例えばダイオキシンの問題でしたら、今現在のことしか分からなくて、歴史的に新聞報道を捉える視点がありません。ダイオキシンなどのガスクロのデータが出ると、私のところに電話をかけてきて、どのように分析しコメントしてよいかとお聞きになる方が一五年前くらいからいらしたんですが、今の方はもう良しにつけ悪しきにつけ資料や本があるのでぱっぱと書いてしまえるし、たいへん不確かさが目立ちます。環境ホルモンについてもたいへん不確かですから、きちっと専門家の方の考えを出していただくことが、私は未来の環境を守る姿勢だと思います。

加藤　数年前に北京で学会をやっている最中に、学会の会場に証拠の写真をもって入ってきた男がいて、それで中国の長江の氾濫の原因は地方政府による軍隊を使った密輸伐採が原因だというのです。ジャーナリストではなくて、中国の一地方の官僚です。その時、分かったことは、ジャーナリズムの存在がないと、一般の市民は環境の因果関係について理解することは不可能であるということです。また、カシミヤの輸出が非常に盛んになったために、中国の奥地のカシミヤ原産地でほとんどカシミヤが絶滅の危機に瀕しているということもその人は伝えに来ていたのですけれども、結局ジャーナリズムが存在するということが、国民が自分の環境を理解するための必要条件だと思うのです。ですから綿貫先生に本当は聞きたいのは、インドの化学薬品の事故が起こったときに、どの程度ボパール市民、インド人全体に知れ渡ったのかどうかということですね。ソ連では、原子力発電事故だとか、化学薬品の事故が報道されなかったというケースが相当多いと思いますけれど。

綿貫　チェルノブイリもボパールも体制側は被害を隠したり、被害の過小評価することが行われますので取材のパワーが大事です。女の視点も大事です。ボパールには事故が起こって三ヶ月目に行きました。私は他の汚染現場を訪ねたケースに比べると一番早く行きました。アメリカの企業が事故を起こしたのですから、ニューヨークタイムズが取材陣を大量に送り込んでガンガンと書き出していたのですが、重大な胎児や女の健康の問題、つまりリプロダクティブヘルスの問題が抜けていましたので、私は現場に飛んだわけです。その時に分かったのは、アメリカの報道にはないが、現場のインドの人たちはジャーナリズムも医師たちもよく動いて、「たいへんな健康問題が起こっているらしい」と言っていました。NGOの医者のグループがよく治療にも動いているのですが、それはインターナショナルなメディアに載っているかと言ったらうそで、ニューヨークタイムズの報道ではやはりアメリカ側の情報ばかりで片付けていました。日本は日本でやるのですけれども健康被害についてはとくにいい加減な報道で確からしさがない。現場では私はかなり意味ある取材ができて、誰にでも会うことができました。そこで事故から三ヶ月目で胎児は、かなり流産という形で死にました。心ある医者が「あなたが言うように、MIC（メチルイソシアネート）によって死んだということが分かりました」と証言して下さったのです。それで私は、朝日ジャーナルにも書きましたけれども、胎児の体内にその毒物が母親を介して入っていることを確かめたというのです。ショッキングな実態を知らされたのです。そういうことをちゃんと捉え世界に情報を発信することが重要で、ジャーナリストは全部男であり、「あなたのような女性が調べに来たのは初めてだ」とその医師は言っていました。現場では政府から発言が止められておりなかなか難しかったみたいですね。チェルノブイリの初期の情報はもっと隠され大変でした。

質問・コメント　私は一九七〇年代に、パリのユネスコで環境教育部門のコンサルティングをやっておりました。当時ミシガン大学の教授のウィリアム・ストップテュがチーフでしたが、そのとき環境教育が何かといったら、価値教育だったのです。当時ソ連とアメリカの力関係の争いがそこにあって、実際にアフガンの革命が起こる前夜でありました。スパイ作戦のような状況でしたが、今日のこの三〇年近く経った環境教育の目的につきまして、御両名の先生のお話に非常に感激しました。それで最後に加藤先生の、もっと自然人になれ、地球人になれ、未来人になれ、というのは非常に意義あるキーワードだと思います。これに加えて、ヒューマンセキュリティ、人間の安全保障というものが今国連から定義されてきておりますが、これはますます重要になってきます。つまり、自然人であり地球人であり未来人である、それはヒューマンセキュリティという観点から見直してみる、そして、一人のそこに関わる現在・過去・未来全てにおいて、この人間の安全保障というものがどうあるべきか、またそのシステムをどう構築していくか、が大きな課題であると確信しております。そのために、この環境教育のあり方の中にヒューマンセキュリティというコンセプトを開発し、それを広く、マスコミの協力を含めて、地球人・未来人に地球市民社会においてのものの考え方として定着していただけたらと願っております。

司会　ありがとうございました。御質問というより、貴重なコメントをいただいたと思います。

質問・コメント　私も環境の問題については強く関心を抱いていて、個人的にはどのように関わっていくかということに取り組んでいるという状況にあります。

実は加藤先生には、六月の朝日新聞に載った記事に強く感銘を受けた一人なんですが、その題名はみなさんご存知かと思いますけれど、「今　哲学にできること」という文の中で環境を軸に未来像を描くという記事が出ていました。

たとえばダイオキシンの問題では、ダイオキシン自体は毒物ですから、これを良いと言う人はいませんが、ダイオキシンが発生する素となるようなものは、一定の便益をもたらすようなものも含めて、この問題点としては何があるかを予測します。しかし、加藤さんがおっしゃったように予測できる範囲というものがどうだというと、人間の知恵の限界みたいなものがでてきます。そういう限界をもちながら、将来にわたって何が健全かを絶えず問い詰められています。かつては世界が広すぎて、十分に許容量があったものですから、相当好き勝手なことをやりながら、いろいろな未来の問題に対処していた。さすがに世界の人口が六〇億、将来は九〇億ということになってきて、いろいろな問題を抱えて、これは危機的な状況になってきているなとどなたにも分かってきていますが。その中で健全なことをどうしようかということは、予測して正しく行動をとるということをすべてのサイエンティックな論拠に基づいてできるのかどうかという問題があります。そうすると最後は、先ほどのコメントをなさった方も含めてですが、基本的な考え方のところでもう少し自然な生き方とはどうかという価値付けの問題が入ってくるということです。

僕はより単純化しなければならないと思うのですが、大学教育のなかで一番大事なのは、ロジックを構成するときの問題に対する価値基準の決め方を個々の問題ではなくて、汎用性のあるものを教育の中に持ち込んでいくということが必要ではないか、あらゆるものを全て正しく判断するということは難しいですから、僕は未来人とか自然人とか地球人とかいうあたりのことに関して言いますと、もっと根源的な部分のところに焦点を合わせて、形でみなさんで議論できるような場というのがあるべき姿ではないかと思いますが、みなさんいかがでしょうか。

司会 はい、今のご意見に対して何かございますか。

綿貫 はい、素晴らしいご意見だったと思います。私も言葉が足りなかったのですけれど、世代間の生き方の問題として共生という用語を使った時には、「価値としての共生」を意味しているのです。だから価値規範として私たちの現在は何も持っていないような気がしたので、どこに規範をおいてその問題を捉えていくかということで、共生という言葉を使いました。あくまで、英語で言うシンビオシスのことです。

加藤 私は数年前に、日本では予見された危険が回避できないという文章を書きました。予見された危険は回避できるというのは、合理主義者の抱いている信念です。実際に予見された危険で回避できないものとしては、日本におけるエイズの上陸がありますし、狂牛病の問題があります。これからさらにいろいろな危険が発生した場合に、予見された危険が回避されない可能性は非常に大きいと思います。ですから予見された危険は、それに対する合理的な対処と合意形成なしに回避できないというふうに修正すべきだと思います。

たとえば力学的な構造計算ですが、歴史を逆に辿ってみると、ガリレオの技術集団、アレクサンドリアの技術集団、ギリシャとエジプトの技術集団と考えてみると、五千年以上時間をかけて、力学的な構造計算のデータが集約されている。ところが生命領域の安全性は、一八九二年から一八九四年にかけてパスツールとコッホが病原体説を確立したときに初めて、できあがった。その前まで「潔め」という形で事実上カバーされてはいたけれども、本当に安全性が確立されていたかどうかは分かりません。パスツールやコッホ以前に何らかの形で感染病対策は実用的にはあったと思うのですが、パスツールとコッホから約一〇〇年経っている間に環境ホルモンという全く新しい形の生命体に対する危険の仕組みが発見されたし、それからまたプリオンという狂牛病という全く新しい生命体に対する危険が発見され、ウィルスというのは実はバチルスと同じ時期に発見されているのですが、エイズという病気の脅威も本格的に研究されたのはごく最近です。すると、力学的な意味での安全性の根拠は五千年以上の年季がかかっているというのに、生命学的な意味での安全性の根拠は、一〇〇年しか年季がかかっていません。

それで今は我々、先ほど綿貫さんが化学物質が何千種類作られているのか分からないとおっしゃっていましたけれども、極めて多くの新しい危険に直面する可能性がまだあるわけです。その新しい危険を予見するための生命科学的なデータの蓄積はないというのが実情だと思うのです。実は今、異種移植の安全性委員会と言うのを厚生労働省でやっているんですけれども、異種移植の場合に、バチルス対策が精一杯でお先真っ暗だと言うのが現実ではないかと思うのですね。ですからプリオンの問題、たんぱく質の光学異性体がどういう危険をもたらすかというのは、お先真っ暗で分からないのです。例えばアスピリンの安全性という問題ですね。私の姉と綿貫先生は同じ大学の同期生ですけれど、姉が学校で教わったことで、アスピリン以上に安全な薬はなくて、アスピリン以外に安全な薬と言うと難しいといわれたのですが、姉が大学を出てずっと後にアスピリンに対する特異反応を持つ患者さんが見つかりました。これも姉から教わったのですが、あらゆる薬品や化学物質は、希釈することによって安全性が高まります。ところが環境ホルモンの場合は希釈することによって危険性が高まるという例が出てきているのです。生命科学的な意味での安全性は、一〇〇年の伝統しか持っていません。雪印の問題というのは、ばい菌を殺しさえすれば安全だとか、肉骨粉というものもばい菌を殺しさえすれば安全で、ばい菌が分泌した毒性をどうするかという問題について意識していなかったという問題があるので、一〇〇年前に確立された病原体という安全性コンセプトが裏目に出て雪印や肉骨粉事件が起こっていると言うことができます。ですから今我々がやらなければならないことは、生命科学領域における安全性の基本的なコンセプトはどう組み立てられるのかという問題について答えが現実にないということについてどうするかという問題になるのだと思います。

綿貫　全くそうで、パラダイムの転換が行われていると思うわけです。今まで考えてこなかったことを組み入れなければならないということが今日、重要だと思います。

司会　だいぶ議論が深まってきているのですけれども、残念ながらそろそろお昼休みの時間になります。午前中のセッションはこれで終わりになりますが、綿貫先生と加藤先生ありがとうございました。

分科会 4

遺伝子操作、バイオ、クローン、ヒトゲノム、科学技術と生命倫理教育のあり方

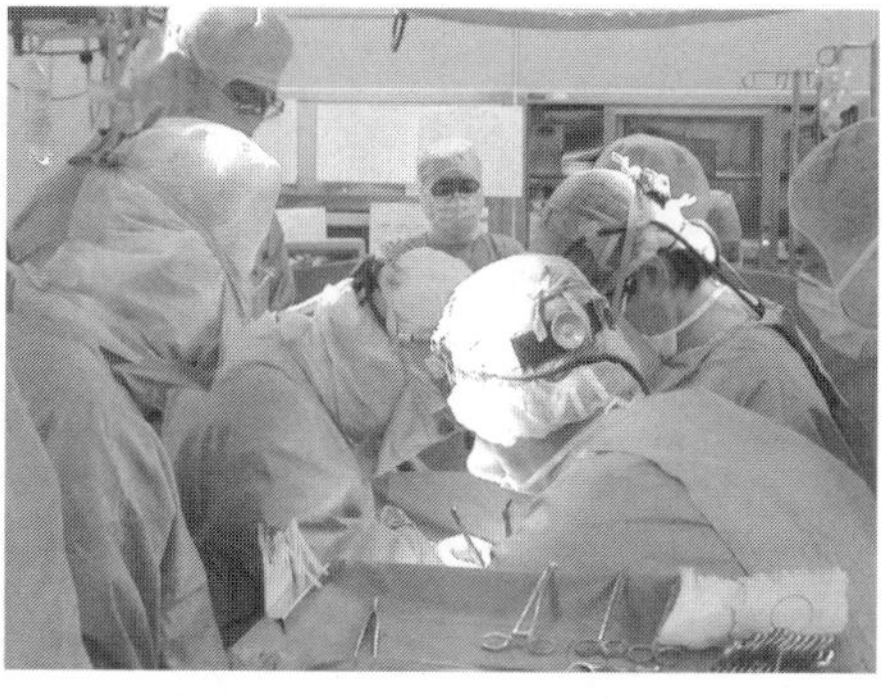

司会(青木　清)　今回は、このシンポジウムのタイトルが「遺伝子操作、バイオ、クローン、ヒトゲノム、科学技術と生命倫理教育のあり方」と、こういう大きなタイトルでございますが、ちょうど、たいへん良いことに、国際基督教大学の村上先生は、この方面のバイオエシックス、あるいは生命倫理ということが言われて以来、ずっとその第一人者として活躍されている先生であるということ、そして、上智大学神学部のホアン・マシア先生はやはり生命倫理にかなり前から注目して、生命倫理教育をしたり、これに関する研究、図書を出しているということ、両校にお二人のこの生命倫理に関する権威の先生がおられたという事はたいへんこのシンポジウムにとっては、ありがたいことでした。今日はまず、村上陽一郎先生に三〇分間、次にホアン・マシア先生に三〇分間、その後、フロアの先生の方々に参加していただきまして、活発な議論を展開していただきたいと思っております。

午前中は、綿貫先生、加藤先生とお二人の環境倫理、環境に関するお話がありまして、このシンポジウム、分科会3も分科会4も、ある意味では関わりの深いものでございます。会場のみなさんも活発にこの討論に参加していただきたいと思っております。

先端医療技術と生命倫理教育のあり方

村上陽一郎　国際基督教大学教授

科学や技術に関する倫理問題を考える前に、そもそも科学技術についてのリテラシーをどう獲得することができるかが、中等教育から高等教育の問題の最も重要なポイントの一つである。

はじめに

「遺伝子操作、バイオ、クローン、ヒトゲノム、科学技術と生命倫理教育のあり方」とは、たいへん大きなタイトルで、どこに焦点を絞って良いのかということに悩みましたけれども、まず、現在の自然科学、あるいは科学技術の特色についてごく簡単に触れ、そのあとその中での生命倫理教育というものを、どのように組み立てるべきか、について少し考えてみたいと思います。

科学が社会に与えるインパクト

もともと、科学や技術に関する倫理という問題を議論しようとするときに、私はよくアメリカのNASという団体が、一九八九年に発表した「科学に携わる人間にとっての倫理」というものをあつかった『オン・ビーング・ア・サイエンティスト』(On Being A Scientist)というパンフレットに言及することから始めます。この『オン・ビーング・ア・サイエンティスト』というのは文字通り、日本語にすれば、「科学者であることは」というタイトルのパンフレットです(池内了さんが日本語に翻訳されまして、『科学者を目指す君たちへ』[化学同人社]というタイトルで出版されています)。詳しい話はいっさい省略いたしますが、このパンフレットはパーセンテージにすると九〇%までは、科学者のいわば専門家の共同体の内部規範あるいは行動規範、内部行動規範というべきものである点に注目したいわけです。内部行動規範とはどういう意味かと言いますと、科学者として生きていくためには、科学者の社会の中で、どのように行動したら良いか、たとえば、先輩の科学者に対する態度、あるいはデータの扱い方に関する注意、あるいは多数の研究グループの中で論文が一本できた時に誰を筆頭著者にするかといったような問題を扱い、そういう意味で、科学者の専門家の共同体の中で、いかに振る舞うべきかということについて説いているパンフレットです。

その最後の一頁だけが、「サイエンス・イン・ソサイエティ」というヘッドラインの下での説明です。そこではこういうことが書いてあります。

このパンフレットは、若い科学者に対して内部規範を教えていくというのが主旨ですから、次のように書かれています。読者の中には将来、純粋な科学研究に携わる人もあるだろう、しかし、その純粋な科学研究がもしかすると、社会の中で非常に大きなインパクトを持つ可能性がある。たとえば二つ例を挙げよう。一つは核兵器の開発で、もう一つはＤＮＡの組み替え技術である。これらはどちらも純粋な科学研究が、社会の中できわめて大きなインパクトを持った例として大切な事例である。しかし、これ以上ここで議論することはしない。もし関心のある人たちは、ファーザー・リーディングスを少し掲げておくのでそれを読んで欲しい。と、ただそれだけのページであるわけですね。

私たちはここで、生命倫理教育とか生命倫理とかいうことで、念頭に置いているものは、科学が、あるいは科学研究が、あるいは技術的応用が、社会の中でどのようにに受け入れられていくか、その時にどんな倫理的問題が生じ、どんな倫理的考慮が必要かという問題であろうと思われるわけです。ところが、この非常に典型的な科学者に対する倫理教育のパンフレットというのは、まさに専門家共同体の中の内部行動規範が大部分であるということがたいへん興味深い事実として、われわれの前に横たわっていると思うのです。

自然科学の領域に属していて、研究者であるという場合に、まず誰でもが考えることは、言ってみれば、専門家の共同体に属するということであり、そして、その専門家の共同体に属することにおいて、自分たちは科学者であるというアイデンティティを獲得する。ではその専門家の共同体というのはどういう性格を持っているか。私はそれを自己完結的もしくは自己閉鎖的という言葉で表現しています。科学研究は専門家の共同体の内部で、自己完結するような営みとして、理解されていると私は感じています。つまり科学研究というのは、取りあえず自己完結的な営みである。

たまたま、今年はノーベル賞百周年で、いろいろと事業がございますが、ノーベル賞という、リウォードシステムができる前、科学者のリウォードというのは何かというと、エポニムという言葉で表現されるものでありました。エポニムというのは、もともとはクック岬だとか、間宮海峡だとか言うような、地名にゆかりのある人の名前を付けることです。自然科学の重要な発見、シュレイディンガーの波動方程式だとか、あるいは、プランク常数だとかいったような概念とか法則の場合に、その発見者の名前を付けて呼ぶ習慣ができておりますが、これはそういう大事なことを見つけてくれた人の名誉を仲間が尊重してくれるという、その敬意の表れであり、そしてこの敬意を受けることがノーベル賞をもらうよりも、今はもう違うかもしれませんけれども、昔は少なくともノーベル賞をもらうよりも嬉しいことであった。

私はよく申し上げるのですが、プランクという人は面白い人で、たいへん謙遜で謙虚な人であったそうですが、プランクはみんなが自分の発見した常数をプランク常数と呼ぶようになったあとでも、生涯一度もあの常数のことをプランク常数とは呼ばなかったという逸話が伝わっております。それはまさしく、プランク常数と呼ぶこと、このエポミニティというのが、人々の尊敬と敬意というものを表すものであるから、まさか自分はそう呼ぶわけにはいかないではないか、という感覚がプランクの中にあったことを物語っているように思います。

当然のことながら科学研究の成果は、論文の形でアカデミック・ジャーナルの中に蓄積されますが、蓄積された新しい知見や、新しい法則を使用するのも研究者仲間であって、それ以外の人ではない。つまり、研究者のコミュニティの内部で自己完結するような営みとして、科学研究は存在していた。だから、『オン・ビーング・ア・サイエンティスト』というタイトルで語られる、どうすれば科学者になれるか、なる時に気をつけなければいけないことは何なのかという問いに対して、九〇%以上が、内部でどう行動すれば良いかという行動規範になって現れたのだと考えられるのです。

収奪される科学技術

実はもう、おわかりのように、先ほども申しましたが、この『オン・ビーング・ア・サイエンティスト』というパンフレットができたのが、一九八九年、セカンド・ヴァージョンが九五年で、ここ十数年のことであります。それでもまだ、そういう状況にある。ところが、その最後の一頁で書かれていた「サイエンス・イン・ソサイエティ」というヘッドラインの中で語られていること、つまり、現在の科学というのはそういう自己完結した営みとしてだけ捉えることができないようなものであるということがはっきりしてきた。これはいろいろな言い方されます。ある人たちは「モード」と言い方をしますし、ある人たちは「スタイル」と言ったり、ある人達は「タイプ」と言ったりしますが、そういう専門家の共同体の内部で、いわば自己充足してしまう営みとしては、とても上手くやっていくことができないような新しい「モード」、新しい「タイプ」での研究というものが、現在の社会の中ではきわめて大きな意味を持ち始めた。それは先ほどの実例でもおわかりのように、核兵器がおそらく前世紀の新しいタイプの科学の出発点であったと思います。

物理学の研究で、自分たちがいわば好奇心に駆動されて、面白いからやっていた研究成果が、核兵器の開発という形で応用された。自分たちだけの関心で追求していった知識が、いわば社会の、たとえば軍事だとか政治だとかいったようなものに、（英語ではここのところを非常に強い言葉で使いますが）収奪する（exploit）という構造が本格的にはじまったのが核兵器だったと考えることができると思います。そして、その専門家共同体の中にいわば自己充足的に蓄積されていた知識を、外部社会が搾取する（exploit）制度ができていく。

たとえば、アメリカで全米科学財団（ＮＳＦ＝National Science Foundation）という、国家の科学政策でお金をどこに投じるかという配分（allocation）を決めていく最も重要な機関が一九五〇年にできたのですが、産業、軍事、医療福祉などさまざまな社会的セクターが、科学者共同体の内部に蓄積されている知識が収奪しうる（exploitable）ということに気づいた結果として、それを利用する（exploit）ための制度と組織等を作り上げていったのが二〇世紀の後半に起こったことだと思います。そして、その意味で、もはやその研究者たちは単に自分たちの研究者仲間の内部規範というものだけを考慮していれば話が済むということではなくなってきた。こうしたことが二〇世紀後半から二一世紀にかけて起こりつつある状況であると考えることができます。そして、このことは科学技術の倫理とか、科学技術に携わる者の社会的責任といったようなことについての議論にも非常にドラスティックな変化を要求してきています。

中でも、遺伝子操作、あるいはバイオと言ってしまうとおそらく全部入ってしまうのでバイオというのが何を指すのか、私いまひとつちょっと分かりづらいのですが、遺伝子操作、あるいはクローン、あるいはヒトゲノム、あるいは現在の話題で言えばES細胞と言ったような、さまざまな生命科学や生物学、あるいはバイオテクノロジーの中での新しい展開は、そのまま、医療の世界に直接的に、それを利用できる（exploitability）ことでもって存在している。そして、今日、その生命科学の研究の中で生まれた新知識は、明日にも私たちの一般の社会で、一人一人の生死に直接関わりあるような、そういう搾取（exploit）のされ方をする運命にある。そうした学問であり、科学研究であるという状況の中で、何が言われなければならないか。特に倫理教育として何が言われなければならないかということが、その次の問題になって浮かび上がって参ります。

そして、そこでは言うまでもなく『オン・ビーング・ア・サイエンティスト』の内容では不十分だと言うことがよく分かると思います。「サイエンス・イン・ソサイエティ」について、理工系の学生たち、あるいは研究者を目指す若い人たちに対して、さまざまな点で倫理的な問題や社会に起こりうるさまざまな問題に対して考慮する下地を、中等教育から高等教育にかけて行っていかなければならない。これはごく自然なかたちで現れてくると思います。

しかし、今日申し上げたいのはむしろ、もう一つの問題として私が考えているところでございます。〈lay〉という言葉なのですが、アメリカで最近しばしば使われるようになった言葉に〈lay experts〉という言葉がございまして、私はこの言葉をたいへん面白く受け止めております。この〈lay experts〉というのは、ほとんど語義矛盾であります。〈lay〉というのは、もちろん〈lay man〉、〈lay person〉などいわば宗教、特にキリスト教の世界での聖職者でない、一般信徒に当たる者を指します。そこから専門家でないいわゆる資格を持っていないという意味合いが〈lay〉に生まれてきます。それが〈lay experts〉というふうに繋げられますと、いわば「専門家でない専門家」というきわめて矛盾した表現になるわけであります。しかし、なぜこの言葉がアメリカ社会の中に、いま、浸透しつつあるかということを考えてみますと、私はたいへん、大切な側面がそこにあるように思っているのです。

科学に対するリテラシー

全然違った話をしますが、いま、私が勤めている国際基督教大学はちょっと性格が違いますが、上智大学にはいささか差し支えがあるかもしれません。私は「私大文系」という受験界の概念は犯罪的だと思っています。私大文系というのは、つまり高等学校から、自然科学的な教育を一切受けずに大学まで卒業することができるコースを言っていることになります。こういうコースが日本の社会にあるということ自体、現在の社会の中では、非常に強い言葉を使いますが、犯罪的であるというふうに実は思っているわけです。それは、倫理教育以前の問題なのです。つまり非理工系の人たちが、現在の自然科学の詳しい内容理解はともかく、少なくとも自然科学の研究の先端的な所で何が起こっていて、それがどういう可能性を持っているのか。自分たちの社会の中で、個人が生き、死んでいくときに、どんな意味あいを持って、その研究が存在しているのか、そのことについての基本的な理解なしに、この社会で生きていくことが、そもそもきわめて問題であるという認識に基づいて申し上げるわけです。つまり、いわゆる〈lay〉、科学技術にとっては〈lay〉の人たちがどこまで、科学技術についてのリテラシーを獲得することができるかということが、教育の問題の最も重要なポイントの一つにならざるを得ないのです。倫理なんていうことを考える前にそもそも、そこのところが最も必要ではないかと思っているわけです。それで、一つだけたいへん面白い実例を申し上げます。

それはアメリカで、西海岸のサンフランシスコ、ロサンジェルスで発生しましたHIV感染者とその援助者グループ「アクトアップ」（ACTUP）の話です。これは最初、きわめて過激な団体でした。ハーヴァードの九月の医学部の新学期に、ユニバーシティ・ホールへ乗り込んでいって、「おまえたちがやっている医学はわれわれ民衆に対してきわめて有害な医学ではなかろうか」と叫んで模擬血液をばらまいたりしていたグループなのですが、彼らがそういうことをやっていく間に、一つ気づいたことがあったのです。これは、まだ八〇年代の終わりでしたが、御存知だと思いますが、AZTという物質がHIV感染症に対する一つの特効薬ではなかろうかということでいわゆる治験が始まりました。その時に、科学の専門家や医療の専門家、アメリカ政府の食品医薬品局（FDA）の専門家も含め、科学的なクリニカル・テストが行われました。科学的なクリニカル・テストとして必要なのは何かと言えば、当然のことながらダブル・ブラインド・メソッドです。これは治験の第三段階の有効性テストにあたりますが、患者を二つのグループに分けます。半分はプラシーボ（偽薬）を与え、半分はＡＺＴを与える。もう一つ、最近日本でもクリニカル・テストにはお金を払って被験者（subjects）を募集するということが始まりましたので、新聞なんかでも広告がよく載るようになりました。そこでもたいていの場合に書いてございますが、しかじかの症状で悩んでいる人たちを募ります、ただし、いままでに特にはっきりした治療法を受けてなかった方と書かれていることがしばしばです。これは何を意味しているかということですが、新しい物質をクリニカル・テストで有効性を試そうとしている時は、できる限り患者を標準化するということが求められている。したがって患者の既往病歴の中でいろいろな治療法を受けてきたということは、その標準化にとっては邪魔になるわけです。だからできるだけ、そういう治療を受けてなかった人を求めるわけです。したがってテストの期間中は、決して他の治療法は施さない。これはダブル・ブライアンド・メソッドの他にも、テストには必ずとられる方法であったわけです。科学的な確からしさを保証するためには、どうしてもその方法でなければならないというのが、科学者や研究者たちの言い分でありました。

ところが、どなたもおわかりのように、もしその条件を守りますと、プラシーボ（偽薬）を与えられているグループは結局クリニカル・テストの間は、なんらの治療法も受けないという状況を何ヶ月か、あるいは場合によっては一年近く強いられることになります。これは、実は患者の立場からすればとんでもないことではないかということに、その「アクトアップ」のグループが気がついたわけです。この事態に直面して彼ら猛烈な勉強をします。その時助けになったのがＩＴであります。アカデミック・ジャーナルというのは、かつてはお金を払って会員になっている人以外には配られなかったわけですが、現在では相当数のアカデミック・ジャーナルがサイバースペース上に開放されましたので、そういう人たちが自由にそのサイバースペースの中で検索をして、新しい情報をどんどん手に入れることができるようになった。そして、彼らはまさに自分たちの死活問題ですから、なまじっかな医者よりもはるかに熱心に、新しい情報や、新しい治療法や、新しいさまざまな問題点をいろいろな所から探し出してくる。そして、その中で彼らは勉強して、実は新しい治験のやり方を提案するわけです。そして、食品医薬品局との交渉の中で、とうとう彼らは自分たちの新しい、それなりに科学的な有効性を保証されながら、それほどの患者の人権侵害にならないような方法を案出して、これを食品医薬品局に認めさせることに成功しているのです。こういうことは何を意味しているかというと、専門家の集団が考えることには専門家としての限界がある、ということを意味しているわけです。したがって、〈lay〉の人たちが、いかに科学のリテラシーを身につけることが大事か、そして〈lay〉の立場から科学研究の社会におけるあり方について発言することが、どれほど大事なのかということを私たちに教えてくれるたいへん良い例ではないかと私は思っております。〈lay〉はもはや専門家の敵ではない、むしろコラボレーターである。専門家と〈lay〉の立場の人たちが、共に情報を共有しながら、専門家は専門家として、〈lay〉は〈lay〉の立場でさまざまなことを造り上げていく。社会の中で倫理的な方向や、社会的に問題のない方向に科学技術の行方を導いていくために協力し合うパートナーとして、〈lay〉の立場というのが、きわめて重要になってくるというのが私の最終的なメッセージであり、このことを実現するためには、まず倫理教育よりも何よりも、言ってみれば全ての人々に、とりあえず科学のリテラシーを持ってもらう、そういう教育、しかもそれは、その中で社会的な問題に対する感覚を養う教育となるべきでしょう。

もう一言だけ申し上げると、これも英語ですが、アクロス・ザ・カリキュラムという言葉があります。アクロス・ザ・カリキュラムという言葉は、ある事柄を、教育場面に取入れようとする時に、たとえば生命倫理学なら生命倫理学という教科を作って、その教科の中で学生・生徒に教え込んでいく、伝えていくということではなくて、英語の教育の中でも、あるいは法律の教育の中でも、あるいは経済学の教育の中でも、社会学の教育の中でも、あるいは物理学の教育の中でも、生物学の教育の中でも、その問題意識を伝えていくことは可能である。そういうアクロス・ザ・カリキュラムという精神に基づいて、いま申し上げたようなことの「社会の中にある科学」（サイエンス・イン・ソサイエティ）という問題意識を、全ての人々に、いわば基礎として持ってもらいたい。その努力をしなければならないのではないかと、私も大学の教育の片隅を担う人間として、その努力を自分でしてきたつもりであるということを申し上げて、私の問題提起とさせていただきます。

命が脅かされている――問題意識を引き起こし、行動を促す教育を目指したい――

ホアン・マシア　上智大学神学部

いま世界では、市場の論理と暴力の論理という、命を世界的な規模で脅かしている構造的な暴力が蔓延している。大学教育のなかで、この問題を意識させるにはどうしたらよいのだろうか。

はじめに

ただいま、村上先生の話をたいへん興味深く伺いました。いくつかのポイントに非常にうなずきながら伺ったのですが、たとえば、先ほど先生がおっしゃったように科学者が目指す成果というもの、科学者の研究として出てくる成果と、外部の社会がどのようにそれを利用するのか、どのように利用する（exploit）のか、この問題に対して私も大きな問題意識を感じています。それがまさに最近起こっている戦争の問題にしても、生命科学技術、たとえばＥＳ細胞の問題についても言えるのではないかと思います。

私はそういうところから非常に当たり前で、非常に月並みな二つのことを繰り返すことから、今日の話を始めようと思いました。

一つは、現代ほど命を大切にする手段がそろった時代はない。医療に関して言えば、確かに言えます。しかし、二番目に残念なことには、現代ほど命が脅かされた時代はない、この二つの面です。最近、日本カトリック司教団はミレニアムメッセージの中で、「命のまなざし」というメッセージの中で、命というものを生命科学、自然科学、いろいろな立場から見ようとおっしゃったけれども、さらに哲学、倫理、宗教という観点から命を見ようと、そしてそういった問題意識を持って私はこの二、三ヶ月の間、大学の授業で学生に問題提起してきました。

問題提起として、黒板に二つの日付を書くことから始めたのです。

一つは九月一一日、すぐ何があったのか誰でも分かる。もう一つ一一月二六日の日付を書くと、何があったのか、説明しないとわからないのです。一一月二六日、初めてクローン技術を使って、胚を作ることに成功した。一〇〇％成功したかはいま、議論もされているのですけれども、成功したというニュースが伝えられた。私の問題提起は、この二つのことを黒板の右と左に書いて、学生に聞きました。この二つのニュースの間に、どんな関係がありますか。学生達は、小学校から、あんまりものを関係づけるとか、残念ながら日本の教育は考えないための教育になっているから、なんでも作ったコツをマニュアル通りで考えるので、なかなか答えてくれないのですけれども、この間たまたま、東京から離れた地方の高等学校で講義を頼まれて、これを黒板に書いたら一回目の組はうまくいかなかったのですが、二回目の組では、数人手を挙げて（非常に積極的な日本人ですが）「はい、両方とも命を脅かされている」と言ったので、私は嬉しくなって、「じゃあ、これからの世代から日本の新しい希望がある」と思って喜んだのです。

けれども、両方の場合には命が脅かされているが、それだけではなくて、もう一つのポイント、両方の話は株式市場と深い関係がある。軍事産業、生命科学技術と関係ある産業、両方とも株式市場と関係がある。戦争の話の背後に、またES細胞の話の背後に、株式市場の利害関係がある。面白いことには日本ではこの二つの法案が非常に早く通った。ES細胞、クローン技術に関する法案が早く通った。たいした議論がなくて、いつの間にか十分な議論なしにたいへんな問題を含むES細胞に関する法案が通ってしまったのです。最近の自衛隊に関する法案が同じです。両方とも焦りがあった、政治家の焦りの背後にあるのは企業の利害関係、ES細胞について、どのように分かりやすい説明を授業でしたら良いのかと考え、一、二年も前から、企業概要も週刊誌の中で非常に分かりやすく説明しているることに気がつきました。なぜかと言えば、将来何か発明された時には、企業の利益と関係があるからです。

構造的暴力への理解

先日、九月一一日にNYの世界貿易センタービルがテロの攻撃を受けて崩れました。そのとき、私は聖書に書いてある話を思い出しました。「バベルの塔」の話です。ぴったりだと思いました。なぜかというと、世界貿易センターこそ、お金によって動かされている現代の資本主義世界の象徴であり、それが壊されたからです。これはバベルの塔が「人間よ、驕るなかれ」と言われて崩れたのに似ているのではないかと私が思ったのです。もちろん、そのように思ったから、私がビンラディンの味方であるということではないのです。その事件でなくなった無実の被害者とその遺族のことを考えれば、悼みと怒りを感じない者は誰もいないでしょう。そして、暴力を断罪し、平和を訴えるのは当然でしょう。

ただ、一言に暴力と言っても、さまざまな暴力があります。たとえば、テロリストの暴力もあれば、それに対する報復行為に走り出す暴力もあります。いま、それを引き起こした米国大統領は今週、喜んでいますが、私は喜べません。悲しさが増える一方です。その報復に関して大統領は、アメリカの理念を裏切っているからです。とにかくテロリスは、あの建物で働いている無実の人々を被害者にしてしまっていて、報復の論理は無実な難民を被害者にしてしまっているわけです。今週、偽善的にも、アフガンの子ども達のために募金しようと同じ偽善者は言うわけですが。この二つの暴力の原因までさかのぼれば、実は、両方の原因であるもう一つの暴力があると思います。それがストラクチャルバイオレンス、「構造的暴力」とも呼ばれると思います。それは政治家と権力者の利害関係による弱肉強食、市場原理による世界支配、軍事産業と先端技術への投資などが幅を利かせている株式市場、さらに、高度のプロパガンダによる世論の操作、このような仕組みが複雑に絡み合っている構造的な暴力こそ、さっき言ったテロの暴力と報復の暴力の原因であると言えるのです。このような根本的な原因まで取り組む必要があると思います。それをしないで報復行為に走り出すのは、医療に喩えれば、私がいま、ひどい風邪を引いていますけれども、でも抗生物質は使いませんよ。病気の原因までさかのぼらないで、単なる対処療法しか施さないような医療は駄目だと思っています。結局、解決の糸口は何も見いだされないのです。テロリストも報復行為も、似たような過ちから出てきているのではないかと思います。テロ事件の体制側の不正に対する報いと見なしているテロリストたちも思うでしょう。西部劇の悪玉対善玉のレトリックを使っている、その仕返しを呼びかけている米国大統領も、両方とも同じく平和を脅かしており、両方とも私たちに恐ろしさを感じさせている、人間の愚かさを見せてくれていると思います。

ここで、日本の立場を見てみますと、平和憲法の基に仲立ちの役割を果たすことができるはずの日本が、軍事行使の後方支援に走ったということも、本当に情けないことだと思いました。去年の夏、小泉万歳で選挙の結果が出た時には私は首を傾げた。今回は「ざまあみろ」と言いたくなったのですけれども、人の命が脅かされた事件で日本で起こったことを思い出すと、おそらくオウム真理教の事件が浮かんでくるのではないかと思います。しかし、その事件の後、裁判もあっていろいろな判決も出た。しかし、その事件を引き起こした者だけでなくて、それを引き起こさせたさまざまな社会的な原因について、日本の国民が考えているのでしょうか。私は大いに疑問に思っております。

もう一例、大阪の小学校で子どもたちが殺されました。翌日、私は授業で聞きました。「みなさん驚きましたか」と。みんな例外なく「はい」。私は、「いいえ、私は全然驚きませんでした」。私が驚かないということに、今度は学生がますます驚いて、私は驚くのはもっと頻繁にその出来事が起こらないのが不思議なことなのです。これだけストレスのある、これだけみんな走っている、みんな同じことをマニュアル的に言っている日本の社会の中で、その事件が、もっとたびたび毎週のように起こらないのは不思議で驚いています。だから、たまたま起こったということで驚かなかったのです。驚くのは、もっともっとたびたび起こってしまわないのかということなのです。

人間の素晴らしさと恐ろしさ

大阪の小学校の子ども達も、貿易センターの被害者も、アフガンの難民のことも、そしてその他、世界中でさまざまな形で、人間の命が粗末にされている現状のことを深刻に受け止める必要があると、私はつくづく感じているこの頃です。ここで、聖書の言葉を一つ、引用させていただきたいと思います。それが、「第二コリント人への手紙」の中から、四章七節の言葉です。次のパウロの言葉です。

「私たちの心の中には大事な宝物がある。だが、その宝物は土の器、壊れやすい器の中に収められている」。この言葉の中には、人間の姿の二つの要素が含まれているのではないかと思います。

その一つは命の不思議さです。それは、自分自身の中に、自分を越える者があると知ることです。福音書では永遠の命と呼ばれています。仏教では仏性という言葉もあります。あるいは、往生は心の中に、成仏はこの身の内に、などというような言葉があります。そして、もう一つの要素は、その宝物は危うく、壊れやすい、傷つきやすい器の中にある。これは人間の弱さを意味しています。人間の姿には、この二つの面があると思います。人間の素晴らしさと恐ろしさとでも言うのでしょうか。自分の内に宝物がある。その宝物を自分の内に持っているということに、なかなか私たち気がつかないのです。私たちは、この世に生まれ出る前から、神から愛されており、神の息吹を受けて、そしてそれによって課されてこの世の光の中に出るわけです。そこに、命の尊さの根拠があって、命の重み、人間の尊厳の根拠があるということです。しかし、人間のこの素晴らしさの反面に、恐ろしさもあります。人間という者は、理由もなしに自分の同胞を殺したり、戦争したりするような動物です。もっと酷いことには、それを合理化して、「正義のためだ」 I want justice. と正当化して、そしてもっと酷いことには、たまたま民間がやられる時には、ユーフェミズム（婉曲表現）を使って、それがたまたまコンストラクチャル・ダメージだという、いかにも皮肉な言い方を用いるのです。命はいただいた宝物ですが、その賜物はもろくて壊れやすい器、すなわち人間の手に委ねられているのです。そこで、いただいた賜物に対して、感謝の念を常に持ちたいものです。

しかし、命は常に人間自身の手によって脅かされているのですから、命を見守る責任を感じなければならないです。それが、ちょうど先ほどの村上先生の話にあったように、科学者対lay personです。私はこれで大賛成です。それに付け加えたいのは、科学者も科学者であるより以前に、先に人間である。科学者もlayも、みんな一人の例外もなく、倫理から始めないと駄目なのです。もちろん、両方とも科学を知らなければ駄目なのですけれども。今回のシンポジウムは、村上先生と私ですから非常に気が楽ですけれども。普通、いろいろなシンポジウムには、こういう変な形があるのですね。科学者一人、臨床の方面から一人、官僚から一人、そして最後に宗教の側から一人いないと具合が悪いから、私に一〇分最後に一言と。みんな最初の三人とも、「私は倫理分からないので私は臨床です」、「私は倫理分からないから科学者です」と前置きします。、私は最後に話す時は「いや、倫理は私の務めでなくて、lay personだけの勤めではなくて、ここにいる四人ともlay、四人とも人間である以上、倫理に関心がなければ人間として失格です」と付け加えます。

先端技術と情報時代における世界のあり方を見れば、現代ほど確かに命を大切にするための手段がそろった時代はないと思います。これが科学のお陰です。科学に感謝、科学技術に感謝。それと同時に、残念なことには、現代ほど命が脅かされている時代もないと言えるのです。だから、いまこそ私は、古代から伝わった、あの「バベルの塔」の話を読み返したいのです。いま、ここで時間の関係で、それを詳しく扱うわけにはいきませんけれども、少し思い出します。あの「バベルの塔」の話を。彼らは言いました。「さぁ、町と塔を建てて、その頂を天に届かせよう。そしてわれわれの名をあげて全地にとどろかせよう」主は下って、「人の子達よ」。立てる町と塔を見て言われた。「彼らの言葉を見いだし、互いに言葉が通じないようにしよう」。彼らは町を立てるのを止めて、全地に散らされた。この物語は旧約聖書の創世記物語の中に位置づけられており、「カインとアベル」または「洪水の話」のように、創造の良さに対して、それを破壊しかねない人間の暗い面を示していると思います。塔を建てるために働いていた出稼ぎの労働者の中に、種々の言葉と異なった文化があったようです。それを表しているのは、聖書学者が説明してくれている通り、建築の二種類の仕方がここに出ているということです。この物語の中で、二種類の建築の仕方について述べられています。一つは、煉瓦とアスファルト、もう一つは石と漆喰を使うといったものです。私はこれを読むと、どうも最近のイスラエルとパレスチナの間の衝突を考えざるを得ないのですけれども、天に届く頂は、塔を作らせる権力者の傲慢をほのめかしています。また、貿易センターを連想します。彼らにとって、種々の民族を画一化してまとめる方が都合は良かった。

現代においても、ある文明は他の文明に対して自分の価値観を押しつけてしまう。画一化のグローバライゼーションを押し進めようとしています。そのことから推し量って、当時の「バベルの塔」の頃のあの被抑圧者の立場が分かるような気がします。この物語の中で神話的な言い回しを通して、大切な教えが伝えられているような気がします。つまり、名前を挙げることを望んでいる権力者にとっては、小地方から集まった人々に、同じ一つの言語を覚えさせることが、自分たちにとって都合が良かったに違いないのです。現代風に言えば、「みんな同じコカコーラを飲め」ということでしょう。

一世紀以前のことですけれども、日本が朝鮮半島を支配していた時、韓国人に日本語を強制的に押しつけたことがあります。現代イスラム文明に対する、欧米の誤解および価値観の押しつけについても考えさせられる面があります。いつの時代においても、民衆を上手に操るためには、やはり官僚主義、同じ習慣、同じ言語、画一化が役に立ちます。「バベルの塔」の話に戻りますと、全地に散らばったということについて考えさせられる点があります。このことを素朴な読み方すれば、罰のように思われるのです。そういう風に、解釈することもありますけれども、果たして罰だったのか、罰だったとしても誰にとっての罰、散らばった人にとっては罰ではなく恵みです。特殊な文化が保てたから。画一化、あの塔を作りたかった人にとっての罰でしょうか。私はこの間、貿易センター崩壊事件の際、どうしても「バベルの塔」を思い出さざるをえませんでした。依然、みなさんの中で生まれていない方は多かったのですけれども、月までロケットをあげて月面着陸の際、テレビのパネルで意見を求められた、あるお坊さんは次のように言ったのです。「月まで行ける人間ですけれども、世界の飢餓を解決できない人間は情けない」。その翌日、朝日新聞の社説には「人間よ、傲る無かれ。」という言葉が書いてありました。私は、同じ見出しをこの間のテロ事件の翌日、付けたかったのです。「人間よ、傲る無かれ。」その小見出しをつけてくれた記者はいませんでしたけれども。アフガンのかわいそうな民間人が報復の被害者になり、難民が増加するのを見て思ったのですが、トマホークミサイルにかけるお金で、発展途上国の開発を助ければ、テロなどの原因を取り除くことと繋がるのではないでしょうか。それをせずにテロとの戦いだけ叫んで、戦争で問題を解決しようとするのは、先に言ったように、単なる対処療法みたいなものにすぎないのではないか。

構造的暴力を告発する

では、このように「バベルの塔」の話によって考えさせられた所で、もう一度、問題提起に戻って話を結びたいと思います。テロ事件とそれに対する報復の問題をきっかけに、私たちは兵器の商売、軍事商業などについて考えさせられ、そしてその後、炭素菌の事件がきっかけになって生物兵器および先端技術による生命操作について考えさせられました。さらに、生命操作といえば、最近、受精卵の用途、ES細胞と呼ばれている細胞の実験を巡って議論されているのですが、この前の一一月二六日のニュースによると、米国で初めてのクローン技術によって胚を作ることができたそうです。このことも、さっきの事件とさっき言った接点を持っているのですね。具体的に言うと、兵器の産業も、生物科学技術の産業も、両方とも株式市場と密接な関係があり、大きな影響を持っているということです。他の国から、先に特許を取られないために早く、軍事産業は戦争があるだろうという前提に立っているのです。現在、金融機関に大きな影響を与えているものとして、医薬品と兵器が挙げられるのです。薬剤企業と兵器産業は、世界市場および世界政治に大きな影響を与えています。そして、この両方によって命が脅かされていることをいくら強調してもしすぎることではないと思います。

私はここで言っておきたかったことは、命を見守るために、命の問題を政治家や企業家や研究者に任せっぱなしではいけないということなのです。この点で、先に先生がおっしゃったlayのことにも賛成したいのです。私たちがみんな問題意識を持って、市民運動的に命を見守ることに関わる必要があると強調しておきたいのです。もちろん市民運動的なものの力の物足りなさを感じるでしょう。けれども、声なき人の声、力無き人の力を信じて、希望を失わないようにしたいのです。そして、操作された法度によって誤魔化されることなく、命を世界的な規模で脅かしている構造的な暴力（structural violence）を暴くように告発し続けたいと望んでいます。

まとめ

まとめて言えば、この二つの方面で命が脅かされていることに気づくようにしたい。つまり、大学教育という場において、ちょうどこの人々の世論の操作（manipulation）に対して、意識化（conscientization）への動きをもっと引き起こしたいのです。それを育てることは、重要な課題ではないかと思います。

現代の世界情勢は、世界市場の論理によって利用される生命科学の技術の結果として、生命の商品化が進んでいます。それは、生命科学技術の結果としてではなく、利用される生命学技術です。生命科学技術は悪くないのです。悪いのは、さっきの先生の話にあったように、それをexploitする方なのです。それから、二番目に対話の道をあきらめた暴力の論理。私がいま、世界市場の論理と暴力の論理と言ったのですけれども、ここで論理という言葉を使うのは皮肉ですね。というのは、両方とも最も非論理的、もっと非人間的、もっと非合理的なことを生み出すのですから、世界市場の論理も論理ではない、暴力の論理も論理ではないと私たちは叫び続けたいと思います。

質疑応答

司会（青木清）　人間の本性というか、本質に関わる問題、教育の原点のようなお話でございましたが、お二人の先生のお話は、たいへん関係の深い、根底で必ず繋がっていることだと私は理解しております。これから、ディスカッションに入りたいと思います。会場でもし、ご質問あるいは、ただいまのお二人の先生にコメントすることがございましたら、どうぞ手を挙げていただけたらと思います。

質問・コメント　マシア先生に質問させてください。先生は、いまの状況における株式市場の操作だとか、株式市場の権力ということをおっしゃっています。小松美彦さんといった人は現在の臓器移植の状況に対して、その背景にある構造が世界資本主義だと批判するわけです。しかし、世界の資本主義であろうと社会主義であろうと、どちらにしても現在では息詰まっていると思うのです。

そういった意味で、現在の状況において資本主義を批判する場合に、その批判の根拠はどこにあるか。その点を明確にして、権力というものを語られないと、かえって実際の資本主義の構造が、どこでどういう形で成立しているか、そしてそこで権力がどういうふうに作用しているか、その点がむしろ曖昧にされてしまうのではないかと思いました。その点、どのようにお考えでしょうか。

マシア　はい。おっしゃるとおり、問題はそれほど複雑なのですね。資本主義という言葉を使ったのですが、使わなくても結構です。資本主義以上なのですね。つまり、現代私たちが作ってしまっている愚かな世の中、愚かな社会、官僚主義、組織主義、どうしようもなく息詰まっている。それが、私はテロ事件の翌日に感じたことなのです。いま、私たちが作ってしまっているこの世の中の結果だと思いました。それに対して、私がいま、答えを持っていないという痛みを感じています。痛みを感じないで、テロと戦えば解決すると思っているカウボーイを見ても非常に情けなく思っている毎日です。

司会　ただいまのが、二つの質問に対する答えでよろしいですか。

質問・コメント　はい。

司会　他にございますか。

質問・コメント　本来、人は間違え得る存在だということを、一応前提におきながら、一番大切なのは、僕はホアン・マシア先生がおっしゃったような、もう少し基本の所に立ち返って、いろんな自然な形で、たとえば、人を殺すことはよくないよねというようなことから出発したり、人を圧迫することもよくないねというようなことを、具体的な行動の中で考えていく、行き着くところはそんなところになってしまうのです。悩み悩んでも、結局なかなか名案というのがありません。構造的暴力というのはまさに僕もそうだと思うのですが、その構造的暴力に変わり得る新しい構造が一体どういうものかという、人がある幸せな世界を作ろうとしたときにどうしても組織というか枠組みということが必要になってきます。それがいまの問題を解決させるよい組織というのはどういうことなのか、そのあたりに何かご回答あればいただきたいと思っています。

それからついでですけれども、いまの枠組みでは利潤を追求するという本来企業というか人の持っていることは悪なのでしょうか。それはやり方の問題であって、利なるものを追求すること自身は、私は即座に悪いとはなかなか思えない部分があるのですけれども、そのへんの二点についてちょっとご見解がありましたら、お願いいたします。

司会　いま、二つの質問が出ましたが、大分大きな質問ですけれど、お二人の講師の先生いかがでございますか。村上先生。

村上　第一の方は全くおっしゃる通りで、たまたまアメリカの大統領委員会が、大統領の諮問によって作られた医療事故に関する調査委員会の報告書のタイトルが"To err is Human"という、Ａ・ホープの格言をもじったタイトルだったことを思い出しますが、人間である限りその完璧な予測も、完璧な策もあり得ない。何かをしようと思っていたときに必ずなんらかのマイナス面が出る。よかれと思ってしたことが全てよいということはあり得ないというのは、これは文字通り人間の歴史が証明してきたことであり、かつ、これからも証明し続けるのだろうと思うのです。

結局、私たちにできることというのは、そういう間違った事例というのを、きちんと自分たちの中にいわば考慮の材料として取り込んでいくこと、間違った事例を単に道徳的、倫理的に非難するというだけではなくて、それに対してどういうように、いわばそういう場合に起こるマイナス面というのを防護したり、あるいは改善したりする可能性がないだろうかということを、探していくことではないか。少し話が矮小化されますけれども、医療においてようやく日本の病院においてもインシデント・レポートという制度が普及し始めました。

これは、実はどんな製造業の現場でもほとんど完全に普及している制度です。もっと日本のポピュラーな言葉で言えば、〝ヒヤリ・ハット〟体験報告ですけれども、医療の世界でこのヒヤリ・ハット体験をきちんと報告して、それに対して対応するということを全くやってこなかった日本の医療社会は、きわめてよじれた形になっていると思うのですね。それが、医療の世界でもようやく自分たちの過ちを蓄積して、その過ちをできる限りきちんと評価した上で、それに対する対策を立てていくというやり方が、共有されるようになってきた状況が見られます。そういう努力を続けていく以外に人間にはない、これはもっと大きな場面でもそう、いまおっしゃったような世界正義の場面でもそうだと思うのですけれども、人間というのは、結局過ちから学ぶ以外に学ぶことのできない存在であり、全てのことを見通すのはやっぱり神でしかないと言わざるを得ない。われわれ人間の対応の方法は、過ちから学ぶしかないのではないかと思います。第二の問題は、私の範囲から外れるようですので、マシア先生にお話しいただきたいと思います。

マシア　私も過ちから学ぶことができればと思いますけれど、皮肉なことには人間は歴史から何を学ぶかと言えば、歴史から何も学ばないということを学ぶのですね。構造的暴力についていうと、たとえば、今年のエイズの問題で、エイズ治療薬を第三世界に少し安く分けてあげることに対して、米国の強い反対があった。米国だけではなくて、第一世界の結局、薬売会社のまたは株式市場の利害関係ですね。不思議なことには、この炭素菌の問題が出た途端に、米国もカナダと手を組んでバイエル会社にシプロというのをもっと値段を下げるように圧迫をかけました。

これこそ、一例だけですが、このように構造的暴力がはびこっている世の中で、どこから手をつけたらよいのか。本当に私たちは無力を感じますが、こんな現状であるということを、教育の場で人々に目覚めさせることが、一つの小さな第一歩ではないか。いま、私たちが集まっているこの上智大学の、この建物、この組織もまったく構造的暴力の中に入っているのですね。なかなか私たちがその仕組みから出られないのですね。これを本気にしようと思えば、きっと理事会から怒られるのでしょう。どこでも、これは本当にたいへんな問題提起ですね。

司会　よろしいですか。深い問題があったと思いますね。他にございますか。

質問・コメント　二〇世紀、二つの戦争を体験してきても、実は私はどちらも体験しなかったのです。第二次世界大戦もポルトガルも戦争に入っていなかったから、何も私は苦しまなかったけれども、その後もたくさんの戦争がいまでもあるのです。特に、アフリカはたいへんです。東ティモールもその例です。ただ私は、解決として見込みがあるのは、私たちの個人一人一人が、何か悪いことを見ているときに、黙らないで何か言ったり、何か活動することは毎日できるということです。でも、私たちは案外黙ってしまうのですね。問題を見ながら黙る。そして私の隣の人も黙る。黙っていれば政府も動かないです。そして、これから私は、毎日のように、アメリカ大使館の前で、デモをやっているお坊さんに加わって、暇のある限り、毎日のようにデモをしようではないかと考えているのです。新聞に記事を書く代わりに効果があるのではないかと思っています。この大使館の前での変なお坊さん、変なカトリック神父が話すことを毎日聴いて、どういうことなのかとその道を通る人は気がつくに違いないのです。ですから、全世界がよくならないのは、私たちの一人一人の責任ではないでしょうか。

もう一つ、その個人個人の活動、それからできることをやれば、先の学生の発言も聴いていて、非常に感心しましたけれども、そういう分析するためにいろいろな科学は個々独立していて、先ほどマシア先生もおっしゃったように、科学の専門家や宗教の専門家を繋げる組織はないです。そして、残念ながら、大学の先生もたくさんの先生は目をつぶっているのですよ。自分の専門ばかり大事にして、大学生に人間的な教えをしないです。自分は人間になっていなければ、人間的に教えることはできないです。ですから、ますます私たちは、世界政府、国連のような力のある政府の必要性を非常に感じているのです。米国を横にして、ヨーロッパも大きな中国も、先進的な国である日本もどちらも私は期待できないです。けれども、国連にはちょっと期待できるのです。国連は全ての科学を統一して、導いて、あるいは導くように活用する。そこに解決はあるのではないかと思います。ですから、個人の積極的な行動と、それから世界政府の指導、一日も早くそういうふうにすれば、二一世紀は平和な一世紀になるのではないかと思います。

マシア　ありがとうございました。

司会　ありがとうございました。質問がございますか。

質問・コメント　ホアン・マシアさんの話を聞いていて思ったのですけれど、すごく無責任な意見だと思いました。

いまの社会で、政治家が悪いとかと言うのはすごく簡単なことだと思うのですけれど、それに対する代案を出していかないと全く前に進まないと思うのです。先ほど村上さんがおっしゃいましたが、何かアクションを起こしたときに、必ずその良い面と悪い面があるという話をしました。いま、その資本主義のマイナスの面がやはり出てきます。では、そのマイナスの面をつついて、悪いといって嘆いてもそれは仕方がないので、それよりベターなものを出していかないと、意味がないと思うのです。

たとえば、先ほどのエイズ薬の問題にしても、僕はいま、薬を安くしないということは、これはいままでの歴史が作ってきた知恵だと思うのです。そういうルールがないと、その研究者が一生懸命作ってきたものを、ただで配れという話ですから。そういうことをしてはいけないというのは、僕は、いままで培ってきた一つの知恵の結晶で、そういう権利というものができたのだと思っています。それを崩してはいけないという立場を、僕はすごく理にかなっていると思っています。だから、僕が言いたかったことは、理想的なことだけを言うのではなく、現実ともう少し照らし合わせて、本当に良い面と悪い面というのを考えていかないと、意味がないのではないかなと感じました。

マシア　私はむしろ、もっと無責任なことを言い続けたい気持ちですね。一生懸命作ったその薬を作るために、どのように作ったのかというとアフリカのある国では、うちの国では一番エイズの人が多いから、どうぞここに実験しにきてください。そのおかげで作れる。でも後でそれを買うのは誰なのかと。結局、エコノミカル・アニマルの論理が勝つだろうと、私は残念ながら思っています。私はこの間、ちょっと希望を感じたのは、渋谷を通ったら反戦デモを行っていたので、誰がやっているのかと近づいてみたら高校生だったから、非常に明るく希望を持ったのです。しかし、急に気がついた。このデモをしている高校生は受験勉強が足りなくなるから、上智大学に入れなくなるだろうと、むなしいな、やっぱり私も構造的暴力の一人なのですねと。本当にたいへんな問題提起なのです。

私はこの間、村上先生の朝日新聞を読んで、非常に胸打たれたのです。九月一一日のその前とその後について話されていたときです。その危機感と安心性について先生は話されていたのですね。何が変わった、何が変わっていないのかと考えさせられながら、そのインタビューを拝読したのです。やはり、その日から世間が変わったというのではなくて、実はその前からたいへんになっていたということに私たちが気づかなかった。私は一〇年間、日本を離れて帰ってきたら、みんな走っている、みんな同じことを言っているということに驚いて、四年経っても新宿で電車を乗り換えるたびに、どうして東京はこんなに異常な所なのかと感じて、異常であることにみんな気がつかないのは一番異常だと思っているのです。みんなどこに走っているのか、どうしてこんなに気が狂っているのか、たぶん大きな大地震がくるしかないのではないかと時々つくづく思うのですけれども、だから貿易センター以上の大きな悲劇がやってきて、人間は目覚めてくれるのではないかと、そのことに対して私たちは、必要だからとか、経済どうのこうのとか、哲学どうのこうのと言って、結局、私たちの教育者は眠れる森の教育者になって、ソフトになりすぎるのです。その眠れる森の教育者たちを目覚めさせるためには、ただ皇太子の口づけでは足りないのです。もっと大きな刺激、多分、貿易センター以上のもっと大きな大きな悲劇が来ない限り、人類が目覚めないのではないかと残念ながら私はつくづく祈りながら思っている毎日なのです。

この点に関して、残念ながら、諸宗教の方からもっと強い反対の声が出なかった。特に今回、湾岸戦争のときには、バチカンはもっと強かったですよ。今回は米国司教団に負けたのではないかと思った。もっと諸宗教の力を上げて、「人類は狂っている、このままではいけない」と言わなければならない。多分、それを言うために、大学を辞めるしかないと思う。でも、このままでは駄目だということは言い続けなければならない。いま、どんなたいへんな危機であるかに危機感がないのは、特に日本の一番大きな悲劇だと思う。日本は本当に異常だと思っているのです。日本を愛しているから、一五年前だったらこれを言う自信がなかったでしょう。いま、日本に対して愛を持って、自信を持っている。日本は気が狂っていて異常であると気がつかない、日本は平和であると思ってしまっている。これは大間違いです。でも多分、これを分かるためには、上智大学を含めて、この建物も崩れない限り、もう駄目かもしれないですね。本当に私は大きな危機感を感じています。

司会　分かりました。ある意味では学生さんのいまの質問も真実であるし、マシア先生の話も真実です。こういう大事なことは、私は、ある面ではマシア先生の話は言い過ぎと感じる方もいるかもしれませんけれども、事実はやっぱりあるわけで、それに基づいて述べられています。こういうことが議論されてないといけないわけで、どちらも押さえてしまってはいけないわけです。それをぶつけ合うという、こういうことが一つの社会正義のシンポジウムとしての意味があるわけですので、どうぞ遠慮無く、反論、あるいはいまのような考え方に対して述べてもらって結構でございます。どうぞフロアの方で意見がありましたらどうぞ。

質問・コメント　今、マシア先生は狂っている、いま異常だとおっしゃいましたよね。先生がおっしゃった異常は、将来必ずもう何年かの後にはもっとたいへんなことになりますよ、という意味で異常だとおっしゃっているのが、議論の出発点だと思うのです。異常だとすると異常だと感じている人が、異常だという部分をみなさんに分からせるように発信していく必要もあると思うのですね。異常だよ、と言うというのも正しいし、それからもう少し具体的に、こういうことだから異常な時代がくるよ、たとえば、環境の問題などというのは、僕は、いますぐ問題の部分ももちろんあるのですけれども、何年か後の未来の世代がたいへんなことになりかねない。そういうものをより分かりやすくして、感性に訴えるようなやり方をどこかで工夫していかないと、異常性になかなか気がつかないと思うのです。正常が何で、健全なのが何かということが、実は僕も一番大事なことだと思います。で、そのことが分かると、きっとすごい力になって、いやそんな世界はやっぱり作りたくないなっていうことに、だんだんなっていくと思います。異常か正常かという所が、きっと分からせにくかったり、分かっていいなかったり、しているのではないでしょうか。

マシア　たとえば、バブルの時代でなかった一昔前は失業がなかったのにいまは失業率がもう五％になる、とかね。バブルの真っ只中では失業なんてないでしょうと思っていたのが、今失業がある。だから、でも何か目の前に、何かないと、何か大丈夫だろうという、だからちょっとたいへんだなと私はつくづく思うのですけれどもね。そこで、これも本当であるが、わびとさびで誤魔化すのは日本だと私は思うのですけれどもね。必ず衝突を避けるのですね。調和でなくて、衝突しなければ、人間は成長しないのです。日本ではよく衝突を避ける、よく亀井勝一郎が言ってくれていたのですね。対決を避けて、でも自分とは違う思考との対決、それこそ教育なのです。でも、日本は調和でまとめるのですね。まとめてはいけないという雰囲気があるから、私はそのまとめを崩したいのですね。という無責任なことを言う必要性を毎日感じています。

司会　前日に小田さんが、第二次世界大戦が行なわれたことに対して、日本の狂気という言葉を使っておりました。そういうところに共通するかどうか、ちょっと分かりにくい所がありますけれども、でもやはり現在日本はいま何かおかしいなというのは、それぞれが少しずつは感じていることは確かではないかと思っております。

村上　何かおかしいということの一つを申し上げましょう。これもまた場合によっては、マシア先生からそれこそ批判されるかもしれないのですが、プロテスタントの『クリスチャン新聞』というのがあって、そこでも対決させられたのですが、いまの世の中を巡る非常に大きな問題ではなくて、それこそ今日のタイトルのクローン、その他の問題なのですが、ES細胞の樹立に関して、問題が起こっている。御存知のようにES細胞というのは、凍結余剰胚つまりスペアジャーム、あるいはスペアエンブリオと呼ばれているものを使うわけですけれども、それを使うということが、倫理的に非常に問題だと言うことが主張されて、たとえば大本教はたいへんいま、熱心にご自分達の主張を配っておられます。私は一人のカトリック教徒として、スペアエンブリオという概念そのものが非常に認めにくいものであるということについては、私自身もそう判断をします。自分自身の行動様式の中ではそういうことをしないだろうと思います。しかし、ここから先なのですが、では、年間最近でも届け出られるだけで、三〇万、四〇万、届け出られるだけでですね、おそらくその数倍の未届けの例を含めて、いわば中絶されていく胎児が居るわけです。ES細胞を樹立するための余剰胚の数と比べてみて下さい。これは数の問題ではない、それはその通りだと思いますが、しかしまた数も考慮の一つに入るだろうと思うのですね。朝日新聞の調べたところによると、年間廃棄される余剰胚がおそらく五〇〇〇ぐらいだろうということになりますが、その中からいくつかを選んできて、ES細胞の樹立のために使うということになるわけですが、その事柄と、それから年間届け出られるだけで三〇万、四〇万という数のいわば既に胎児として母親の胎内で育っている生命を殺すこととの、いわばバランスというのをどう考えるべきかということについて、やっぱり問題を提起しておきたいですね。戦後おそらく日本は、五〇年間の間に一億を超える胎児を殺してきたと思います。

司会　どうもコメントありがとうございました。さきほど、村上先生のお話にあった、それは今日の分科会としてはメインの課題でもある医療倫理が、そのことは当面しているところですね。クローンのときもそうでしたけれども、生殖医療の問題についてヒトクローンの問題がやはり法律化するときにおいて、現在日本で行われている生殖医療に関しては、あえて議論を避けています。特にアボーション（中絶堕胎）の問題については避けています。ＥＳ細胞についての問題もそうでございますけれど、法として日本は世界の先進国としては、堕胎を認めている国です。また年間の堕胎の数も非常に莫大な数字が出ているわけですね。一方ではＥＳ細胞は医療にとっては必要である。それは将来の臓器移植に役立つ可能性があると、そういうことを研究することも大事であると、その研究者達の発言もあるわけであります。そういう中で、卵子が凍結されている受精卵を使う研究に、その将来の人間における移植の有用性を考えるのならば、医学者や発生学者からの、研究をあえてしても、という意見があります。

一方、キリスト教のカトリックとして、私もそうですけれども、胚の初期、あるいは受精した瞬間から命であるということであるならば、胚をそのまま、初期胚いわば受精卵を操作すること自体、あるいは胚を操作すること自体に問題があるのではないかという認識もあるわけです。そういう中で、事は進んでいるわけですけれども、どれが善でどれが悪だということを一概に決められないところもあるわけです。

たとえば、生殖医療のときも、本当に子どもを産みたい人を放っておいて良いのですか、というお医者さんもいるわけですね。そして、先生によっては人工授精、あるいは確信犯的にやってお子さんを出産させるというようなことまでするわけです。それも事実であるわけです。そういう中で、なかなか私どもで、これが善で、これが悪であるということを決められない所もあるわけですね。そういう矛盾というか、そういう人間の社会の中で相入れないとするような所が非常に多い。

その中でも、大事なことは、こうした大学の教育の中で、本当のことを知っておいていただきたい、ある意味ではマシア先生の言うような激しい意見もあってもよろしいし、また慎重に、また科学史、あるいは医学史から紐解いて、その中から村上先生がおっしゃったようなこと、レイマン、レイパーソンと科学者との対話、そして、そこから生まれてくる新しい概念、を教育として進める、こういうことが大事であると思います。したがって、教育のあり方というのが非常に問われるわけです。このへんについてお二人の先生の意見をちょっとお聞きしたいと思います。生命倫理に関与する教育について、ちょっと述べていただければありがたいです。

村上　特に、日本の社会の場合は、キリスト者というのは全てを合わせても、人工の一%にも足りないですね。ということは、九九%以上が、キリスト教的な信仰を持っていない人たちによって占められている社会であるという点を考えますと、先ほど申し上げた、私は個人としてはある種の信念で、自分なりに、たとえば、胚、人間の胚というものに対する尊敬と、ドイツの基本法の第一条に書かれている「人の尊厳は、何人いえども、これに手を加えることができない」という、あの非常に明確なメッセージは、スペアエンプリオにも適応されるはずだと思うことは、私自身は信念として持っていますが、しかし、その信念をただ人々に伝えるだけで日本の社会の中で倫理性が実現していくかというと、私はその点に関しては全くそうではないと言わざるを得ない。あなた方はキリスト者だからそう考えるのでしょう、あなた方は大本教の信徒だからそう考えるのでしょう、というだけにとどまってしまうと、キリスト教的な倫理の根幹から問題を、問題に対する解決と回答とを導いていくことで、事が足りるわけでは絶対にないというのが日本の社会の現実なのですね。

そのときに私は、いまも青木先生が見事におっしゃってくださったのですが、事実は伝えなければならないだろう、たとえば、というので私はさっき中絶胎児の話をしたわけですが、たとえばいまの自分の大学の学生に聞いてみてもそうなのですが、どれだけの学生が日本の年間の中絶されて死んでいく胎児、そしてその胎児がどういうふうに扱われていくか、その後、化粧品を作ったり、ホルモン製剤を作ったりするためにただ使われている、それは余剰胚が使われる以上にはるかにめざましい形で、それこそ、マシア先生のおっしゃる市場経済の中に組み込まれている。中絶された胎児をどう扱うかというのは、中絶する側は、自分で引き取ってこうするというのはほとんどありませんから、結局は製薬会社が中絶された胎児を引き取って、自分たちの思うように使っているというのが現状です。そういう事実をやっぱり伝えなければいけないのではないか。学生達は知りません。そういうことを一切知りません。だから少なくとも、事実を伝えていくことによって自分で判断してもらう。これはどうなのだろうか、ということを判断してもらうための、材料だけは私は伝えていかなければならないのではないかと思っています。

司会　ありがとうございます。マシア先生どうぞ。

マシア　いま、村上先生の話の中で、私自身も非常に共感するところの一つは、日本の社会の中で、倫理問題を扱うときには宗教を問わず、人間のレベルで、あるミニマルエセジといいますか、そういう要請のある社会の中で、ミニマルエセジで一致しようとそういう話し方をするのと、さっき先生がおっしゃったような自分側は自分が属している宗教の側から、またそれ以上の何かを持っていると。この両方のかねあいは、さっき引用しました司教団の文章の一番司教達が苦労した所なのです。

もう一つは、このES細胞の話が出てきたから、私は結論的には、村上先生と青木先生と同じように、大きな疑問を持っていますが、少なくともあるモラトリアムのちょっと当分の間、議論させていま、先生がおっしゃった事実を十分に知らせて、ただこの意見を裏付けるときには私は、バチカンの科学アカデミーのような裏付け方を私は使っておりません。

いま、米国で出ているES細胞に関する倫理議論で、いま一番最近の本を見ますと、そこに激しい賛成と反対があって、反対の中で二つの立場が見られるのです。一つは、堕胎の問題だけにとらわれて、もう始まっているからこれはやってはいけないというのと、もう一つは、始まっているかどうかは問題なのです。早くても着床の後。その着床の後から八週間目までの間の難しいプロセスなのですね。どうであっても、別の理由で、生命の商品化、市場の論理、そういう所から疑問を出して、待ったをかけるべきだ。私は後者の方なのです。私はこの前、クローン技術に関して強くもっと議論するべきだという意見を出したけれども、理由として胚で命が始まっているからではないのです。私の立場では、早くても着床の後からでなければ、最もおそらく八週間目前後ではないかということが議論されてはいるのです。だけれども、でも始まっているかいないかという議論に入ったら息詰まるのです。始まっているか否かは無関係で、生命の商品化、それを早くしようと焦っているのは製薬会社ですから、ちょっと怪しいと思って待ったをかけるという、それが私のさきほどのポイントでした。つまり、いわゆる生命倫理の問題は、経済社会、政治、倫理の問題でもあり、文化、倫理の問題でもあるという、その意味で先生がおっしゃったようなカリキュラム、ただ生命倫理は生命倫理、社会は社会というタコツボ的な例にはしたくなかったのですよ。

司会　こういう生命倫理に関わることは、生命科学の進歩ということが大きな影響を与えているわけです。私はいま、生命科学ではなくて、新しい生物学が誕生しているのだと言いたいのです。つまり、人間も含めた生物学というのは、加藤先生が言うように、他の工学や物理学から比べれば、一〇〇年というのですから、本当についい最近の科学として誕生してきたと言えます。いまやそれが、また新しい生物学として、生まれ変わりつつ動いているのです。いま一番問題なのは、科学として真に探求していることが即技術になってしまうということです。ここに新しい生物の発見は即技術化されて、世の中に出ていくということです。それと同時に、人間と動物との連続性、命の連続性ということも、関係しています。こういうことの意味を考えると、いま実際に、生物学の進歩というのがどこにあるかということを非常によく把握していないと、気がついたときにはもう私たちの命に直接関わっているということになります。そのところを認識するためには、私は教育が必要だと思います。

お二人の先生に、特に村上先生が提案した方法で新しい生命倫理教育とか、あるいは科学技術の問題について、考えておかないと、今後大きな問題になってしまいます。本当にみなさんが問題を意識するようになれば、だいぶ社会に変化が出てくるだろうと思います。いまのところ、事実を知っておくということ、そして何が問題か、そして何をいまやるべきかを自覚していただくことです。そういう改革が大事だと思っております。

だいたい、予定された時間に参りましたけれど、どうしても一言言っておきたいという方がおりましたら、是非お伺いしたいと思います。

質問・コメント　恵泉女学園大学の内海と申します。村上先生の堕胎の問題ですが、そこに、もう一つ、私たちは社会科学という視点から考えると、女性の社会的位置の問題、それから生き方の問題、その中で七〇年代実は日本でも優生保護法を改正しよう、いわゆる解約して、中絶に対する枠をはめようとする、そういう動きがあったときに当時の女子学生たちが立ち上がって、生む、生まないは女の自由だと、そういうスローガンを掲げて、国会周辺のデモをやっていた。これは綿貫先生もよくご存知の所なのですけど、そういう先端医療の問題としてのそういう問題と同時に、生む性としての女性のおかれた社会的な地位から堕胎の問題というのをやはり切り込む。この視点も必要ではないかと思っています。、一億の堕胎があったということもあるのですけれども、それをせざるを得ない女性の側の状況をもう一つ、視点としてを入れていただくとまた違った展開になるのかなと思います。

村上　それはよく存じておりますし、現在は母体保護法になっております。ただしですね、二つの点があります。一つはいわゆる「経済条項」が余りに安易に、「せざるを得ない」以上に利用されてきたことは無視できません。第二は、生む、生まないは女の権利という言い方の中に含まれている、非常に危険なポイントです。胎児条項の問題とも絡むわけです。今胎児条項は母性保護法に含まれていませんが、それは、一種の内なる優生学という問題と直結するわけですから、その意味では、現在日本の抱えているフェミニズムの、言ってみれば非常に辛い矛盾点というのが、まさしくそこに結晶しているように思えます。その問題というのが、これは女性の問題だけではないので、男性たちも含めて、相互の協力の中で少しずつ解きほぐしていかなければならないのではないかと思っています。

司会　ありがとうございました。この問題もたいへん深い問題で、また次回の課題になるかと思っております。これをもって、第四の分科会を終わりたいと思います。

共同の祈り1

山田經三　上智大学経済学部教授、イエズス会司祭

私たちは、主キリスト、あなたを囲んで昨日と今日、大切な問題をめぐって真剣に話し合ってまいりました。ご参加のみなさまからのご発言の中に、魂の叫びを伺いました。それらすべてがあなたのもとに届いておることと思います。いま、特に九月一一日以降、世界は病んでおります。苦しんでおります。それぞれの国も、日本を含めて病んでおります。環境全体が病んでおり、一人一人の個人も病んでおります。いまこそ、癒しを必要としております。私たちはこの話し合いの中で、お互いに心を開いて学び合い、そしてそれぞれの方が本当の人間としての幸せ、癒しが得られる、そういう器になること、両大学はそういう場になることこそ、教育の使命と確認しております。本当の平和とは、特にいま、アフガニスタンを始めとしての世界で、そして日本においても野宿、ホームレスの方々にとって、それぞれの方が家に戻って、それぞれの日常の生活に、普通通りに暮らすことこそ、本当の幸せです。どうか、一人一人みなさまが、そういう場に戻って、日々の生活が営まれますように。そのために、私たちが微力ながら尽くすことができますように、その力をお与えください。特に、昨日からの話の中の中心は平和、世界の平和でした。

いま、最後にイザヤの預言に描かれている平和を祈って、私たちは私たちのこの決意をお捧げ致し

ます。

「彼らは、もはや剣を打ち直して鋤とし、槍を打ち直してかまとする。国は国に向かって剣を上げず、もはや戦うことを学ばない。正義をその腰の帯とし、真実をその身に帯びる。狼は子羊とともに宿り、豹は子山羊とともに伏す。子牛は若獅子とともに育ち、小さい子どもがそれらを導く。牛も熊もともに草を食み、その子らはともに伏し、獅子も牛も等しく干し草を食らう。乳飲み子は毒蛇の穴に戯れ、幼子は蝮の巣に手を入れる」。

私たちの願いを受け入れてください。私たちの主キリストによって。

共同の祈り2

石渡　茂
国際基督教大学社会科学研究所長

お祈りの前に、二つの点を説明させていただきます。プログラムには木部先生がお祈りをするという形になっておりましたが、本日、急にお子さんがご病気になられましたので、出席できないというご報告を受けました。それで、私が代わってお祈りをさせていただきます。それから、この「共同の祈り」についてです。このシンポジウムの共催校である上智大学と国際基督教大学は、ともにキリスト教の信仰に基づいて建てられた大学という機関でございます。それで、シンポジウムの中でも、もちろんご出席の中にはキリスト教の信仰をお持ちでない方もいらっしゃると思いますが、これは私たちの建学以来のことを公にするという意味で、非常に大切なものだということでずっと守ってきましたので、今回も「共同の祈り」を「閉会の辞」の前に持たせていただきました。それでは、黙祷をお願いいたします。

ご在天の父なる御神様、このシンポジウムに与えられたお恵みを感謝いたします。過去二〇回のこのシンポジウムを初めから今日まで支えてくださいました。これまでのシンポジウムで取り上げられた課題を振り返って検討してみますと、そこにはすでに解決されたもの、解決途上にあるもの、そしてさらに多くの未解決の新しい課題が残されていることを思います。これらの課題がいろいろな局面を捉えているものではございますが、二つの重要なキーワード、すなわち「社会正義」と「人権」ということに深く関わっている課題であったというふうに思います。今回のシンポジウムは、「地球市民社会を目指す大学教育」のあり方について、私たちは二日間にわたって考えてまいりました。大学教育に携わる者の一人として、教育というものがただ単にひとつのイベントで終わるのではなくて、過去から現在、そして未来にわたる長い持続的な努力によって行われるものであるということを心に深くとどめ、本日のこのシンポジウムを通して確信を持たせていただきました。科学が万能でないこと、従って私たちは情報を受け、それを発信するときに、大切な洞察力と想像力を持つことの重要性を学びました。本シンポジウムで取り上げられた四つの教育の分野、すなわち平和教育、人権・開発教育、環境教育、生命倫理教育、これらの教育はそれぞれの課題でございますが、基本には先ほど申し上げたキーワードがその背後にあるというふうに私は思います。

このシンポジウムを支えてこられた歴代の両校の学長先生、それからわれわれの大先輩、そして今日のシンポジウムを下から支えてこられた先生方に心から感謝するとともに、これらの人たちを、どうぞそれぞれの場所でお恵みください。

最後に、全く個人的なことですが、二つのお祈りを加えさせていただきたいと思います。一つは、今日、本来ならばこの場に立っているであろう、私の同僚の木部先生のことです。突然のお子さんの病気でここに立てないということを私は知らされまして、たぶん、いろいろお子さんのことで悩まれながら、なおここでその任務を果たせないことを思っておられると思います。どうか、この木部先生の上に、またそのお子さんの上に、あなたの癒しの御手をお与えください。それから、もう一人は私の隣に座っていらっしゃる山田経三先生、山田先生は、来年の四月から東ティモールにいらっしゃるということを伺いました。

思い返しますと、二六年前のシドニー滞在中、私は東ティモールが長い植民地支配から解放されたと思った瞬間に、また別の国による植民地の支配を受けて、今日まで長い苦しみの中にあったことを覚えております。そういうところにこれから先生は行って、隣人の一人としてお働きになるということを知らされました。ルカ伝の福音書一〇章二五節にサマリア人の話が出てきます。この中で、イエス様は良き隣人、私の隣人とは何かということで、たとえ話として善きサマリア人の話を出されております。ある人がエルサレムからエリコに旅をしている途中で強盗に遭い、あらゆるものを奪われ、そして大怪我をして道路に横たわっていたときに、三人の人がそこを通りました。ある祭司、レビ人、そしてサマリア人です。サマリア人はご存知のように、異邦人として当時のキリスト教から遠く離れた者であるというふうに扱われている、その人が善き隣人としてこの人を助けたという、そういうたとえ話でございます。善き隣人というものは、心を尽くし、精神を尽くし、力を尽くし、思いを尽くして隣人を助ける、というふうに聖書は述べております。山田先生がどういうご動機で今回、東ティモールにお出かけになるのかはまだ詳しくはお聞きしておりませんが、長い間の植民地支配の中で、すべてのシステムが破壊された社会の再建のために、隣人としてお働きになる。どうぞこの山田先生をお導きになり、その健康をお守りください。

本日は日曜日ですので、いろいろな所で集会が行われていると思いますが、ここにご出席の方を含めて、すべての祈りをイエス・キリストの御名によりて、御前にお捧げいたします。アーメン。

パネルディスカッション

地球市民社会をめざす大学教育のあり方

パネリスト

暉峻　淑子　埼玉大学名誉教授

内海　愛子　恵泉女学園大学

ベナード・ムノノ　バチカン・正義と平和評議会

フランシスコ・ネメンゾ　フィリピン・フィリピン大学学長

青木　　清　上智大学生命科学研究所

保岡　孝顕　上智大学社会正義研究所兼司会

司会　「地球市民社会をめざす大学教育の使命」と題する学際的なシンポジウムですが、この二日間の討論を締めくくる意味においても、実り多いパネルディスカッションにしたいと思います。

第一日目の議論は、地球市民社会の諸問題、いわゆる地球問題群に関してそれぞれのご専門の領域からご意見をいただきました。作家の小田実さんは、平和憲法と日本はいったい現実には国際政治の中でどういう状況になっているのか、市民社会の現場から、世界平和宣言を出す必要がある。知のパラダイム転換を起こさせなければならない。日本から是非民主的な市民社会を強め、地球市民社会を持続させ、発展させる意味の新しい提言をいただきました。

また、フランシスコ・ネメンゾさんは、政治学のご専門の立場から、この世界構造の暴力的な面の根源的要因まで分析され、フィリピンの実例を挙げながら、公正なグローバルエコノミーへの道をしめしました。

また、バチカン「正義と平和評議会」のムノノ師は、地球市民社会の中でカトリック教会が世界の正義と平和に果たす役割を語りとくに新たな混迷を極める時代に、諸宗教が紛争や対立の原因と、諸宗教の真の平和へ寄与する道を「時のしるし」として認識することを提示されました。またアフリカ固有の文化的・社会的営みを尊重しながら国際的正義と平和の促進のために累積国際債務の負担の軽減は重要であり、先進国のリーダーシップを求めました。とくに教会の社会教説に基づいた各大陸間の人類の愛、連帯をとかれました。

また「最先端科学技術と生命倫理」と題して科学者青木清さんは、環境とか自然が人類の営みにとってどういうものであるかを深く理解するために動物の生態を示しながら解説を加え、私たちが認識を新たにして、地球環境を持続して維持できるような環境ルネッサンスの時代に今到達していることを訴えられました。

四つの分科会において、最先端科学技術に突入している現代の問題点、とくに環境・生命の問題を取り上げて、専門家と一般人の協力のあり方は地球環境問題解決への新しい関係に入っている、社会正義の促進のために先端科学技術にとって再考しなければならない新たな責任について科学者から提言されております。

昨日からの議論を踏まえた上で、このパネルディスカッションでは、新しい大学教育の使命は何かということを見つけていきたいと思います。

それでは最初にご紹介いたしますのは、埼玉大学名誉教授で、経済学博士の暉峻淑子さんです。暉峻さんは、経歴の中でも主な活動としてとくに注目したいことは、国際市民ネットワーク代表として旧ユーゴスラビア、新ユーゴの現場に長年、学生たちとともに入っていかれて、ＮＧＯの活動を主宰し、展開されている。まさに、地球市民社会を担う貴重な活動をされております。

国境を超えるモノとカネ

暉峻淑子
埼玉大学名誉教授

はじめに

私は文学部を卒業して、もう一度経済学部に入りなおし、経済学を勉強した人間なので、子どもの頃からずっと考えて続けてきたことは、経済の問題だけに限定されず、いったい人間て何なのだろうということだったんです。

近代社会になってからは、人間や社会を動かしているのが経済なので、経済抜きに人間の行動とか社会を考えることはできないという問題にぶつかって、もう一度経済学部をやり直しました。それでも私の心の中にずっと残っていることは、人間が生きている、生活しているということについて経済は何をもたらしているのか、ということです。経済学部では、どうやったら経済成長率が維持できるか、資本や人間がそれぞれの分野へ効率的に配分できるかを研究してきました。金融の問題にしろ、財政の問題にしろ、経済を中心にした維持発展ということに関心が集まったいますが、私は、経済活動というものは人間にとって古代から必要であったからこそ、そこに経済活動があったわけで、現在日本の社会がぶつかっているように、経済のために人間があるわけではない。子ども達に何でも欲しいものは与えられるということが、必ずしも子どもの人格を豊かにしたり、考える力を育てているわけではない。経済が発展すれば環境はそれだけ破壊されていて、日本の政治家も新聞も、「経済、経済」と言っているわけですけれども、人間の私たちがどうやって平和にみんなと一緒に生きていくということ、その一緒にというのは自然も破壊せずにやっていくということについて、経済は何をもたらしているのか。盲目的に次の利益、また次の利益を求めて、経済成長率がちょっと下がると大騒ぎするなど、それはいったいどうしてなんだろうということを、いまもずっと考え続けています。

国境を超える人道主義・平和・人権・環境

先ほど「お祈り」のときに、人々がそれぞれの生活の中に戻っていって、平和に生きるということをおっしゃったのですが、そこから全てを見ていくということが一番大事ではないか。いまグローバリゼーションということがすごく言われるのですが、経済は国境を越えて、後進国の農業も、文明も、社会全体をなぎ倒すようなかたちで各国に入っていくわけですね。しかし本当は、国境を越えて入っていくものは、オゾン層の破壊による地球温暖化や海や大気汚染など環境問題です。そういう問題をグローバルな中で考えていかなければならない。子孫に対していったい私たちはどういう地球を残していったらいいのかということは、それこそグローバルなかで考えていかなければならない。自動車やテレビやインターネットよりももっとそれは大きな問題のはずです。

それから平和の問題もグローバルななかでいま考えていかなければならない、二国間の問題や一国の内乱といった問題ではないのです。平和のうちにわたしたちが努力しながら生きていくということは、人権というものと一体になった考え方に近いものがあると思います。そういう悩みを抱えながら、現在のグローバル化が、なぜこんなに金融と経済の問題だけに限定されて大きく取り上げられるのか。時間がないのであまり詳しくは言えないのですが、歴史の教科書を紐解いても、遣唐使の昔から、日本は中国から随分いろいろなものを学んできています。遣唐使が行けば滞在費も学費も中国が、今の留学生制度と同じように出して、日本という国のために間接的に助けてくれたわけですね。人間というのは結局昔から、シルクロードの道を通っても、何をしても、アラブの文化がどうやってアジアに伝わってきたかという跡をたずねてみても、地球上人間は助け合ってきたことのほうがずっと大きい。しかし、なぜ歴史の教科書には戦争の話ばかりがずっと書いてあるのか。助け合ってきた歴史というものをなんで歴史の教科書にまとめて古代からずっと書かないのか。私はとっても不思議な気持ちで学生時代を送りました。

さて、ユーゴスラビア難民の救援のことですが、私がウィーン大学で客員教授を二度務めた時に、私のゼミの中にユーゴからの留学生がいて、自分の国をぜひ見てくれと言われた。そこで、イースターのお休みにヨーロッパのどこかを旅行しようとしていたのをやめて、一四時間ガタガタ列車に揺られてユーゴスラビアに行きました。七〇年代のユーゴスラビアもわたしはちょっと滞在していたので、その変わり様にびっくりしたんです。内戦につぐ内戦、それで七〇年代は日本よりももっと優れた労働者のための食堂とか、いろいろないい設備を持っていたのが、みんななくなって、無料食堂の前は、真っ青な顔をして倒れそうな老人たちが列をなして待っている。子どももです。病院にいっても薬がない。救急車さえもガソリンがないから動かない。本当に悲惨な状況でした。小児結核は地球上から姿を消したといわれているのだけれども、栄養不良のなかでどんどん蔓延していくのですね。それを見たときに、私がずっと考え続けていた学問とか、富とかというものがいったい人間にとって何のためにあるのかということを、本当に深く考えざるを得ませんでした。日本に帰って、ごみバケツの中の食べ物、封も切らないお菓子の缶、過剰包装の紙、カラスがいっぱい繁殖するようなごみの山をみて、改めてぼう然としました。一方では、本当に生きられない人達がいる。

ここで、イラクでの体験を少しお話しします。

私は救援のために四四度という砂漠の中を一四時間走って、イラクの子どもたちを救援に行ったこともあるのですが、そういうところでは、確かに人道的な救援物資は、細々とは続いているのですが、生まれてせっかく生えてきた乳歯もみんな欠け落ちてなくなるぐらい、栄養が足りないのですね。

ある非常に貧困な家庭に入っていったときに、子どもが犬のように足を縛られて家の中の柱に二人つながれていたのです。三つとか四つの子どもです。お母さんが帰ってきたので私は詰め寄っていって、どうして子どもをこんなことしているのかと、子どもは犬じゃないと言ったのです。そのときお母さんは、私に向かって非常にきつい顔をして、「もしこの紐をはずしておいたらどうなると思いますか。こどもはおなかがすいているから、道路にいってゴミ箱でも何でもあさって食べられないものを口にして、すぐ下痢をする。だけど、薬はない。子どもを生かしておくためには、親がいない間は、こうやってつないでおくより仕方がないのです」と言われたのです。

夜中に、ホテルの扉を叩く人がいたので、開けてみたら若いお父さんが立っていて、「子どもが生まれた、だけれども、母親は栄養失調でお乳が出ない。あなたが粉ミルクを持ってきたという話を街で聞いた。この手のひら一杯でもいいですから粉ミルクを分けてください」と、本当に涙をためて言うのです。しかし、粉ミルクはすでに、子どもの病院や施設に全部持っていった後でした。そこで私は自分のために持ってきた缶詰とか水とかをその人にあげて、「これをあなたの妻に与えれば、お乳ももしかしたら出るかもしれません。でも粉ミルクはありません」と言わなければなりませんでした。そういことはあらゆるところで起こっています。

今日の最初のシンポジウムに、民族問題とか宗教問題というのがテーマで扱われているようですが、私は聞きに来られなくて残念でしたが、それを杓子定規に民族は戦争するのだとか、宗教は衝突するのだというように扱われなかったことを祈ります。民族問題といっても、権力争いであったり、それは誰かがそういうレッテルを貼るのであって、差別とか、貧困とか、教育が行われていないとか、それが根本の原因ですね。

私はユーゴの空爆の最中もずっとユーゴの中にいました。ユーゴの一般の市民は、民族と宗教とかで、戦っているとは全然思っていません。若い大学生に聞いても、昨日までクロアチア人とかモスレムのひとが私の机の隣にすわっていた。何の憎悪も持っていなかった。何でこんなことに急になるのだ、というのですね。ご承知のように、戦争を起こしたい人というのは、必ずどこの国にでもいて、その人たちが、戦争で憎悪を市民が持つように仕向けるのです。たとえば、結婚式のときに花嫁と花婿が出てくる。その花嫁のお父さんが横にいる。その人を鉄砲で撃って殺して、あれは何々人が憎悪のためにやった、とか、後から聞けば、地雷の爆発であったものを、青空市場でどこからか弾が飛んできて市場の人たちを殺したとか、それから死んだ人の耳をそいで、ドナウの川の川べりにずっと並べて、これは何々人がやったとか、これは日本も一五年戦争が始まるときに、柳条湖事件は日本の関東軍が爆破した鉄道であったのに中国人が爆破したといって憎しみをかきたてたというのがありますが、それと同じです。

そういうなかでも、クロアチアのある芸術家の女の人が「自分は国境を超えて芸術の中の愛を広めたい、だけど民族主義者は民族に忠実でなければならないと言う。でも、民族に忠実であるために、なぜ自分の良心に忠実でない生き方をしなければならないのか」ということをはっきり言っていました。一般の市民は今もなんであんなことが起こったのだ、と言っているのが現実です。

学生とともにNGO活動について

私はなるべく若い人を救援に連れて行きます。これで三四回目になりますが、物資の救援だけでなくかなり長く滞在して、難民の人たちが難民キャンプの中で自立していけるように、縫製工場を作って縫い方を一から教えたりしました。いまはユニフォームを縫う工場になって難民は自立しているのですが、そういうことをすることもあるし、たくさんの難民が命からがら逃げてくるときには物資を配るということもやるわけです。そのなかで、学生たちがおこす内面的な変化というのに、私のほうが驚くのですね。

行くときは、何トンと言う救援物資を運ばなければならないから、何時までに成田空港に集まってくださいと言っても、遅れて来る子が多い。ダンボール箱がこんなに積んであっても知らんぷりしていて、運んでくださいと言わないと、ただ突っ立っているというのが大体なのですね。しかし、現実に難民の群れの中で赤ちゃんを抱いて歩いたり、老人に肩を貸して歩いたり、物資を配ったり、という時になると、眠っていた才能を発揮するんです。配るときも難民の中にいる若い人に呼びかけて、自分たちと一緒にどう配ったらいいかプランを練ってくれます。どうしたらもらえない人が出ないように、あるいは恨みが残らないように配ったらいいのか、ということを一生懸命考える。自分たちが日本に引き上げた後もその自治的な組織が活動するような、そういうことをやってくれるのですね。

また、小児病院に行って、「この子達は、今度あなたたちが来る頃には、たぶんこの中で生きている子はもう三人か四人でしょう」と、小児科のお医者さんが言う。その子どもたちと別れるときに、「自分たちは現地語ができないので一緒に歌を歌わせてください」と言って、歌を歌って、こどもたちをなぐさめて別れる。

そういうときに、彼らが流す涙、それからお医者さんやその子どもたちの涙を見ていると、学生たちにとって一番必要なのは「体験」なんじゃないか、千万の言葉でなくて、同じ人間として、体験して考えることではないかとつくづく考えます。航空運賃も含めて自費で行きます。救援に行く一ヶ月前に、「何月何日に、出発しますので救援に加わりたい人はその間スーパーのレジでもレストランの皿洗いでも、なんでもして七、八万の飛行機の切符代を自分で稼いできて下さい」と言う。そうすると、本当にそうするのですね。

帰りの飛行機の中で学生たちと話していると、とてもいいことを言うのです。「自分は偏差値の中で育てられて、人間は偏差値の高いのが優れていると思っていた。だけど、人間には他の価値があるということが分かった」と。他の子はまた、「自分は勉強している意味が分からなかった」と。「でも自分を待ってくれている人たち、難民の人たち貧しい人たちと一緒に暮らしてみて、自分は世界で待たれているのだ、ということが分かった。これからは勉強を一生懸命します」と言うのですね。高校生などもこれで自分が大学に行く意味が分かったといって、本当に一生懸命勉強してくれます。

それから、学生たちが空港を離れようとする時に駆けつけてくれた、ユーゴスラビアの前大統領で作家のチョーシッチが、学生たちに「皆様方がしてくださったことを私たちは永久に忘れません。私は年寄りだけれでも、きっとこの国の若者が、あななたちに恩返しをしてくれる日が来ると思います。もし、長い間自分たちが貧困の中にあって、自分たちがそれをできないとしても、たぶん神様が代わってあなたたちに私たちの恩返しをしてくれるでしょう」と別れの言葉を言ってくれました。学生たちも本当にその言葉に深い思いを持ったようです。

世界の中で、真の国際貢献とは

難民キャンプに行けば、難民の子どもが日本の子どもに、「私たちはおばあさんからどんな不幸の中にも、ひとつだけ幸福があるという言い伝えを聞いてきた。だけど、それが今分かりました。それはあなたたちに会えたことだ、と。そうでなければ、私たちはあなたたちと一生出会うこともなかったに違いない」。と言って、逆に私たちを慰めてくれる。ある難民の友人は「私たちは忘れられていないのだ、ということがわかって、それを思い出すだけでも、生きていくのに力になる」と言ってくれます。

そういう生の言葉を学生たちはあちこちで聞くわけです。ある大人は「ユーゴスラビアには魚を送るより、釣り道具を送れという言葉がある」、と。それは、物をもらうより自分で生きていく手段を持ちたい、人間は自立して生きたいのだということを言っているのだけれども、それを「ただお金を持ってきたり、物を持ってくるのではなくて自分たちに寄り添って一緒に生きていく道を考えてくれたのはあなた達日本人だった」と言ってくれる。

そういう中で、人間は争うということももちろんあるわけですけれども、「助け合う」という人間が持っているもの、これはいったい何なのだろうか。競争社会の中で生きてきた学生達は考えるわけです。私はある教会の人に聞いてみました。その方は、「それは神様が人間をそういうふうに作ってくださっているのですよ」と言われたのですね。そう言ってしまえばすべてがそれで片づいてしまう。しかし、私のような人間はそれでは納得できないのです。人間は原始時代から類を作りグループを作って生きてきた種、としてもっている一つのあるもの、それが助け合うという一つの大きな力で、それをみんなが、尊いものとして自覚して、技術をそのために使い、富もそのために使う。自分がどこで待たれているのかを知る。それをもっと哲学的に整理して書かれた大きな本があったらいいのに、と今思っているところです。

司会　ありがとうございました。現場に飛び込んで観察され、人間的に温かく分かち合った体験を伝えていただきました。また海外ボランティア活動の体験を通して暉峻さんが感じとられたあたらしい学生像が浮かび上がってきます。

それでは次は、内海愛子さんです。恵泉女学園大学の教員をされています。そして日本朝鮮研究所員として研究をなさり、その後、「アジアの女たちの会」や「朝鮮・戦犯の補償立法を進める会」「アジア太平洋資料センター」「アジア人権基金」などＮＧＯで積極的に活動されています。またインドネシアの大学の教壇に立たれたという、日本アジア関係研究という専門の立場から、新しい教育のあり方をうかがえると思います。

問題意識を引き出す教育

内海愛子
恵泉女学園大学教授

はじめに

いま暉峻さんがだいたい話されましたので、これに若干付け加えるという形にさせていただきたいと思います。体験を重視する、それから現場が大切だ、ということはご指摘の通りです。

マシア先生が、このレジュメに、問題意識を引き起こし、行動を促す教育を目指したいというサブタイトルが書かれています。そして、いまの学生が目をつぶったままではないのか、この学生たちにどうやって問題意識を引き起こすのか。今の社会に起こっている問題に目をつぶらないで、自分がそこから考えていくということが、大学教育の中で重要だというご指摘がありました。それから暉峻さんからも同じようなご指摘がありました。今日のタイトルは大学教育のあり方となっていますが、今の大学教育はお二人の指摘に応えるようなかたちになっているのだろうか。

私の勤めている学校は、キリスト教主義の学校です。そして世間的なことで言うといわゆる有名校ではありません。ユニークな大学なので、はじめから恵泉もめざして来る学生もいますが、入ってくるとき、ある意味で高校までの教育のなかでのトラウマがある。挫折感をもっている人もいます。そして自分はだめなのだ、という思いの中で、殻に閉じこもっている、そういう学生たちがいることも事実です。

今の大学教育は一年のときから専門教育が始まり、知識、言葉としてはいろいろ知っている。しかし、自分の心がその知識によって動かない。共感できる心がない、だから体が動かない。学生がいろんなかたちで可能性を持ってもっているにもかかわらず、動かない動けない状況に生きている。これを私は実感しています。

体験学習から自分の可能性を見出す

私たちが大学に入ってきた学生に、重点的にやるのは、世の中にはどういう問題が起こっていて、どういう現実があるのか、かなり具体的に、なるべく心の中にストンと落ちるように伝えることです。いま暉峻先生がおっしゃったように、コソボ難民の救援の体験、これを聞けば、イメージがわきます。自分も行ってみようかなと思うかもしれません。ですから、できるだけ体験、それからいまの地球社会の中でいろいろ苦しんでいる人たちの声を学生たちに伝えるのを、一、二年のときの重点的な作業としてやっています。たとえば、一年生には「平和研究入門」という授業が全員の必修となっています。そのときに「慰安婦」にされた女性たちの話を直接聞くことはできません。彼女たちのつらい体験を直接、話してもらうことはできない。そこで、ビデオを上映しながら、その支援にかかわっている人を招いて話を聞く。

それと、アジアで何が起こっているのかその声を伝える。たとえば私の場合ですと、インドネシアのスハルト政権の下で捕まって拷問を受けた人をお招きして、その実態と、彼の熱い想いを聞きました。東ティモールで現実に働いている人たちに来てもらって、直接学生たちに話してもらうこともあります。

インドネシアのアチェで国軍とぶつかって、独立ないし生存をかけて戦っている若い人に来てもらって直接、話をしてもらったこともありました。みなさんアチェなんか知りません。その独立運動なんて分かりません。一年生ですから地図を使って、そういうことをやります。当事者の話を聞いて、殺された人の子どもが「百円で一ヶ月小学生が学校に行けます」というと、みんな何百円もカンパしていく。そしてそうした話をした人が帰って虐殺されたと聞いて、衝撃を受けました。その中で、一体アチェで何が起きているのか、動き出していく。具体的な人との出会いの中で、偏差値で輪切りにされない、若い人たちのもっているナイーブな、ものを感じる力というのが研ぎ澄まされていくという感じをもっています。

また、自分たちで自主ゼミをやったりしています。今度の九・一一についてもブッシュと小泉さんに直接手紙を書きたいという。アジア太平洋資料センターが主催した一一月三〇日の「平和のためのティーチイン」に、二〇〇人ちょっとのオーディエンスでしたが、三〇人以上が恵泉の学生でした。このように、少しずつ動き始めていく。こういう動きをつくる中で、彼女たちのものを感じ考える力を引き出していくことを学校全体が取り組んでいます。私たちにとっては、大学教育のとにかく一年のときが勝負だと思っています。心が動くと、偏差値教育のなかで閉じ込められていた、自分のなかの可能性を次々に花開かせていくのですね。

二年三年になると、そういうアジアの現実や、ヨーロッパの現実に目を開くと言う意味で、暉峻先生のおっしゃった体験、これをまず国内でできる限りの体験をしていく。それを踏まえてアジアに出かけていくというフィールドスタディーというのを組んでいきます。場合によっては半年、タイでタイ語を勉強してその後NGOに入って活動して、それをレポートに書いていく、それを単位化するというところまで、私たちのところではやっています。

本当におとなしくて目立たなかった学生が、タイの児童買春の卒論を書きました。彼女に「何でこんなテーマを選んだのか」と聞いたら、タイにフィールドスタディーに行ったときに、エイズの施設に行き、児童買春の現実に触れたと言います。彼女はぜひそれを調べたい、と言いました。けれども、ある航空会社の乗務員試験の難関を突破して、最後の面接のときに「卒論は何をやっていますか」と質問を受け「タイの児童買春について調べています」と言ったそうです。航空会社ですから面接官は「うちとしてはそういうことはやって欲しくないんだけどな」と言ったと言うのです。「私はそれはどうしてもやりたい問題です」と答えましたが、見事合格しました。

現実に触れること、それからNGOの体験を通して、日本がアジアとどのように関わっているのか、自分達が学ぶこと、こうしたステップを経て次の三・四年の段階で研究のテーマを見つけることができる。学生の豊かな感性と知性をどのようにしたら引き出すことができるのか、教員が一緒になってこうした取り組みをしております。

実際アジアに出向くことができない学生に対して、どれだけ具体的な話ができるのか、私は「国際人権論」というテーマの授業ももっています。そのときに、一番わかりやすい方法、たとえば「女性差別撤廃条約」これは日本は批准しましたから、それに抵触する国籍法は改正されました。それから男女雇用均等法もできました。家庭科の男女共修というのも教科として実現しています。しかし、女性の置かれた地位は、それほど簡単には改善しません。二〇〇一年一〇月一三日、ドメスティックバイオレンス、DV法が実施されました。私はもちろん授業のときに話しますが、同時に各自治体がこの問題にどういう関わりをしているのか、それぞれ自分の住んでいる自治体の取り組みについて調べていらっしゃい、と課題を出しました。それぞれ市役所や区役所に行きました。DVについてのパンフレットを無料で配っているのです。私は学生を通してはからずも、無料で貴重な資料を入手できる形になったのですが……。学生がDVについての資料をくださいと言ったところ係りの人が「どうしたんですか、何かあったのですか、すぐ相談に乗ります」と言われたそうです。「私は当事者ではないのですが、実はこういうことで」と説明すると、極めて丁寧に色々なことを教えていただいた。自治体への距離感が縮まったと思います。多文化共生というのは政府でもスローガンとしています。そこで各自治体で多文化共生のためにどういう取り組みをしているのか。それぞれ自分の住む自治体に行ってそれも調査してくる、資料を集めるように言いましたが、DVについては実に立派な資料を出しているところでも、外国人についてはおざなりな行政しかやっていない、こういう実態も見えてくる。その中で、実は多文化共生という現実は、まだまだ私たちの地域、行政の中では根付いていないことがよくわかります。そこで一人一人に何ができるのか、あなたは何をしようとしているのか、という形で具体的に問題を投げかけていく。

今、日本社会で起こっている現実を、学生たちがリアルにとらえる手段が極めて乏しい。情報だけはたくさんある。しかし、その情報を使って自分で考える力と方法が乏しくなっている。そこで、NGO活動や難民支援などにかかわる前に、身近かな体験をどうつみかさねていけるのか、日常の授業の中でもいろいろとやってはいます。学生の身体と心が動く授業をどう作っていくのかです。「女性差別撤廃条約」や在日外国人の問題だけではなくて、実は9・11以降アメリカ、CNNを通して流される情報で私たちの問題のとらえ方や考え方は、アメリカサイド・西洋サイドに流されているのではないか、もっとイスラムやアフガンの人たちの立場から問題は考えられないのだろうか、とも問題を投げかけます。このことは今に始まったことではなく、一二月八日真珠湾攻撃を奇襲として日本中が拍手をして、喜んだという体験を私たちは持っているわけです。なぜあの時、日本の人たちは手をたたいたのだろうか、どういう情報操作があって、どういう教育が行われて、どういう報道の中で人々が戦争に踊らされていったのか。そういう視点をもてば、今のアメリカ一辺倒な情報に対して違う立場の人や機関からの情報を取ることが私たちの判断や、ものの考え方をつくっていくために重要なのではないか。こう問題を投げかけることができると思います。ですから、日本の戦争、情報のコントロールの問題は今の問題にもつなげていける。先日も、アフガンの女性が「アジア人権基金」の人権賞を受賞して、日本に来て講演したので、ビラを撒いたり、ポスターを貼っておきました。学生がそれを見て、参加しました。いろいろな形で問題意識をひき出すことができます。こうした感性をゆさぶることを一年生のときにいろいろにやっています。気がつけば皆、いい感性をもっているので自分で行動を起こし、人の輪を作っていくことができると思っています。

学生の可能性に賭けながら、私はそれをサポートするのが私の役割、自分が関った問題を考える段階で、実はこういう方法論があり、こういう学の体系がある、こういう勉強をしたらどうですかと次の対話ができると思います。

マシア先生が「日本は本当に異常である」ということを強調されていました。でも異常を異常と気付かない状況の中に多くの学生が暮らしている、この現実を変えるために、彼女たちに問題提起して、ともに考え動いていく。こういう大学教育のあり方を、私は学校の中で細々とやっております。どうもありがとうございました。

司会 お聞きしながら内海さんの人柄と、よき教師像も同時に浮かび上がってきた感じがいたします。次はフィリピンのネメンゾさんです。フィリピンで最大の国立大学の学長でいらっしゃいます。何かとフィリピンの一つの示唆に富むお話が聞けるかと思います。

個人の体験から出発する教育

フランシスコ・ネメンゾ フィリピン大学学長

学校、学界がいかに協力をしていくべきなのかということについてお話させていただきたいと思っております。私がここでお話することは、大学の一教授という私の一個人としての経験です。というてい
フィリピンのすべての現状に触れることはできません。

学界ということで申し上げますと、特に厳戒令が布かれていった一九七〇年代はじめ、私どもほとんど地下活動を余儀なくされていました。私は二年間投獄されていたこともございます。リベラ先生も同じような経験をお持ちです。私たちの今まで現地で草の根活動に身を置いてたいたわけです。そして、草の根の方々と一緒に、共にして戦ってきたという気持ちを共有していたことが言えるのではないかと思います。そして武力に訴えるということではなくて、生き残っていくために何が必要なのかということに関する戦闘だったと思います。

大学という場に戻ると、私どもの経験は、たいへん多く手助けになったと思います。私どもの大学では、昨日神父様のお話がありましたが、社会活動、コミュニティー共同体活動を行って来ました。共同体育成にあたっていた人たちと、様々な場で活動を行なってきたわけです。フィリピンでは、その七〇年代の学生の中でたいへん賢い方々が大学を出て社会主義活動をアンダーグラウンドでやられていました。本当の世界とは社会主義にあるのだ、というようなことで戦っていた。この学生に私が言ったことは、「まったくまだ経験をもっていないではないか、専門を持っていないではないか、もっと耳をこじ開けて現状を聞くべきだ、地下活動をすると何も貢献することはできないんだよ」と。草の根活動をしても本当に有意義な活動はできないのだということを言ったわけです。これは私個人の経験からも、社会科学者としても同じように思います。たとえば、郊外で色々な草の根活動の方々に話をします。その中で人々は社会科学者を必要としない。学会の専門家は必要ありません。逆に農業の専門家とか、医学の専門家とか、一番重要なのはその専門知識を人々の生活のために貢献できるのかだと。私のメンバーは誰もそういった教育を受けた人はいませんでした。全員が社会科学者のグループであった。学界で、学問で終わってはいけないのだと、「民衆にどう貢献できるか、専門知識をどう使うことができるのか、まったくそういった意味で専門知識は実際に人々の生活のために役立てなければ、単にこれは机上のもので終わってしまうということです。この点について昨日、申し上げたのですけれども、学術の左翼という言い方をしていますが、それより代替的なビジョン、代替的な政策をグローバル化ということで確立する方向性を見出すべきなのではないかと申し上げました。言うなれば、体験をしていくということです。開かれた世界に足を踏み込んでいくという部分でのグローバル化というのが重要であると思います。しかしその体験をどう押し広げていくのかということが次の重要なステップだと考えています。いろいろな会議や会合、いろいろな研究活動を通じて、こういった方向性が具現化するのです。協調性、協力が大切だと思います。

もう一つ重要なのは実際に体験する上での問題点であります。私はICU（国際基督教大学）で教えたことがあったわけですが、フィリピンに実際に一ヶ月体験学習をしてくるというようなこともやってまいりました。ですから、これを大学間レベルできちんと体系づけていく、単に体験学習をしただけでは全体像は見えてこないわけです。人々に直面している問題は何なのかは体験だけで終わったのでは本当のことはわかりません。多くの場合、こういった体験ツアーのようなものはNGOの方々と話をして、特定の分野のNGOの方々と話をするだけで終わってしまうのですね。NGOの方々というのは、たとえばひとつのことを、現実をオーバーに話したりとか、全体像をうまく伝えられない場合も多くあるわけです。それはそれぞれの既得権益のためであります。隔離した形で現実を理解するということになりますと、その一面しか見ないということになります。事実がわかりません。

私の多くの日本の学生が、フィリピンに行ってみたいといって、私は色々と相談をもちかけられました。学生は単にごみの山で生活している人たちを描写した映画をみて、このスモーキーマウンテンを見たいと思っている。これがフィリピンの全体像だと誤解しているわけです。フィリピンというのは「大きなごみの山だ」と誤解している学生がいかに多かったことかと思います。そして、フィリピンというのはスモーキーマウンテンに行けば全てがわかる、と思われていた。これは大きな誤解であります。そして写真を撮って帰ってきた。それだけの体験であります。

たいへんよく計画された体験学習で、よく組織されるべきものを大学間でぜひ発展していくべきだと思っています。そうすればますます有益なものになると思いますし、実際に見ていくこと、全体像の一部の事実を見ていくこと、それが重要になってくるわけです。全体像はもっと複雑なものです。

また、私がオーストラリアに行ったとき、メルボルン大学の学生と会い、この体験ツアーに関してのアドバイスを求められました。そのツアーというのはフィリピンのゲリラがいるような地域へのツアーだったわけです。彼らはたいへんわくわくして興奮していました。数日間ゲリラと過ごしました。本当にびっくりしていました。本当の戦闘家たちだったのです。ただ、その組織、計画は、慎重に、十分行なわなければなりません。大学はこういったプログラムを組織するにあたってよりよい組織だと思います。おそらくプロフェッショナルなNGOよりも、いい組織ができるのではないか、あるいは観光業のグループよりもいい組織ができるのではと思っております。

司会　ありがとうございました。ネメンゾさんのご指摘は、昨日の分科会1でもありましたが、NGOの中には、全部が全部、善ではなくて、中には自組織の宣伝など悪質なものもあるという指摘ですね。では、それをどういうように、若者と一緒に正そうとするのかという意味から、大学が海外および国内の体験学習というものを慎重に計画し、教育的にも責任を明示することも意味があるとの問題提起でした。NGOの一方的に誇張された説明によって、誤った事実を持ち帰る傾向に関して、大学が組織する体験学習は客観的社会分析の目を養って責任を持ったプログラムを学生が共有できることでなければならないというご意見です。アカデミシャンとしてディシプリンのあるご発言だったと思います。ありがとうございました。それでは次はバチカンの「正義と平和評議会」のムノノ師です。

教育の権利が第一

ベナード・ムノノ　バチカン・正義と平和評議会

特に正義と平和に関して、そしてアフリカでの問題に焦点をあてて話を申し上げようと思います。まず、最初に私が強調したいのは、教育の権利が非常に重要だということです。これは全ての人間、社会的な状況や人種、性別に関わりなく保障されるべきだということです。教育はすべての人に大きく影響を及ぼすものですけれども、それをまた世界的な観点から見ていかなければいけません。教育は世界における課題に対処していくため重要になってくるわけです。国家はテクノロジーに頼ることはできません。人間の力によって成り立つものです。また、より良い世界のためにはよく人をトレーニング、教育しなければいけないといけません。そしてより良い社会を作っていくためには、人材が必要なわけです。また教育の場において、教育の質は教育インフラだけに基づくものではありません。教師の質も十分に関わってくるわけで、教師を十分に教育していくということが必要になってきます。

また、教師も十分な報酬をもらわなければいけません。多くの教師あるいは大学教師は、十分な報酬を受け取っていないために副業をしなければいけないことがあります。たとえば、農地を耕したりしなければいけない。このようにして、教育の質は徐々に低下していきます。そして腐敗が広がっているのです。特に学校の経費や教師の賃金を親が支払う責任がある場合にはこういった状況は深刻です。貧しい国ではますますこういった状況に苦しんでいます。その結果として、若者の人格形成に関わる教育は劣悪な状況になっていると考えられます。若者を教育することは特に大切になっています。基本的価値、素直さ、完全性への愛、そして全人類への善、責任感、団結、開放性、忍耐、他人への尊重、また対話、これらを教えることが重要です。

同時に、正義と平和の考えも教えることが重要です。地球から一つの家族のメンバーとしての正義と平和です。文化的な面から、いったい教育はどんな重要性を持っているか考えましょう。ある教育環境の中に人を入れる、これがたいへん重要になってきます。そしてその後、働き、生きる力を与えることが重要です。外国からの留学生を迎えることもたいへん重要になってきます。教育基盤が違ったものであることが望まれます。そういった留学生の交換教育によって、学際的な枠組みにおいて協力が可能になり、それによって、文化的視野を広げることができる、また教育の使命を果たすことができると考えます。自分の文化に根ざした形で教育を行なわなければいけないわけです。また同時に批判的になることも重要です。もちろん、アフリカの文化は、様々な文化がありますが、文化によってマイナス面があることも事実です。ですから、十分に注意を払い、文化がどのような働きをもっているか知ることが重要になっています。アフリカの文化では、若者が自分よりも年長者にアドバイスを求めることが一般的です。長老は知恵の泉、このように考えられています。若者は、教育を受けていても、この長老のほうが知識があるということを認めないわけにはいきません。協力は一人の頭脳に勝るといいます。特に重要な決定を下すときにはたいへん重要です。

今日、責任感というものが育成されなければ将来人々が責任を取れるようになるということはないわけです。責任感というのは育成するものであって急に身につけられるようなものでありません。この教育という使命は一つの機関が全てを担うものではないのです。様々な機関が協力をしていくその中で協調性、そして力を養っていくもの、言うなれば両親、家族、そして教育機関が一緒になって教育を提供していくべきだと思います。また宗教的な女の子に対する教育は重要だと考えております。文化、宗教、経済的様々な理由から十分に女子教育が不十分という実情があります。

特にアフリカにおいて女性は冷遇されています。たとえば、女性は結婚すべきものだと思われていて、教育を女性に与えることはお金のロスと思われています。高等教育を受けた女子はいい男性を見つけられない、伴侶を見つけられないとも言われております。男性はできれば自分よりは知識レベルの低い人と結婚したいという願望があるからです。しかし、差別の核心部にあるのは貧困であります。

両親が、特に貧しい家族が子どもを学校に送るという際には、男の子のほうが優遇される。政府はこの事実を認識することによって十分な教育予算を女性の教育へと徹底していくべきだと思います。こうした新たな視点から女性が将来の世界の意思決定の中で重要な役割を担っていくものと考えております。

最後に、教育における権利に関連して、健康の権利についてお話させていただきます。ここにいる我々全てはたとえば病気によって勉強を続けることができなくなったという状況があるということをご存知だと思います。特にアフリカにおいては健康が一番深刻な問題となっております。基本的な健康を確保することがたいへん贅沢であるというのがアフリカであります。女性、子ども達における基本的な保健が確保されていない。またその基金として大きな債務国において国際債務を先進国が削減することによってその余剰資金を教育や健康に振り向けるという前向きな国際政策決定が必要だと思います。

私たちの教育システムの中で生徒の人間性をどう高めていくのかという将来の世界を見据えて考えていくべきだと思います。高潔な人材の育成、そして学際的な様々な教育を全体的に与えることによって新しい二一世紀の幕開けをたいへん明るい展望を持って望むことができるのではないかと思っております。

司会　お聞きの通り、基本的なアフリカの現状は貧困からどう脱却できるか、それから教育、就学率の低さ、ジェンダーの差、保健の遅れなどの現実の厳しい問題を解決するためには、先進国がアフリカの重債務国の債務の帳消しなどを政治決定して、その資金によって教育による社会各方面の人材育成を急務とさせる。また、若者が人間として全人格的に育ち、アフリカの文化——いわゆる知恵ある年配者の伝統や生活に裏打ちされた英知——を尊重することも含めて人間中心の開発を自助努力で推進していくことをご指摘になりました。どうもありがとうございました。

つぎに生命科学をご専門の青木さんにお話をいただきたいと思います。

リベラルエデュケーションの復興

青木　清
生命科学研究所

神経科学、あるいは神経生物学と言われている分野の研究をしております。それと同時に、学生には生命倫理の講義もしております。そういう立場から、今日のパネルディスカッションでいくつかの問題を述べたいと重います。

まず私の分野の生命科学は究極的には人間の脳を理解するということになると思います。その生命科学の進歩、これは世界的にみて、生命倫理の問題になっている事柄であります。これは歴史的には一九七五年ごろから始まったもので、遺伝子の組換え操作が始まってから生命倫理というような問題が認識されるようになってきました。特に最近のクローンの羊、ドリーという羊が誕生いたしました。これはクローンという方法によって誕生したものです。これが社会的に大きなインパクトを与えました。今までは科学や倫理などの立場から、生命倫理の問題が議論されてまいりましたけれども、今日村上先生もおっしゃっていましたが、ヒトクローンの問題は科学者、あるいは医者、それと倫理学者、それは彼らだけの問題ではなく、社会科学、哲学、それに法律、経済、などこのような分野の研究者の問題としても関わってきています。

一番目として、科学技術の進歩は人類に何をもたらしたのかというと、生命科学、あるいは物理学や化学の進歩は、あるいは技術の進歩は確かに人間に小さな利便性として多くの影響を与えてまいりました。しかし、残念なことにこの利便性が拡大していくと、つまり大きな利便性になると大きな社会的な問題を生じてくるのです。その例は、今日の綿貫先生のお話にあったかと思います。確かに便利な科学技術、あるいは生産のために薬物を使うことは私たちに利便性をもたらします。しかし、それは我々以外の生物に与える影響とか、あるいは環境において、空気や水などを汚染するとか、その影響は大きなものになります。私たちはそこに大きな科学への不信、あるいは技術への不信を持つわけであります。しかし、この科学技術の進歩は、人々にどのくらい理解されているかというと、これまた疑問であります。科学者あるいは技術者は、いい面だけを強調して進歩を図ろうとします。しかしながら、人々は科学技術というものが、進歩していく過程においては必ず二面性があるということを実感していないといけないと思います。良い面があれば、必ず悪い面もあります。そこで悪い面はできるだけ隠して、進歩というのは良いのだという善を強調しながら進むと多くの誤りが生じます。また、このことが科学技術への不信感を招いているというのが現状かと思います。そういう意味では、科学者の果たした役割というようなものは、あまり感心されたものではありませんので、十分に理解はされていないと言っていいのではないかと思います。

私は上智大学に入ってきた学生に生命科学、生命倫理を講義することはたいへんです。彼らがこれまでに生物学や科学を学んでこなかったとか、また物理学も知りませんと言う学生に、まず最初から、それらがわからなくても生命科学が理解できるように話しますということで講義をします。そしてその理解を得た上で今度は倫理的な問題、哲学的な問題を話します。それであっというまに一年がすぐ終わってしまうのです。したがいまして中途半端な講義になってしまいます。ですから私としては大学でもし学生によく理解させるとするならば、入ってきた学生のときに一回やると同時に、出て行くときの四年生あるいは大学院生の修士の一年生に、もう一度生命倫理の講義をすることがよいと思っています。今日綿貫先生がおっしゃっていました環境の教育も入ってきたときだけではなくて、一旦専門性を身につけたうえでもう一度、卒業の前の時点で行なうことです。

二番目でございますが、科学技術の進歩と、人類生存における社会的調和、および自然との調和が大事です。これは綿貫先生が環境教育のところでたいへんいいことをおっしゃっていただきました。つまり、人類をはじめ生物、そういう地球における生き物、生命あるものの多様性を保ちつつ、共生の社会を勧めていくことです。共生は、バイオロジーから出た言葉ですが、それを拡張して、社会の中でどう生きるかという新しい共生の概念をつくり出したと思います。これは、非常に大事な提案であります。これを教育として進めていくということ、これが一つの大きな人類と他の生物の共存、あるいは国際的に、国家間の調和に役立つだろうと思っております。

三番目として、生命倫理や環境倫理の問題は国際的な共通した課題であるということです。まさに、環境問題や生命に関する諸問題というのは、国際的であります。これほど今日グローバルな視点で見なければいけないものはないと思います。したがいまして、これは、国際性を教育としてやる非常にいい課題であると思っています。ですからこの問題を、社会生活と学問を結びつけた中で教育をしていくことが非常に重要であると思っています。

四番目でございますが、生命倫理・環境倫理に関する大学教育は国際的に活躍する人材養成として必要なことです。つまり、大学の役目というものは国際的に活躍する、あるいはそういうところで求められている人材を養成するところにあります。そこでは単なる単純な専門性だけを教育するのではなくて、今日あるような生命倫理、環境倫理、環境教育、あるいは生命科学、こうした学問分野を、まさに良い意味で国際的な立場に立った教育をしないといけないわけであります。そういうことで、こういう学問分野の教育を受けた学生達は、おそらく国際的に活躍できる下地として必要な教養を身につけて社会に出ることができると思います。つまり、大事なことは、そういう高い教養、専門性の上に高い教養を身につけた学生を大学は育てていかないといけないと思うし、またそういう役割があるということです。

五番目、最後でございますが、現在の大学教育は細分化されて専門性というのが非常に強調されております。特にこの数年、各大学とも、一般教養科目はできるだけ削減して、できるだけ早く世の中の、社会に役立つような専門教育をすることが強調されております。これは、大きな誤りでありまして、広い知識を身に付ける方向で進めないといけないのです。そういうことでは、もう一度リベラルエデュケーションということを我々は大学人として注目しないといけないと思います。それは人文科学、自然科学、社会科学があり、これらの教育を介して、いわゆる知識として物事の全体像を把握することが大事と教えていかないといけないのです。そういう点で、今日、共催しております、国際基督教大学は十分その役割を果たしていると思います。私どももそれを習い、このリベラルエデュケーションというものをもう一度洗いなおして、カリキュラムとして見直す必要があると思います。つまり私たちの大学は、国際的に活躍する人材を養成するとともに、正しい知識を生み出す源泉でもあるわけです。その泉を枯渇させるようなことをしてはならないわけです。大学はそのことを真摯に受け止め、社会との結びつきにおいて、今日ここで提案された社会正義というものを根底にして、生命倫理、環境倫理、このような問題を教育していくということが大事ではないかと思っております。

討論

司会　新しい大学作りという時機にあって二五年間、上智大学の生命科学研究所の教授・所長として、役割を果たしていただいている青木さんから、貴重なご提案をいただきました。ありがとうございました。

私は司会兼討論者ですが、ここで五分間だけいただいてご報告いたします。先ほどから伺っておりまして、本当に大学の教育カリキュラム、講義、授業を受ける学生の環境を改善していくにはどのような新しい価値観や計画・実践がなされているかという問題が提示されております。もちろん、学務上トータルな学習量に対する評価を下して三年または四年に進級し、卒業と、通常大学はあたかも学士製造マシーンとして動いているようです。私は一国の教育制度は社会を再生産し、その中で機能し、社会に奉仕する役割があると思うのですが、しかしながら、内容次第ではそれは不正義の再生産にもなる。正義を促進する道を切り開くための多くの市民にとって、社会にとって望ましい私たちの選択とは一体何なのかをはっきりと展望したいのです。これは繰り返しパネリストからこのシンポジウムを通して求めらたポイントですね。

教育問題は、個々の人が財産を増やすことよりも、一層人間らしい人間に、そして自分の人格的価値を高めて、一層社会的責任をもった真の人間になることができるかどうかということにあります。そのように道を切り開く我々の努力と責任とがあるのではないか、と思います。その切実な例としまして、民族問題の授業で、ある在日韓国人の女子学生が書いて発表しましたペーパーを取り上げます。「わたしは在日韓国人です。在日韓国人だからといって何かあるわけではないのですが、いろいろな差別みたいのを受けました。外人登録証について。名前について。それから職業について。学校について。たとえば在日韓国人のほとんどが朝鮮学校に通っている、幼稚園、小学校、中学校、高校と韓国語を話しながら日本語の勉強をするが、高校になるとほとんどの授業が韓国語で話す。けれど、私は幼稚園から今まで日本の私立の学校に通っていたから良くわからないが、聞いた話だと在日韓国人は大学受験のときが一番たいへんだったという。日本の学校に行くわけだから日本語ができなければいけないということは確かだ。しかし、もっと学校が色々な配慮をしてもいい。選挙についても、在日の人はみんなそうだが、日本にいる限り選挙権はない。税金を払っているのだから選挙権はほしい。だからといって韓国で私たちに選挙権があるかとえば、それもない。日本に暮らし、日本の法律を守り、働いているのになぜ選挙権がないのか不思議である。二十歳になり、周りは選挙に行っているにもかかわらず、なぜ在日は選挙権が認められていないのかわからない。色々な人に聞くと、選挙権があっても行かないという人のほうが多いが、私は一度でもいいから行ってみたいと思う。在日というだけで、住んでいる国の首相も選べないのは不公平である。」

国際社会と日本との関わりにおいて一、二の例を紹介します、国連の人種差別撤廃委員会は最終見解を先ごろ出して、日本に勧告を促しました。同見解には肯定的な側面、あるいは懸念と勧告というものもあります。時間の関係でとくに懸念と勧告に触れて見ます。同委員会は、日本の国籍を申請する韓国・朝鮮人に対して名前を日本人名に変えさせる行政上、あるいは法律上の要求が今はもう存在しないことに注目しつつも、当局が申請者に対し名前の変更を促し続けており、韓国・朝鮮人は差別を恐れてそうせざるを得ないと感じていると懸念を表明しています。個人の名前は、文化的、民族的アイデンティティーの基本的な表象であることを考慮し、委員会は締約国に対し、こうした慣行を防止するために必要な措置をとるように勧告しています。

それからインドシナ難民に関する同委員会の報告ですが、人数的に少ないその他の民族的出身の難民に対して異なる取り扱いの基準が適用されていることに懸念を表明しています。インドシナ難民は住居、財政的援助や、国の資金による日本語学習コースを利用しうる一方で、他の難民はこうした援助を原則として受けられないでいる。委員会は締約国に対し、こうしたサービスを全ての難民が平等な資格で受けられるよう確保するために必要な措置をとるように勧告しているのです。このように、昨日私は「政治家は偽善的な態度をとる場合がある。国際人権の問題については知りつつも、実際は、ほとんどの議員は内向的で、そのような国際レベルで要請されている強い改革の政治意思を国会の審議の場でも明示しない」ということですね。

若い学生たちが授業を通し、他民族、多文化に移行する日本社会生活を通してこのようなレポートを書き、問題提起をそれこそ真剣に行っているのです。授業討論の中でも、クラスの中でも日本人は友達との絆がない、日本の学生たちも隣にいる人さえも無関心で無視している。これこそ、マザー・テレサが言ったように、Charity should begin at home、授業でも、学校の中でも、家庭でも、そこから必要とされているお互い愛し合って生きる存在への理解が始まるのだ。私どもはそういう基本的な人間として寛容で住み易い社会への向上教育を、人権意識を形成しなければ、教育は地域社会にあって不正義の再生産に手を貸すのではなかろう、という懸念があることを付け加えておきたいと思います。

皆さん方からの、ご意見を聞いて幕を閉じたいと思います。どうぞ、お願いいたします。

司会　はい、それでは綿貫さん、お願いいたします。

綿貫　ちょっと簡単な質問ですけれども、青木先生も、それから他の方もジェンダーみたいにおっしゃいました。その前に内海先生が、前のときにジェンダーの問題をお出しになったので、ちょっとお聞きしたいと思うのです。生命科学の研究所の所長さん、そして長く学生と接しておられて、上智大学には女子学生と男子学生が半々いらっしゃると思うのですけれども、そういうときに生命に対する倫理観みたいなのは、女性と男性とでは違うのでしょうか。それからもう一つはもしも倫理委員会みたいなのに、国のそういう委員会に入っていらっしゃるのでしたらその辺のところもお聞きしたいのですけれども、なんだか男の方だけでそういう倫理のことを決めることが、日本ではほとんどだと思っておりますので、そのあたりのところをお聞かせください。

青木　たいへん痛いところを突かれました。私のところの大学院生の生物科学専攻に入ってくる学生は、それはほとんどが生物科学専攻ですからサイエンスに興味があります。そこで男女ともまず生命倫理、あるいは哲学、人間学の講義を受講しますと、水と油というような感覚を受けるとみえて、たいへん拒絶反応がみられます。しかし一年経ちますと、非常に真剣に考えるようになり、そのときは男女差はありません。一方、上智大学の生命科学研究所の教員としてアンダーグラジュエイトの学生に生命倫理という講義を開講致しますと、こちらの方は女性のほうが非常に真剣に問題意識をもって、講義に出席してまいります。一つ一つの問題に対して非常に真剣に、特に、自分で体験したことに対して、問題意識をもって質問をしてきます。そういう点で私は、女性のほうが、上智大学においては、生命倫理、あるいは環境倫理という問題に対してたいへん意識が高い（sensitivity）と感じています。

さて、先ほどの村上先生のお話にありましたが、私は、ヒトクローン問題の時の生命倫理委員会に委員として参加しました。しかし、女性の方はそこには入っていませんでした。文部省の時の生命倫理関係には何人か入りました。それは、中村桂子先生と、弁護士の先生が入りました。委員に女性を役人が選ばないのだと思いますが、また私どもも誰を推薦していいのかわからないのです。ただ、先ほど言いましたように本委員としてヒトクローンの時の生命倫理委員会には女性が入りませんでしたけど、勉強をする、もう一つの委員会である役人がいろいろなドラフトを作る段階では、かなり女性の方も入れて、議論していたようでございます。最終的に決める委員会においては女性の方はいなかったので、これは問題だと私は思っているわけです。私どもは女性の方の参加は必要ではないかということを言ったのです。これで十分ですというのが彼らの回答でした。そんなところでお許しください。私はそういう貴重な、法律を決めるような段階では、まだ男女のバランスが取れていなくて、男社会の委員会が動いているというように実感しております。

司会　ありがとうございました。

司会　こういう重要なところは時間をじっくり割いてやりたいと思いますが、いかんせんちょっと時間がございませんので、他にありませんか。

村井　私が申し上げたいのは、地球市民社会を目指す大学教育のあり方ということです。大学教育だけをとりあげていてもだめで、日本の官僚社会、企業社会のあり方を考えねばなりません。二十世紀社会は国家、官僚と企業が作り上げてきた制度です。大学教育がそこにどうやって風穴を開けられるのか、これは相当の覚悟と信念とそして強力なサポートがないと、きわめて難しいことだと思うのですね。個々で話されているような価値、人間の尊厳のほうが大事だと誰でも言うわけですが、実際の世界の中で、メインストリームの動きは、企業を中心としたグローバル化、あるいは市場経済のグローバル化です。人間は大事ですよと言いながら、全然大事にされていないわけです。大学が本気で人間のほうが実は大事なのだ、そのための教育をするということを覚悟するのか、大学の中で様々に行われている教育の中には、人間は大事だと言いながらも経済成長のほうが大事だと教えているところはいくらでもあるわけです。そういう先生もたくさんいる。つまりメインストリームの価値観なり教育というものに対して、大学の中でのチャレンジが実は一番たいへんなことではないか、と思います。ですから、私は地球市民社会を大学教育の中で目指していくというのは大事な課題だと思うのですが、実はそんな簡単なことではないのではないか、それにはおそらくこういうところに参加している研究者、先生は、大学の中では少数派でむしろ孤立しているのではないのか。私の勝手な意見なのですけれど、もしどなたかそれにお答えいただける方がいれば嬉しく思います。

司会 どうぞ、お答えいただければ。

暉峻 直接のお答えになるかならないかわかりませんが、中教審に、教育基本法を見直すことがすでに諮問されています。その前の教育改革国民会議は、首相の私的諮問機関であったにもかかわらず、それを実現するためです。その中で私から見ると、とてつもないことが議論されていて、それが今度正式に中教審の答申になるのです。その中で一番私はここがキーポイントだと思っているのです。国際社会の中の人間として教育されねばならないから、愛国心が大事だということになるんですね。教育基本法の制定過程を私は入念に今調べてみているのですけれども、教育勅語ではだめだと、国体の維持とか、天皇のために教育を受けるということではだめだと言いながら、安部能成さんとか天野さんとかという当時リベラルな人たちも最後まで捨て切れなかったのは、今おっしゃったように、国っていうことなのですね。国民として教育しなければいけないと。それで、文部省の羽渓さんという人が、伝統が大事ということを教育の中に入れなければならないと言ったのですが、その時は天野さんが伝統というとそれはまた国粋主義に還っていくということになるからそれは入れないほうがいい、ということで反対されているのです。そのときの委員が今の「愛国心と国際的な立場」、あるいは

「人権や個人の良心」というものを本当には理解してない。「世界的に普遍的な倫理とか真実、これと個人は直接結びつかない国を媒介にしなければ」って言っているのですね。その中間に国というものが入ってこないと、普遍性と個人とは直接には結びつかないものなのだと。だから、国はどうしても中間に入ってこなければいけない。国というものに忠実でなければいけない、愛国心というものが必要だと言うのです。今また文部省は同じことを言い始めているわけです。おっしゃったように、国を愛すると言っても各小学校の教室には必ず韓国の人もいれば南米の人、他の外国の人たちもいる、そこに日の丸、君が代を歌うように押し付けてみたり愛国心と言ったりして、文科省では、この相反するものの考え方、普遍性というものと、自分の国に忠実で、日の丸を持って国際社会に出て行きなさい、ということとが、全然きちんと整理ができていない。さらにグローバルな国際社会の経緯競争に勝つ人間を育てなければと言っています。そのために愛国心を利用しているところもあるのです。

NGO活動の中で、国とか組織で信用できるところは一つもないというのが、ちょっとラディカルですが、実感しました。個人は信用できるけど、これは大学組織も含めてなんですけど、組織っていうものは大体信用置けないものなのですね。それで、そこを大学教育の中でどうつめていくか。感覚としても理論としても、どう教育に携わる人たちが自分の答えを持って学生を一人の人間として、それが普遍的価値につながる人間として、相手にしていくか。そして、私がいた大学でもそうなんですけど、大体先生達ってすぐマンネリズムになってしまって、いつも自分の中に感覚をフレッシュな形で持ち続けている人は少ない。私がNGO活動していて一番ありがたいと思うのは自分が眠り込みそうになると、現実の体験でいろいろな火を燃やしてくれる。でも、大学というところはクビもないし、十年一律のごとく同じことを話していても誰も横からどうと言ってくる人もない。今おっしゃった、人間の良心というか普遍的な価値をいつも燃やし続けることが難しい。教師にそれができなくて、何で学生にそんなことが要求できるのでしょうか。

司会　ちょっとフィリピンからいらしたネメンゾさんに一言今の質問にお答えいただきましょうか。

ネメンゾ　大きな大学改革では、どちらかというと角に追いやられている少数派の人たちが大学改革を考えている人たちだというご意見です。ですから、その中において本当の改革はできるのであろうかということですね。もっと外部からの協力体制を組むことによって大学を改革していく必要性があるのではないかと、本来の道筋に乗せるべきだということが村井先生のコメントだったのですけれども、私は同感です。しかし同時に、大学自体は、改革に対する対抗勢力というのものをたいへん多くもっていると考えていかなければなりません。保守的ですね。ですから全体的にこれを見ていかなければいけないのだと思います。

次に民族的な問題もありました。フィリピンでも同じ問題があります。たとえば土地の権利を保有するとか保有しないとか、その中においていろいろな対立する考え方があります。何が所有権なのか、所有する権利は何なのかと。ほとんどの少数民族の方々は、住む土地というのは実は古代の先祖から引き継いだものだと思うわけですが、逆に欧米的な考え方の土地の所有は自分達が勝ち得て構築したものは自分のもの、このように対立がある。先祖から受け継いだものに対し自分が築いたものと、またその法律の専門家ということで、過去の古代の考え方を学習するという先住民法という法律がありますす、こうした特別な学問の領域は、確かに先住民達の、マイノリティーの声を代表しているわけです。私の大学ではきちんと信頼が置けるためには、その領域における学問を積んでいくことが重要だと思います。大学の信頼性についての世論調査によると、フィリピン大学は最高裁判所よりも一目おかれています。社会的な改革ということを社会に奉仕する学問・専門性で推し進めていく必要性があるのかなと思っています。

司会　それでは、内海さん、一言ございませんか？

内海　大学教育の中ので、国民国家をどう越えていくのか、これは非常に大きな問題だと思います。国立と私立では、文部省との関係のもち方、管理もかなり違ってきています。官僚機構も大学機構も戦争を担いながら、戦後はその責任もほとんど問われずにきました。戦争責任の問題が問われないままでした。そういうことが今度の外務省の動きを見ても、非常に良く見えます。学問が権力と対峙し、それを越えた真理を追究するはずなのに、権力に迎合した研究が多いのも事実です。国の外に立つことで国とができないのです。私の学校は小さい大学ですけれどもキリスト教主義という理念に立つことで国家の枠を越えた視点をもとうとしています。その意味では、大学では私は少数者ではありませんが、大学自体がマイナーかもしれません。学生も体で国を越えた交流を覚え、心で理解できるようにと一人一人が工夫をしています。最後に暉峻さんが言われているように、教師がいつも何かにチャレンジし、自分が生きていなければ、学生に何かメッセージを伝えることはできないのではないか、このように思っております。大学外のＮＧＯの活動の中で、今の国の政策とどのように自分が関わって活動しているのか、明確なメッセージとして学生に伝えていく、こういうことも教員の一人としてたいへん重要だと思ってやっています。

司会　私どものシンポジウムだけで全ての問題が見られるというわけではございませんので、引き続き正義の促進、平和の促進のために皆さんと一緒に連帯し努力していきたい。たとえメインストリームにならなくても、人間尊重の具現に首尾一貫して努力する。いわゆる魂の叫びという山田神父様がおっしゃったとおり、本当に世界中の貧しい人々が人間らしい位置を求めているのです。こういったことにまったく耳を貸さない大学教育ならば、これは不正義を再生産する単なる奉仕者です。そうでない私たちの選択を祈らざるを得ないことを最後の言葉としたいと思います。皆さん、どうもありがとうございました。

それでは、閉会の辞を国際基督教大学社会科学研究所長の石渡さんにお願いいたします。

閉会の辞

石渡　茂
国際基督教大学社会科学研究所長

今日はたいへん遅くまで、熱心な議論に参加していただきまして、ありがとうございました。共催者の一人といたしまして、まず、パネルに座っていらっしゃる六人の先生方と、それからここにご出席の方々に感謝を申し上げたいと思います。共催といっても今回は上智大学で開かれましたので、プログラムの内容等についてもほとんど上智大学が講師を選び、アレンジをしていただきました。上智大学の社会正義研究所所長の武市先生はじめ研究所の方々にお礼を申し上げたいと思います。武市先生は共催者の一人としてご発言なさいましたが、私は何もしなかったので、最後に少し時間をいただいて、私の感想を申し上げたいと思います。

まず第一番目に、9・11のことについて第一日目からいろいろな方が述べられておりましたが、あの事件を通して、私もそうですが、昨日出席していた私の同僚の千葉先生は、米国の武力的介入に反対するということが非常にマイノリティー、数少ないのではないかという懸念を持っていましたし、私も個人的に持っていたのですが、少なくともこの二日間の討議でお話になった講師の先生方、またはここに参加された方たちはそうではない、ということを私は知りました。あらゆる暴力というのは悪である、そして、暴力を用いては何も問題は解決しないのだ、ということをここで確認できたと私は個人的に思っております。

マイノリティー、少数者という用語は常に出てきますが、私自身もまず日本の社会でキリスト者であるということはマイノリティーだ、しかもプロテスタントであるということはさらにマイノリティーである、その中で私は内村鑑三の無教会に属していますが、その中でもさらにマイノリティーであるという、そういうような立場にあります。マイノリティーであるということに引け目を感じないで、いつも自分の立場を持ち続けていくということが大切ではないかと思っておりましたので、今回のシンポジウムではそういった意味でたいへん心強く思いました。

それから、お話になった先生方についてのコメントはお一人お一人全部あるのですが、私は自分が受けたＩＣＵでの教養教育をとおして、労働運動というものが市民社会の一つのエージェントとして非常に重要であるということを鮎澤巌先生から学びました。私はとうとう労働問題は自分の専門にしないで経済学を専攻することになってしまいましたが、私の背後にはそれが一つある、それからもう一つは神田盾夫先生という西洋古典の先生から、「石渡君、本当の学問とは西洋古典を勉強することです」、といわれまして、経済学というのは世俗の学問ということで、かなりコンプレックスを今でも持っておりますが、そういう学生時代に受けた自分の専門以外の学問が、非常に私の中で力を得ている。そういうことが非常に大切であるということを私は感じております。青木先生が、ＩＣＵは教養教育をやっているとお褒めの言葉をいただきましたが、実際にはＩＣＵの中でも教養教育を放っておけば、常に専門教育がだんだん雑草のようにいつでも駆逐してしまうというような状況にあります。

ですからこれは、私たちの世代の後の人たちも、その努力を続けて教養教育を大切にしていくという姿勢を保っていただきたいと私は常日頃感じております。ここには私の先輩の中内先生が来ておられますが、先生にもご同意していただけると思いますが、そのように私自身は感じております。

そして、今日の午後問題になりました、貧困問題について、欠席裁判で申し訳ないのですが、加藤先生はマルサスの人口論の域を出ていないのではないか。餓死すればいいんではないかと、時間がないからそうおっしゃったのだと思いますが、この問題はマルサスの言うように放っておけばいいというような問題でしょうか。これは綿貫先生がおっしゃった、女性のリプロダクティブヘルスの問題とも関係していることです。私はバングラディッシュに一九七〇年、八三年に二度行きました。はじめに行った時は日本より人口が少なかったのですが、八〇〇〇万とも統計では言われておりました。とところが、一〇年後くらいに行きましたら、はるかに日本の人口を超えてしまっているのです。一方、一人当たりGDPはどのくらいかといいますと、米ドルで二〇〇ドル、これはいろいろ問題がある数字ですが、いずれにしても一日一ドル以下の生活をしている国なのです。そこで人口が一〇数年で、いずれにせよ五〇%も増えてしまったような現象、これはそう簡単に人口問題をマルサスの言うような観察だけで済ましていいとは、とても思えません。

いまは平均余命がどうなったか知りませんが、七〇年代の頃はちょうど五〇歳ぐらいで、日本の大正九（一九二〇）年くらいだと言われておりました。生後五歳くらいの間に四分の一の子どもが死んでいくという、そういう現象、そうするとその死んでいった人たちを、この辺になるとエコノミストこの中にいろいろな問題を含んでいるということを考えました。

簡単なことではないということです。たいへんなソーシャルコストの伸び自体も問題ですけれど、そ

そして子どもを生んだ女性の母体、そういうもののコストを考えると、そんなに人口問題というのは

の感覚になってしまうのですが、それを育てた人はたいへんな社会のリソースを使っているわけです。

特に人権の問題につきましては、これは学生にも時々話すのですが、いまバングラディッシュで寺子屋ムーブメントというものを日本のNGOがやっております。これは識字教育、特に女性に対する識字教育です。女性に対する識字教育がなぜ女性の人権問題に関係するのかということを学生に問う。そこからいろいろな議論が展開されるわけです。こういう運動を通して社会的に家庭に閉じ込められている女性に対して独立した一個人としての存在を確認できるようにするという、そういう運動が行なわれています。

また、先述の労働運動につきまして一つだけ私は経験があります。これも学生によく聞くのですが、最近は春闘があまりなくなってしまいまして、日本の労働組合の力がなくなりましたから、春に電車やバスが止まるというようなことはありません。私はオーストラリアのシドニーにいてガソリンスタンドが二ヶ月にわたって、供給がほぼストップしているような状況というようなものを経験しました。これは、オーストラリアは車がなければ生活できない状況であるわけですから、東京にいるよりはるかに生活が不便になる。日本で、あるいは東京でこのようなことが起こったとしたら、人々がどう行動するだろうか、二ヶ月ではなくて、一週間でパニック状態がたぶん起こるのではないかと思います

が、それに耐えていくというような社会を私たちは考えなければいけない。そのもとになる労働者のストライキというのは、たかだか四〇人くらいの組織なのです。細かいことは申し上げませんが、四〇人の人の労働権を守るために三〇〇万か四〇〇万といわれる人たちが二ヶ月にわたって不便を我慢する、その間には細かい紛争があるでしょうけど、それがそんな大きな問題にならない社会、この二つの社会を考えた場合、先ほどマシア先生が、日本は異常な環境、異常なシステムのもとにあると、発言されましたが、私は同じようなことを学生に伝えざるを得ない状況がいまでも続いていると思っております。

それから、そういうマイノリティーな状態でありながら先ほど村井先生が大学で経済成長を教えている先生がいるというようなご発言でしたが、私はまさに経済成長を教えています。日本経済論で明治以降の経済発展についての数量的な分析をしておりまして、これが私の研究分野の一つですし、同時にそのコースも担当しております。それからマクロ経済学の中で、ソローの経済成長モデルなども教えておりますので、ちょっとこういう言葉だけを挙げて、あたかもこれが悪であるような印象を与えるというのは私としては、簡単には受け入れられません。問題は経済成長というものをどのように考えるのか、どのように取り上げるのかということです。いま一日一ドル以下で生活している国においては、経済成長は絶対必要です。それがなければ問題は解決しない。ただ問題はそれをどうやってやるかということだと思います。いずれにせよ、たとえ人権を守るとか平和を守るといっても経済的な基盤がなければ、私はそれが非常に難しいと考えます。現在のテロの問題、国際的なテロの問題は貧困の問題と関係しているというようなことが言われておりますが、私もそのように考えております。

最後に、このシンポジウムは今回二一回目ですが、ここまで支えてくださった多くの先人、それから二つの大学の方たち、シンポジウムに参加されて、いろいろな形で発言をしていただいた方たちに感謝を申し上げたいと思います。

次回はほぼ同じ時期に、場所を移しまして国際基督教大学で、両研究所の共催で行なうことになっておりまして、この閉会の辞でテンタティブなテーマを発表するという義務が伝統的に受け継がれております。それで、これまで若干の準備をしておりますが、次回のテーマは「戦争責任と歴史認識」という形で国際シンポジウムを開きたいと思います。それでは、たいへん長くなりましたが、どうもありがとうございました。これをもちまして第二一回の国際シンポジウムを終わりたいと思います。

共　催：上智大学社会正義研究所・
　　　　国際基督教大学社会科学研究所
日　時：2001年12月8日（土）～9日（日）
会　場：上智大学・中央図書館南側9階L－911

【第2日目　12月9日（日）】

分科会（3）：大量消費，環境汚染・公害，温暖化　資源循環型社会をめざす環境教育のあり方
環境汚染物質と生殖健康――環境教育の視点から――
……綿貫礼子（チェルノブイリ被害調査救援女性ネットワーク）
自由と平等と生き残り……加藤尚武（鳥取環境大学学長）
司会／村井吉敬（上智大学アジア文化研究所）

分科会（4）：遺伝子操作，バイオ，クローン・ヒトゲノム，科学技術と生命倫理教育のあり方
先端医療技術と生命倫理教育のあり方
……村上陽一郎（国際基督教大学）
命が脅かされている――問題意識を引き起こし，行動を促す教育を目指したい――
……ホアン・マシア（上智大学神学部）
司会／青木　清

共同の祈り：山田經三（上智大学）＋
石渡　茂（国際基督教大学社会科学研究所長）

パネルディスカッション：地球市民社会をめざす大学教育のあり方
暉峻淑子（埼玉大学名誉教授）
内海愛子（恵泉女学園大学）
ベナード・ムノノ（バチカン・正義と平和評議会）
フランシスコ・ネメンゾ（フィリピン大学学長）
青木　清（上智大学生命科学研究所）
保岡孝顕（司会）

閉会の辞：石渡　茂

第21回国際シンポジウム

地球市民社会をめざす大学教育の使命

The Role of University Education for Global Civil Society

【第１日目　12月８日（土）】

開会の辞：武市英雄（上智大学社会正義研究所長）
あいさつ：ウイリアム・カリー（上智大学学長）
基調講演：地球市民社会をめざす大学教育の使命
「平和憲法」をもつ日本と地球市民の連帯
……小田　実（作家）
公正なグローバルエコノミーへ
……フランシスコ・ネメンゾ（フィリピン大学学長）
世界の正義と平和の促進
……ベナード・ムノノ（バチカン・正義と平和評議会）
最先端科学技術と生命倫理
……青木　清（上智大学生命科学研究所）
司会／保岡孝顕（上智大学社会正義研究所）

分科会（1）：文明の衝突，民族浄化，和解と平和教育のあり方
ICU高校における平和・国際理解教育
……桑ヶ谷森男（国際基督教大学高等学校校長）
文明の衝突か文明間の対話か
……志村尚子（津田塾大学学長）
司会／千葉　眞（国際基督教大学）

分科会（2）：南北格差，貧困，人権侵害，人権・開発教育のあり方
働くこと＝労働（特に女性労働）の問題を通して考える
……広木道子（CAWネット・ジャパン）
開発教育と人権……フランシスコ・ネメンゾ
司会／山田經三（上智大学）

ホアン・マシア
上智大学神学部教授
著書：
『いのちの重み』（あかし書房）
『倫理の探求』（聖母の騎士）
『カトリックこぼれ話』（新世社）

村上陽一郎（むらかみ　よういちろう）
国際基督教大学大学院教授・東京大学名誉教授
著書：
『科学の現在を問う』（講談社，2000年）
『生命を語る視座』（NTT出版，2002年）

保岡孝顕（やすおか・たかあき）
上智大学社会正義研究所
著書：
『難民と私たち』（サンパウロ，1987年）
「第2章　市場論理と倫理」『日本に生きる』（日本基督教団出版部，1999年）所収
「過去を振る返ることは未来に対する責任を担うことである——平和の挑戦」『転換期の東アジア——未来の共創をめざして』（お茶の水書房，2001年）
「正義の促進・他者のための奉仕——社会正義促進に資する研究・教育・実践の20年」『難民とNGO——世界の対応日本の対応』（サンパウロ，2002年）所収

綿貫礼子（わたぬき　れいこ）
環境問題研究家，チェルノブイリ被害調査救援女性ネットワーク代表
著書：
『胎児からの黙示』（世界書院，1986年）
『地球環境と安全保障』（共著，有信堂，1993年）
『病と医療の社会学』（共著，岩波書店，1996年）
『環境ホルモンとは何かⅠ，Ⅱ』（藤原書店，1998年）

武市　英雄（たけうち　ひでお）
上智大学文学部新聞学科教授
著書：
『日本新聞史話』（福武書店）
『マス・コミニュケーション概論』（共著，学陽書房）
『日本のマス・メディア』（共著，日本評論社）
『グローバル・コミュニケーション』（共訳，松柏社）

暉峻淑子（てるおか　いつこ）
埼玉大学名誉教授
著書：
『豊かさとは何か』（岩波書店，1989年）
『経済優先社会：このままではいけない』（労働旬報社，1992年）
『本当の豊かさとは』（岩波書店，1995年）
『言葉と力』（三省堂，2002年）

広木道子（ひろき　みちこ）
CAWネット・ジャパン
著書：
『講座　差別と人権』（共著，雄山閣，1985年）
『新・世界の女たちはいま』（共著，学陽書房，1993年）
『アジアの人びとを知る本3　働く人びと』（共著，大月書店，1992年）
『アジアに生きる女性たち――女性労働者との交流15年――』（塩沢美代子監修，ドメス出版，1999年）

フランシスコ・ネメンゾ
フィリピン大学学長
著書：F. Nemenzo & R. J. May (eds.), *The Philippines After Macros*, London: Croom Helm & N.Y. : St. Martin's, 1985, approx. 280pp
F.Nemenzo & E. Garcia, *The Sovereign Quest: Freedom from Foreign Military Bases*, Manila: Clareitian Publications, 1988, approx. 200pp

ベナード・ムノノ
バチカン・正義と平和評議会

著書：
『何でも見てやろう』（第三書館，1961年）
『HIROSHIMA』（ロータス賞受賞）
『世直し大学』（筑摩書房）

加藤尚武（かとう　ひさたけ）
鳥取環境大学学長
著書：
『ヘーゲル哲学の形成と倫理』（未来社，1980年）
『バイオエシックスとは何か』（未来社，1986年）
『価値観と科学／技術』（岩波書店，2001年）

桑ヶ谷森男（くわがや　もりお）
国際基督教大学高等学元校長
国際基督教大学非常勤講師
海外子女教育振興財団教育相談員
著書：
「日韓会談」『アジア・アフリカ講座第3巻』（勁草書房，1965年）所収
「民族の壁を越えて」『アジアの「近代」と歴史教育―続・自国史と世界史』（未来社，1991年）所収
「帰国子女教育の変遷」『海外子女教育史』（海外子女教育振興財団，1991年）所収

志村尚子（しむら　ひさこ）
津田塾大学学長
元国連事務局PKO局部長
著書：
「国連の平和創成活動――アフガニスタンとイラン・イラク」季刊国連第14号（財団法人日本国際連合協会，1998年）
「安全保障，平和維持活動（PKO）と国際機構」横田洋三編『国際機構入門』（国際書院，1999年）所収
「国連の平和維持活動――PKO」横田洋三編『国際組織法』（有斐閣，1999年）所収
「変容するPKO――ブラヒミ・レポートから」外交フォーラムNo.152（都市出版株式会社，2001年）

執筆者プロフィール（あいうえお順）

青木　清（あおき　きよし）

上智大学社会正義研究所長

著書：

『行動生物学』（朝倉書店，1997年）

Ethical Dilenma in Health and Development（Japan Scientific Societies Press,1994）

石渡　茂（いしわたり　しげる）

国際基督教大学社会科学研究所長

著書：

「『植民地』研究の一考察――矢内原忠雄『植民論』をめぐって――」社会科学ジャーナル（国際基督教大学）第32号（1994年）57-71頁

「環境・経済勘定体系（SEEA）――国際経済計算体系（SNAとサテライト勘定としての環境会計――」社会科学ジャーナル（国際基督教大学）第44号（2000年）1-19頁

「民間企業資本ストック推計の問題と課題――『推計方法』を中心として――」社会科学ジャーナル（国際基督教大学）第48号（2002年）19-36頁

内海愛子（うつみ　あいこ）

恵泉女学園大学教授

著書：

Japanese Army Internment Policies for Civilians During the Asia-Pacific War, MULTI CULTURAL JAPAN Ganan McComack, Tessa Morris-Suzuki(ed.),CAMBRIGE University Press,ニューヨーク，1996。

「平和条約と戦犯の釈放」年報・日本現代史第５号（1999年８月）現代史料出版会

「アジアの海と日本の戦争」『海のアジア』（岩波書店，2001年）所収

「敵国人の処遇――ジャワのオランダ人――」上智アジア学第19号（2002年）

『戦後補償から考える日本とアジア』（山川出版社，2002年）

小田　実（おだ　まこと）

作家

60年代後半のベトナム戦争反対市民運動グループ「べ平連」を主宰。

地球市民社会と大学教育の生かし方

The Role of University Education for Global Civil Society

2002年12月 8 日　第 1 版第 1 刷

編　者——上智大学社会正義研究所＋国際基督教大学社会科学研究所
発行人——成澤壽信
発行所：株式会社現代人文社
〒160-0016　東京都新宿区信濃町20　佐藤ビル201
振替——00130-3-52366
電話——03-5379-0307（代表）
FAX——03-5379-5388
E-Mail——daihyo@genjin.jp（代表）
hanbai@genjin.jp（販売）
Web——http://www.genjin.jp
発売所——株式会社大学図書
印刷所——株式会社ミツワ
装　丁——清水良洋

ISBN4-87798-115-2-C0036
検印省略　PRINTED IN JAPAN